加強判解研究

推進司法改革

肖扬

二〇〇〇年

七月一日

2019 年第 2 辑

总第 88 辑

判解研究

中国人民大学民商事法律科学研究中心　主办

王利明·主编

人民法院出版社

图书在版编目(CIP)数据

判解研究.2019年.第2辑:总第88辑/王利明主编.--北京:人民法院出版社,2019.12
ISBN 978-7-5109-2750-8

Ⅰ.①判… Ⅱ.①王… Ⅲ.①判例-研究-中国-丛刊②法律解释-研究-中国-丛刊 Ⅳ.①D920.5-55

中国版本图书馆CIP数据核字(2019)第289259号

判解研究
总第88辑(2019年第2辑)
中国人民大学民商事法律科学研究中心 主办
王利明 主编

责任编辑 兰丽专 陈晓璇
出版发行 人民法院出版社
地 址 北京市东城区东交民巷27号 邮编 100745
电 话 (010)67550520(责任编辑) 67550558(发行部查询)
65223667(读者服务部)
客服QQ 2092078039
网 址 http://www.courtbook.com.cn
E-mail courtpress@sohu.com
印 刷 三河市国英印务有限公司
经 销 新华书店
开 本 787毫米×1092毫米 1/16
字 数 223千字
印 张 14
版 次 2019年12月第1版 2019年12月第1次印刷
书 号 ISBN 978-7-5109-2750-8
定 价 58.00元

《判解研究》丛书编委会

目录 CONTENTS

法人对其法定代表人致人损害赔偿的追偿权

——《民法总则》第 62 条与侵权责任编草案第 967 条第 1 款的关系协调

杨立新*

《民法总则》第 62 条规定："法定代表人因执行职务造成他人损害的，由法人承担民事责任。""法人承担民事责任后，依照法律或者法人章程的规定，可以向有过错的法定代表人追偿。"① 《民法典侵权责任编（草案·二次审议稿）》第 967 条第 1 款规定："用人单位的工作人员因执行工作任务造成他人损害的，由用人单位承担侵权责任。用人单位承担侵权责任后，可以向有故意或者重大过失的工作人员追偿。"② 二者关于追偿权的规定有所不同，需要协调和完善。本文就此提出意见，以助于《民法总则》与侵权责任编的有效衔接与协调统一。

---

* 中国人民大学民商事法律科学研究中心研究员、法学院教授，中国民法学研究会副会长

① 以下简称第 62 条。

② 以下简称第 967 条第 1 款。

一、问题的提出

（一）第62条规定的法人的法定代表人责任规则之形成

第62条的立法位置在民事主体制度中，是法人及法定代表人的责任规范。第62条第1款的直接来源是《民法通则》第43条。《民法通则》第43条规定："企业法人对它的法定代表人和其他工作人员的经营活动，承担民事责任。"该条文的主体范围仅限于企业法人。但是，其他类型的法人也都用这一条文进行调整。① 该条文的内容不仅包括了法人对法定代表人的经营行为承担责任的规则，也包括了法人对其他工作人员的经营行为承担责任的规则。前者是《民法总则》第62条法人对法定代表人职务行为承担责任的规范基础；后者是《民法总则》第170条法人对工作人员的职务代理行为承担责任的规范基础。

《民法通则》第43条则来源于《苏俄民法典》第445条关于"组织对由于他的工作人员的过错而造成的损害的责任"的规定。《苏俄民法典》第445条规定："组织对由于其工作人员在履行自己的劳动（公务）职责时的过错而造成的损害，应当负责赔偿。"② 可以看到的是，《苏俄民法典》第445条强调了"因工作人员的过错而造成的损害"，是严格意义上的侵权责任条款。与此相对比，《民法通则》第43条没有规定损害赔偿责任问题。因此，《民法通则》第43条不是侵权责任规范，而是一个关于法定代表人和其他工作人员的职务行为的法律效果归属于法人的规范。③ 法人对法定代表人和其他工作人员的职务行为，承担违约责任、侵权责任等各类民事责任。

可见，第62条第1款规定的直接来源是《民法通则》第43条，间接来源是《苏俄民法典》第445条。《德国民法典》第31条规定："社团对董事会、董事会成员之一或其他依章程选任的代理人以在执行其有权执行

---

① 国家机关法人不在本条适用范围，而是适用《民法通则》第121条规定。

② 中国社会科学院法学研究所民法研究室编：《苏俄民法典》，中国社会科学出版社1980年版，第140页。

③ 中国政法大学民法教研室编：《中华人民共和国民法通则讲话》，中国政法大学出版社1988年版，第80页。

的业务中实施的、引起损害赔偿义务的行为所加给第三人的损害，负其责任。”①《日本民法典》第 44 条规定：“法人对于其理事或其他代理人在执行职务时加于他人的损害，负赔偿责任。”② 这些都是第 62 条规定在比较法上的立法例支撑。

第 62 条第 2 款的规定来源于《公司法》第 149 条。《公司法》第 149 条规定：“董事、监事、高级管理人员执行公司职务时违反法律、行政法规或者公司章程的规定，给公司造成损失的，应当承担赔偿责任。”据此，公司对外承担民事责任后，有权向有过错的董事、监事、高级管理人员请求赔偿，也就是追偿。根据《公司法》第 13 条的规定，公司法定代表人由董事长、执行董事或者经理担任。这也就是说，公司有权向法定代表人追偿。

（二）第 967 条第 1 款规定的用人单位责任规则的形成

第 967 条第 1 款规定的用人单位责任条款直接来源于《侵权责任法》第 34 条第 1 款的规定。

《侵权责任法》第 34 条第 1 款的前身，就是《最高人民法院关于贯彻执行〈中华人民共和国民法通则〉若干问题的意见》（以下简称《民通意见》）第 58 条，即“企业法人的法定代表人和其他工作人员，以法人名义从事的经营活动，给他人造成经济损失的，企业法人应当承担民事责任”。1988 年最高人民法院制定《民通意见》采取这个办法的原因，一是《民法通则》第 43 条不是严格意义上的侵权责任条款，而且“民事责任”一章也没有规定法人侵权责任、雇佣人致害侵权责任甚或组织责任；二是在当时的侵权法理论中，通常将这些责任称之为用人者责任，是特殊侵权行为的典型类型；三是在苏联民事立法和理论中，法人侵权和雇佣人侵权责任都称为“组织对由于它的工作人员的过错造成的损害的责任”，是典型的特殊侵权类型，对中国的侵权法理论有重要影响。正因如此，最高人民法院根据实际需要和当时的理论研究成果，将《民法通则》第 43 条规定

---

① 《德国民法典》，陈卫佐译，法律出版社 2006 年版，第 12 页。

② 《最新日本民法典》，渠涛译，法律出版社 2006 年版，第 14 页。这一条文在 2017 年修订时已经被删除，见《日本民法典》，刘士国、牟宪魁、杨瑞贺译，中国法制出版社 2018 年版，第 12 页。

进一步引申出特殊侵权责任的规范，增加了“给他人造成经济损失的”的内容，使《民通意见》第58条成为了侵权责任法的规范，补充了《民法通则》的立法不足，解决了在实践中缺少用人者责任这种特殊侵权责任类型的法律依据问题。

问题是，《侵权责任法》第34条第1款未规定用人单位的追偿权。法律委员会经同有关部门反复研究认为：“在什么情况下可以追偿，情况比较复杂。根据不同行业、不同工种和不同劳动安全条件，其追偿条件应有所不同。哪些因过错、哪些因故意或者重大过失可以追偿，本法难以作出一般规定。用人单位与其工作人员之间以及因个人劳务对追偿问题发生争议的，宜由人民法院在审判实践中根据具体情况处理。”①

（三）本文研究的问题

从以上分析可以看到，第62条与第967条第1款并非是民法的同一种制度规则。第62条规定的是法人制度的内容，是法人的法定代表人对执行职务造成他人损害的责任规则。而第967条第1款规定的则完全是侵权责任法的规则，规定的是用人单位责任。

尽管如此，第62条规定的内容和第967条第1款规定的内容毕竟是重合的。法人的法定代表人包含在“用人单位的工作人员”概念之中，“执行职务”在“因执行工作任务”概念之中，“法人”在“用人单位”概念之中。而“造成他人损害”“承担民事责任”则与“造成他人损害”“承担侵权责任”的内容基本一致。因而得出的结论是，尽管第62条与第967条第1款分别属于民法典总则编的主体制度和分则的侵权责任制度，但是其内容是基本相同的，第62条实际上是包含在第967条第1款之中的，二者之间的逻辑关系是包容关系。

正因为第62条包容在第967条第1款之中，因而，当两个条文在相同的问题上出现不一致的规则时，就会形成规范矛盾。例如第62条与第34条第1款和第967条第1款在规定法人和用人单位的追偿权规则中，就存在不一致的表述。第62条第2款规定追偿权的规则是：“法人承担民事责任后，依照法律或者法人章程的规定，可以向有过错的法定代表人追偿。”

---

① 张柏林：《全国人民代表大会法律委员会关于〈中华人民共和国侵权责任法（草案）〉审议结果的报告——2009年12月22日十一届全国人大常委会第十二次会议》。

第967条第1款要纠正第34条第1款不规定追偿权的缺陷，后半段规定内容是："用人单位承担侵权责任后，可以向有故意或者重大过失的工作人员追偿。"第62条与第967条第1款在追偿权上的规范的不一致，正是本文所要研究的问题。

二、第62条与第967条第1款规定不同的追偿权规则是特别需要还是规范矛盾

第62条与第967条第1款规定的追偿权规范的不一致究竟是特别需要，还是规范矛盾，是首先应当探讨的问题。这一问题直接影响到后续规则如何协调完善，如果是特别需要，则涉及如何区别适用；如果是规范矛盾，则涉及如何衔接统一。解决这一问题，需要回到起点，探寻追偿权规则的不同之处。

（一）第62条与第967条第1款规定追偿权规则不同的具体表现

比较第62条和第967条第1款关于追偿权的规定，其他方面都基本相同，在以下三个方面存在明显不同：

第一，追偿权产生的依据。第62条规定的追偿依据，是依照法律或者法人章程的规定，法律规定可以作为依据，法人章程规定也可以作为法律依据，概言之，如果没有这样的依据，法人应该是没有追偿权的。第967条没有规定要求有这样的依据，只要是用人单位承担了侵权责任后，就享有追偿权。

第二，追偿权产生的主观要件。第62条规定的是法定代表人"有过错"。第967条第1款规定的是工作人员"有故意或者重大过失"。显然，第62条规定的主观要件，要比第967条第1款规定的主观要件范围宽得多，第62条规定的是故意、重大过失和一般过失都发生追偿权，而第967条规定的主观要件显然不包括一般过失，只有故意或者重大过失的，用人单位才享有追偿权。

第三，追偿权的主体不同。第62条规定法人有权向法定代表人追偿，第967条第1款规定用人单位有权向工作人员追偿。一方面，第967条第1款规定的权利主体范围超过第62条规定的范围，不仅包括法人，也包括了非法人组织等，是所有的用人单位；另一方面，第967条第1款规定的义

务主体范围也远超于第62条规定的义务主体范围，不仅包括了法定代表人、董事、监事、高级管理人员，还包括一般工作人员等，是所有的工作人员。

（二）第62条与第967条第1款的追偿权规则之间是规范矛盾

区分是特别需要还是规范矛盾的关键之处在于，不同之处是否有特别规定的必要。如果没有特别规定的必要，二者的规则之间就是存在规范矛盾。

首先，法人对法定代表人的追偿权是否必须以另外的法律规定或者法人章程为依据。根据第62条的规定，法人的追偿权必须以另外的法律规定或者法人章程为依据。实际上说明，第62条本身是否包含请求权基础存疑。一般而言，只有转引其他法律规定或法人章程，法人才能享有追偿权。就前者而言，法人对有过错的法定代表人进行追偿，仅依据第62条还不够，还必须引用第967条第1款才算有法律依据。引用第967条第1款时，两个规范内容不一致，究竟应当适用哪个规范作为追偿权的法律基础则成为了法律适用上无法破解的难题。由此可见，第62条关于“依照法律规定”的内容是不妥当的。就后者而言，如果没有法律依据，而法人章程规定法人可以向有过错的法定代表人进行追偿，则应依据法人章程和第62条，才产生追偿权。这样的规则显然是不合适的。因此，如果认定法人行使追偿权时，有必要就“依照法律的规定或者法人章程”作出特别规定，其结果只是徒增了法律适用的困扰。第62条关于“依照法律的规定或者法人章程”的内容不是为了法人行使追偿权而量身定做的条款，其本身就有所不当。

其次，用人单位对工作人员的追偿权是否有必要仅限于故意或者重大过失。根据第62条的规定，只要法定代表人有过错，不论是故意、重大过失还是一般过失，法人都可以行使追偿权。根据第967条第1款的规定，只有工作人员有故意或者重大过失时，用人单位才能行使追偿权。二者根据义务主体身份的不同，划分了不同的主观要件。问题在于，以义务主体身份的不同，划定追偿权的主观要件范围是否具有正当性理由。可以明显看到的是，其他工作人员的身份确实不同于法定代表人。但是，在从事相关的经营活动时，二者的行为本质是一致的，都是职务行为。如果仅看到了其他工作人员的身份不同于法定代表人的表象，忽略了二者职务行为的本质，并就此只承认用人单位于工作人员的故意或者重大过失才产生追偿权，否定一般过失时用人单位的追偿权，是说不通的。因此，用人单位的追偿权没有必要仅限于工作人员的故意或者重大过失。

最后，法人的法定代表人是否独立于用人单位的工作人员。《侵权责任法》第34条第1款规定的用人单位责任中，用人单位的概念显然包括法人，用人单位的工作人员的概念中也包含用人单位的法定代表人或者代表人。① 在《侵权责任法》第34条第1款的基础上形成的第967条第1款，仍然沿用之前的概念，概念的含义没有发生变化。因此，第967条第1款用人单位的责任仍然包括法人责任，工作人员的责任仍然包括法定代表人责任。制定《民法总则》第62条时，主体范围仅限于法人与法定代表人，并非是为了特意与《侵权责任法》第34条第1款作出区分，将其实质独立出来，而是因为第62条位于《民法总则》“法人”一章中，出于体系上的考虑，只能作出这样的内容安排。至于新增追偿权规则，是因为立法机关在制定《民法总则》时，认识到第34条第1款不规定追偿权是不对的，故经过反复斟酌后，写进了法人对法定代表人的追偿权。但是增加了“依照法律或者法人章程的规定”的内容，以示谨慎。因此，综合起来看，尽管法人的法定代表人的身份比用人单位的其他工作人员的身份更重要，但是法定代表人并未排除在用人单位的工作人员之外，法定代表人仍然属于工作人员。既然如此，对于法人的法定代表人承担民事责任后法人的追偿权，就没有必要规定不同的规则。

因此，笔者认为，第62条和第967条第1款关于追偿权规定的规则出现以上不同，并不是特别需要，而是在立法过程中因斟酌不够而出现的规范矛盾，是规则的设计上的问题。因此，对第62条和第967条第1款规定的追偿权规则需要进行协调，形成统一、一致的规则，使规范相同对象的责任规则相一致，而不能够出现规范矛盾，有冲突的，应当消除冲突。

三、对第62条和第967条第1款规定的协调意见

在编纂民法典中，虽然《民法总则》已经制定完成，但是并非没有调

---

① 杨立新：《侵权责任法条文背后的故事与难题》，法律出版社2018年版，第134页。

整余地；同时，民法分则各编包括侵权责任编正在编纂过程之中，完全有可能对第62条和第967条第1款之间的不协调之处进行修改，将总则和分则的两个相关联且调整内容基本一致的条文调整好，达到和谐一致的程度。因此，笔者结合第62条和第967条第1款可以保持不变的部分与应当统一的部分的内容，提出调整方案。

（一）第62条和第967条规范事项可以保持不变的部分

第62条和第967条规范的事项的一致性表现在以下方面：

1. 法人与用人单位的一致性。第62条使用“法人”的概念是立法环境所决定的，因为这一章规定的就是法人，因此只能规定法人。根据第108条关于“非法人组织除适用本章规定外，参照适用本法第三章第一节的有关规定”的规定，实际上法人的规定也可以适用于非法人组织。第967条规定的“用人单位”概念，是一个极为广泛的概念，按照解释，应当包括法人以及非法人组织在内。① 因此，法人包含在用人单位的概念之中，用人单位能够概括法人。

2. 法定代表人与工作人员的一致性。制定《侵权责任法》时，在讨论第34条第1款的时候，就确认工作人员是一个统称，包括用人单位中的所有人员，其中当然就包括法定代表人，以及其他组织即非法人组织的代表人。故法定代表人的概念包括在工作人员的范畴之内。

3. 执行职务与执行工作任务的一致性。执行职务与执行工作任务在概念上没有区别，是一致的。《最高人民法院关于审理人身损害赔偿案件适用法律若干问题的解释》第8条第1款规定法人责任使用的就是“执行职务”的概念。在《侵权责任法》立法时，专家学者都主张使用“执行职务”的概念，只是立法机关的部门领导坚持要用“执行工作任务”的概念。执行职务是一个比较规范的法学概念，而执行工作任务是比较通俗的概念，当时制定《侵权责任法》主张要立法语言通俗化，让老百姓能够听得懂，才使用了这样的词，并非是立法机关认为执行工作任务与执行职务有区别。

4. 造成他人损害的一致性。对于法人的法定代表人执行职务造成的后

---

① 王胜明主编：《中华人民共和国侵权责任法释义》，法律出版社2010年版，第169页。

果，与用人单位的工作人员因执行工作任务造成的后果，都使用了“造成他人损害”的表述，因此，第62条和第967条第1款规定的行为后果的要件，是完全一致的。

5. 承担民事责任与承担侵权责任的一致性。对于法人和用人单位承担责任的性质，一个使用了承担民事责任的概念，一个使用了承担侵权责任的概念。可以说，法人的法定代表人执行职务造成他人损害，法人承担的民事责任就是侵权责任，不可能是违约责任，也不会是其他性质的民事责任。因此，第62条规定的承担民事责任和第967条规定的承担侵权责任的后果责任措辞，也没有区别，也是一致的。

可以看到，第62条和第967条第1款规定的责任规范，在主体要件、行为要件、损害后果要件以及构成的责任性质，都是基本一致的。这些内容之间相互协调，可以保持不变。

至于法人与用人单位、法定代表人员与工作人员、承担侵权责任与承担民事责任的表述选择问题，虽然相互之间不一样，但是不必斤斤计较。第62条使用法人、法定代表人、承担民事责任的表述，完全符合规范，用语准确，没有问题。第967条使用用人单位和工作人员的表述不够规范，但是近十年来使用起来已经习惯，不改也没有问题，可以不再变动；承担侵权责任的说法，则完全没有问题。唯一应当修改的表述则是“执行工作任务”修改为“执行职务”，容后详述。

（二）第62条与第967条第1款规定应当统一的问题

“规范矛盾，是在数个不同的法律规范对抽象之同一法律事实加以规范，并赋予不同的法律效力的情况下产生的。”① 对于相同的事项进行法律规范，应当统一，否则就是人为地造成规范矛盾。笔者认为，第62条与第967条第1款应当在以下三个方面进行统一。

第一，请求权基础的统一。根据第62条的规定，如果法人的法定代表人在执行职务中致人损害，法人承担民事责任之后，对法定代表人行使追偿权，必须依照法律或者法人章程的规定。法律的规定应该指的是第967条第1款，但是二者的规范不统一，难以适用。因此，根据法律的规定行

① 黄茂荣：《法学方法与现代民法》，中国政法大学出版社2001年版，第312页。

使追偿权将出现法律适用问题，请求权基础不明。如果根据法人章程的规定才能产生追偿权，又违反了法理，尤其是法人章程没有规定的话，还有可能出现法人无法追偿的情形。因此，根据法人章程的规定行使追偿权也是不合适的。可以说，第62条规定“依照法律或者法人章程的规定”，是一个赘文，是完全没有必要的。不仅没有实际意义，还造成了规范之间的冲突，破坏民法典内部的逻辑关系。因此，在调整第62条和第967条之间的关系时，必须明确法人向法定代表人行使追偿权的请求权基础。如果是第62条，应当删除“依照法律或者法人章程的规定”；如果是第967条第1款，应当采用转致条款的方式，明确依照第967条第1款行使追偿权。

第二，主观要件的统一。对于法人或者用人单位承担了替代责任之后，对法定代表人或者工作人员产生追偿权的主观要件，究竟是故意或者重大过失，还是故意或者过失，应当有一致的规定，而不能产生矛盾。对此，相关的立法例是《瑞士民法典》第55条关于“1. 法人的意思，通过其机构来表示。2. 法人对其机构的法律行为及其他一切行为承担责任。3. 此外，如行为人有过错，行为人还应承担个人责任”的规定，① 以及《俄罗斯联邦民法典》第53条关于“1. 法人通过其依照法律、其他法律文件和设立文件进行工作的机关取得民事权利和承担民事义务。法人机关的任命或选举程序由法律和设立文件规定。2. 在法律规定的情况下，法人可以通过自己的参加人取得民事权利和承担民事义务。3. 依照法律或法人设立文件以法人的名义进行活动的人，应该为所代表的法人的利益认真而合理地进行工作。如果法律或合同没有不同的规定，他应当根据法人发起人（参加人）的请求赔偿他给法人造成的损失”的规定。② 这些都说明，法人或者用人单位承担了替代责任之后，对法定代表人或者工作人员产生追偿权的主观要件，就是故意或者过失。通常规定的过失，意味着过失即可产生追偿权，故意所为当然更应当产生追偿权。按照这样的判断，第62条规定的“可以向有过错的法定代表人追偿”的规定就是对的，就足够了。而第967条第1款关于“可以向有故意或者重大过失的工作人员追偿”的规定，就不适当，应当将“重大”二字删除，即凡是有故意或者过失的工

① 《瑞士民法典》，殷生根、王燕译，中国政法大学出版社1999年版，第18页。

② 《俄罗斯联邦民法典》，黄道秀译，北京大学出版社2007年版，第54页。

作人员，用人单位都可以向其进行追偿。

第三，“执行职务”表述的统一。“因执行工作任务”的表述，确实比较通俗，容易被人民群众所接受，但是，这个表述方法与第 968 条关于个人劳务责任的规定中使用的“因劳务”的表述，是一样的，都过于通俗，不是法言法语，不符合使用法律术语的要求。因此，对于第 62 条和第 967 条第 1 款（包括第 968 条）的这一表述，建议统一为“因执行职务”。使用这一个统一的、符合规范的表述方法，将不同规范中的相同概念统一起来。

（三）第 62 条和第 967 条第 1 款的调整方案一

调整方案一是第 62 条删除“依照法律规定或者法人章程的规定”，即“法定代表人因执行职务造成他人损害的，由法人承担民事责任”。“法人承担民事责任后，可以向有过错的法定代表人追偿。”第 967 条第 1 款将主观要件扩展为过错，并将“执行工作任务”的表述修改为“执行职务”，即“用人单位的工作人员因执行职务造成他人损害的，由用人单位承担侵权责任。用人单位承担侵权责任后，可以向有过错的工作人员追偿”。

这样调整的好处在于，第一，第 62 条和第 967 条第 1 款都具备了请求权基础。毫无疑问，第 967 条第 1 款是特殊侵权责任规范，包含请求权的法律基础，被侵权人能够依据第 967 条第 1 款的规定，依法请求法人承担侵权责任，用人单位在承担了赔偿责任之后，有权向有过错的工作人员请求追偿。在前文讨论第 62 条是否有请求权基础的时候，笔者提出如果保持现有条文的内容，由于其中规定了“依据法律或者法人章程的规定”的内容，因此对该条是否包含请求权的法律基础存有疑问。但是，如果按照前文笔者提出的第 62 条的修改建议的内容，由于删除了这样的内容，则该条尽管是总则性的法律规范，但是其中包含请求权的法律基础，包含两个请求权：一是被侵权人对法人的请求权，有权请求法人承担替代责任；二是法人承担了民事责任之后享有的追偿权的请求权，有权向法定代表人追偿。第二，主观要件达成了一致。第 967 条第 1 款扩展了主观要件后，消除了第 62 条和第 967 条第 1 款之间关于追偿权主观要件方面的冲突，就不会造成法定代表人与其他工作人员同为职务行为，但是用人单位行使追偿权的要求不同的情形。第三，立法用语的规范。第 967 条第 1 款修改执行职务的表述，促进了侵权责任编立法用语更为规范准确。

根据这个调整方案，两个条文的关系是：

第一，从民法典体系上考虑，第62条是总则的规范，第967条第1款是分则的规范。第62条是民事主体制度的组成部分，是法人及其法定代表人的责任规范。第967条第1款是侵权责任规范，是对所有的用人单位的工作人员在执行职务中造成他人损害的替代责任的规定。

第二，从侵权责任规范的角度分析，第967条规定是基本法，第62条规定是特别法，在具体适用上，特别法优先于基本法。即有关法人及其法定代表人在致人损害的法律关系上，优先适用第62条，在法人的其他工作人员致人损害，以及其他的用人单位及其工作人员的致人损害责任上，规定追偿权，都要适用第967条第1款的规定。只有这样，才能够实现法律适用的协调一致，不发生冲突。

（四）第62条和第967条第1款的调整方案二

上述对第62条和第967条第1款之间关系的调整方案，基本上是可行的，但是还是比较繁琐。就相同的问题作出两个不同的法律规范，且分设于总则编和侵权责任编，在适用上比较麻烦，即同样的法人工作人员执行职务致人损害，法定代表人所为就要适用总则的规定，而普通的工作人员就须适用侵权责任编的规定。为了避免出现这样的问题，笔者提出第二个调整方案，即在第967条第1款规定采用上述建议规定之后，将第62条直接规定为“法定代表人因执行职务造成他人损害的，适用本法第967条第1款规定确定民事责任”。这样，第62条就成为了转致条款，尽管不包含请求权基础，但是直接解决了问题，避免了发生法律冲突的可能性，是一个更好的立法建议。

四、余论

本文还需要进一步讨论的问题是，法人的法定代表人和用人单位的工作人员存在不同的过错程度，是否在追偿权的范围上有所不同。在现实生活中，确实存在用人单位承担了赔偿责任之后，向有过失的工作人员进行部分追偿的做法。例如，很多医院在为医务人员的医疗过失造成患者损害“买单”后，向有过失的医务人员追偿30%的赔偿责任的做法。按照这样的思路，是否可以考虑，工作人员在执行职务时致人损害有故意的，可以追偿100%的赔偿责任，有重大过失的，追偿70%左右的赔偿责任，有一般过失的，追偿30%左右的赔偿责任。这样看起来似乎公平合理，但是操作起来比较困难。

应当看到的是，无论是第62条，还是第967条第1款，在规定追偿权的用语上，都使用的是“可以”，而不是“应当”，这正是追偿权作为一个权利的说明，即权利是实现某种利益的可能性，而不是必然性。既然追偿权是承担了替代责任的法人或者用人单位享有的权利，那么法人或者用人单位是否行使该权利，行使该权利时究竟主张行使多少比例，完全是权利人自己的意志所决定的，法律不必规定。只是在发生争议的时候，当法人或者用人单位向法定代表人或者工作人员之间就追偿权的行使比例见解不同又无法调解时，由司法裁判机关根据案件的实际情况（主要是工作人员的过错程度）确定最终的追偿比例。判

（本文仅代表作者个人观点）

我国民法典中生态损害赔偿制度的构建*

——兼评江苏省连云港市赣榆区环境保护协会诉王升杰环境污染损害赔偿公益诉讼案

周友军** 张 渊***

案情简介

2012年以来，被告王升杰在经营石英石加工厂期间，未依法在环境保护部门办理《排污许可证》，购买工业废盐酸清洗石英石，将酸洗过程中产生的100余吨含酸废水通过渗坑排放至江苏省连云港市赣榆区龙北干渠，导致龙北干渠及与其相连的芦沟河受到严重污染，损害了公共利益。后经当地环境保护部门处理，该石英厂已停止经营。2013年6月26日至7月10日，原连云港市赣榆县（即现在的连云港市赣榆区）环境监测站对王升杰污染水域污水、地表水进行多次环境监测，被告

---

* 本文是国家社会科学基金项目“作为特殊类型法定之债的牺牲责任研究”（批准号：16BFX106）的中期成果。

** 北京航空航天大学法学院教授、博士生导师。

*** 北京航空航天大学法学院博士研究生。

排水出口及龙北干渠等处的污水及受污染的河水中 pH 值和氟化物严重超标，其中 pH 值最高超标 4.38 倍，氟化物最高超标 45.8 倍。被告排污水体龙北干渠属通榆河北延送水工程部分，应符合国家地表水环境质量Ⅲ类标准。根据《环境保护部关于开展环境污染损害鉴定评估工作的若干意见》确定的环境污染损害数额计算推荐方法，Ⅲ类地表水污染修复费用的确定原则为虚拟治理成本的 4.5 ~6 倍。经评估，100 吨浓度 10% 酸性废水虚拟治理成本约为 14616.7 元。

原告江苏省连云港市赣榆区环境保护协会提起环境污染损害赔偿公益诉讼，诉至江苏省连云港市中级人民法院，请求依法判令王升杰赔偿因排放含酸废水而造成的环境损失 109000 元，承担原告因本案诉讼而发生的合理费用 3500 元。

江苏省连云港市人民检察院依法支持连云港市赣榆区环境保护协会提起环境公益诉讼，及时追回相关赔偿费用，治理受污染的河流。

裁判要旨

2014 年 9 月 9 日，江苏省连云港市中级人民法院作出一审判决。法院认为：被告王升杰未经环境保护主管部门批准取得《排放污染物许可证》，违法采取酸洗方式清洗石英石，将酸洗后的含酸废水未进行无害化处理即通过渗坑排放，造成水污染并影响了水域周边土壤等生态环境，其应对其造成的环境污染损害承担赔偿责任。对原告赣榆区环境保护协会提起公益诉讼、连云港市人民检察院支持起诉要求被告赔偿公共利益损害的主张，江苏省连云港市中级人民法院予以支持。根据出庭专家的评估意见，100 吨含酸废水治理成本约 14616.7 元，因其未经处理即行排放导致治理成本扩大，无法具体测算对环境和生态的损害程度，依据《环境保护部关于开展环境污染损害鉴定评估工作的若干意见》中环境污染损害数额计算推荐方法采取虚拟成本治理法符合本案实际。结合王升杰排放废酸数量及环境监测评估意见等，被告造成的环境损害，江苏省连云港市中级人民法院酌情认定为 75000 元。王升杰主张其经济非常困难，自愿在经济赔偿能力不足的情况下，通过提供有益于环境保护的劳务活动抵补其对环境造成的损害，符合“谁污染，谁治理，谁损害，谁赔偿”的环境立法宗旨，较单纯赔偿更有利于环境的修复与治理，江苏省连云港市中级人民法院予以采纳。在本案审理过程中，连云港市赣榆区环境保护局发函同意对王升杰提供的劳务进行监管。参照目前全国职工日工资标准，王升杰提供环境保护劳务的工作量应相当于其环境污染赔偿不足的金额。赣榆环保协会作为不以盈利为目的的公益组织，其为提起公益诉讼支出的合理费用应由被告承担。依据《环境保护法》第41条，《水污染防治法》第85条，《侵权责任法》第15条、第65条，《民事诉讼法》第15条、第55条、第148条之规定，判决如下：一、被告王升杰赔偿其对环境污染造成的损害人民币51000元，于本判决书生效后10日内交付到江苏省连云港市中级人民法院指定的财政专户，用于对生态环境恢复和治理。二、被告王升杰于本判决生效后2年内提供总计960小时的环境公益劳动（每月至少6次，每次不低于6小时），以弥补其环境损害赔偿金的不足部分，该项劳务执行由连云港市赣榆区环境保护局负责监督和管理。三、被告王升杰于本判决生效后10日内支付原告赣榆区环境保护协会为提起公益诉讼支出的费用3500元。

一审判决后，双方均未提出上诉，一审判决已经发生法律效力。①

评析

一、我国生态损害赔偿制度立法的现状

随着工业社会的发展，环境问题日益突显，全球变暖、酸雨、沙漠化、化学污染等，不仅侵害特定民事主体的权益，而且严重威胁人类自身的生存。② 正是在这一时代背景下，生态损害赔偿制度应运而生。

生态损害赔偿，也称为生态环境损害赔偿，是指在民法上对生态损害予以赔偿的制度。此处所说的“生态损害”（或称为生态环境损害），是指“因污染环境、破坏生态造成大气、地表水、地下水、土壤、森林等环境要素和植物、动物、微生物等生物要素的不利改变，以及上述要素构成的

① 参见《最高人民法院公报》2016年第8期。

② 参见邱聪智：《民法研究（一）》，中国人民大学出版社2002年版，第322页。

生态系统功能退化”。[①] 生态损害是以生态环境本身为侵害对象所导致的损害，而不是以生态环境为媒介侵害法律主体的人身或财产权益而导致的损害。[②] 或者说，生态损害是与特定民事主体的权益无关的纯环境损害。[③] 例如，在前述江苏省连云港市赣榆区环境保护协会诉王升杰环境污染损害赔偿公益诉讼案中，被告王升杰违法采取酸洗方式清洗石英石，酸洗后的100余吨含酸废水未进行无害化处理就直接通过渗坑排放到连云港市赣榆区龙北干渠，导致龙北干渠及其相连的卢沟河受到严重污染。被告的行为导致了地表水、水域周边土壤等环境要素的不利改变，而并没有导致特定民事主体（如某个自然人或法人）的民事权益的侵害，因此，就属于生态损害。

生态损害赔偿与环境污染责任虽然都旨在救济因环境污染而导致的损害，但是，两个制度的适用前提存在重要区别。环境污染责任关注特定民事主体的救济，而不是环境自身的恢复。[④] 例如，因工厂排污导致特定受害人饲养的鱼儿死亡，受害人因其所有权受侵害而主张环境污染责任。所以，环境污染责任必须以特定民事主体的民事权益遭受侵害为前提。而生态损害属于纯粹的环境损害，不考虑环境侵害者是否同时造成特定民事主体的损害，因此，无论是否承担环境污染责任，都应当适用生态损害赔偿制度。所以，环境污染责任是通过特定民事主体主张侵权责任的方式，间接实现环境治理的制度。[⑤] 而生态损害赔偿是以救济纯粹环境损害的方式，直接实现环境治理的制度。

---

① 参见中共中央办公厅和国务院办公厅于2015年印发的《生态环境损害赔偿制度改革试点方案》（已失效）和2017年印发的《生态环境损害赔偿制度改革方案》。另外，依据2014年原环境保护部办公厅发布的《环境损害鉴定评估推荐方法（第Ⅱ版）》第4.5条的规定，生态环境损害是指“由于污染环境或破坏生态行为直接或间接地导致身体环境的物理、化学或生物特性的可观察的或可测量的不利改变，以及提供生态系统服务能力的破坏或损伤”。

② 陈红梅：《生态损害的私法救济》，载《中州学刊》2013年第1期。

③ 参见［德］冯·巴尔：《欧洲比较侵权行为法》（下卷），焦美华译，法律出版社2001年版，第506页。

④ Koch/Koziol (Eds.), Unification of Tort Law: Strict Liability, Kluwer Law International, 2002, p.405.

⑤ 参见［德］福克斯：《侵权行为法》，齐晓琨译，法律出版社2006年版，第297页。

生态损害赔偿制度是生态文明制度体系的重要组成部分。党的十八大以来，党中央把生态文明建设摆上更加重要的战略地位。① 2013年11月，中共十八届三中全会通过的《中共中央关于全面深化改革若干重大问题的决定》，提出要“对造成生态环境损害的责任者严格实行赔偿制度”。2015年12月，中共中央办公厅和国务院办公厅印发了《生态环境损害赔偿制度改革试点方案》，嗣后经过国务院批准，在吉林、贵州等省市开展了生态损害赔偿制度改革的试点。在总结试点改革经验的基础上，2017年12月，中共中央办公厅和国务院办公厅印发了《生态环境损害赔偿制度改革方案》，提出要自2018年1月1日起，在全国试行生态损害赔偿制度。这些文件都为生态文明的法治建设指明了方向、目标和路径。

在我国民法典编纂中，侵权责任编的各个草案（包括室内稿、征求意见稿、一审稿和二审稿）都就生态损害赔偿制度作出了规定。我国《宪法》的序言部分强调，要推动生态文明的发展。在民法典之中确立生态损害赔偿制度，有助于贯彻宪法的精神。同时，这一制度的确立也是总结我国当前进行的生态损害赔偿制度改革经验的需要。此外，2014年修订的《环境保护法》第64条规定：“因污染环境和破坏生态造成损害的，应当依照《中华人民共和国侵权责任法》的有关规定承担侵权责任。”这一规定要求，生态损害赔偿要适用《侵权责任法》的规定。但是，《侵权责任法》中并无相关规定。因此，《环境保护法》第64条也倒逼民法典侵权责任编作出规定。②

从目前的《民法典侵权责任编草案（二审稿）》（以下简称《二审稿》）来看，其第七章规定了“损害生态环境责任”是在《侵权责任法》第七章“环境污染责任”的基础上修改完善而来。从全国人大保持法的稳定性立法思路来看，其应当是将环境污染责任和生态损害赔偿同时作了规定，只不过将两者合并在了一起。③ 按照我国立法机关的计划，2020年3

---

① 参见《最高人民法院关于充分发挥审判职能作用为推进生态文明建设与绿色发展提供司法服务和保障的意见》（法发〔2016〕12号）第1条。

② 参见张新宝、汪榆森：《污染环境与破坏生态侵权责任的再法典化思考》，载《比较法研究》2016年第5期。

③ 《民法典侵权责任编草案（室内稿）》第七章的章名是“污染环境与破坏生态环境责任”，该章有意区分污染环境责任和破坏生态环境责任。

月，民法典要颁行，所以，不难预测，我国民法典之中应当会规定生态损害赔偿制度。

二、我国就生态损害救济采私法路径的意义及其理论构造模式

（一）我国就生态损害救济采私法路径的意义

从整个法秩序的角度来观察，生态损害的救济有公法和私法两个路径。具体而言：

一是公法路径。通过公法路径来救济生态损害，也就是通过行政法来提供救济。以德国为例，其于2007年颁行了《德国环境损害法》（Umweltschadensgesetz）。[①] 该法的颁行是为了贯彻《欧盟关于预防和补救环境损害的环境责任指令》（2004/35/EG，以下简称《欧盟环境责任指令》）。[②] 按照《德国环境损害法》第2条的界定，其要救济的损害是指对于物种、自然栖息地、水域、土壤造成的不利变化。这属于生态损害的范畴。在发生生态损害以后，责任人的主要义务是对生态环境进行修复。[③] 不过，该法规定的责任人的义务属于公法上的义务。如果责任人不履行其义务，政府主管机关应当采取行政措施，强制责任人履行其义务。[④]

二是私法路径。通过私法路径来救济生态损害，也就是通过民事赔偿的方式来提供救济。以法国为例，其于2016年8月8日颁布了第2016-1087号关于“生物多样性、自然和风景恢复”的法律，首次明确要通过民事赔偿的方式救济生态损害。同时，将该制度纳入《法国民法典》之中（第1246条至第1252条），规定在其民法典的第三卷第三编“债之来源”的第二次编“非合同责任法”的第三章之中。按照《法国新民法典》第1247条的界定，生态损害是指“对生态系统的功能或因素或人从自然中获

---

① 2007年的《德国环境损害法》，也被称为《德国环境损害预防及恢复法》，对于该法的研究，可参见陶建国：《德国〈环境损害预防及恢复法〉评介及启示》，载《中国环境管理干部学院学报》2015年第2期。

② 该指令的中文译本，可参见王轩译：《欧盟〈关于预防和补救环境损害的环境责任指令〉》，载《国际商法论丛》（第9卷），法律出版社2008年版，第397页以下。

③ 参见《德国环境损害法》第8条。

④ 参见《德国环境损害法》第10条。

取的集体利益造成的不可忽视的损害”。按照《法国新民法典》第1249条的规定，赔偿责任人应当先回复原状，只有在法律上或事实上回复原状不能、回复原状措施不足够或者修复措施经济上极其不合理时，法官才应判令责任人支付修复环境的赔偿金。①

可以说，对于生态损害的救济措施，既非纯粹的公法问题，也非纯粹的私法问题，而是处于公法和私法的边界之上。因此，既可以置于私法体系之中，也可以置于公法体系之中。②

从我国目前的法政策取向来看，基本上确定了通过私法路径来救济生态损害的目标和方向。党的十八届三中全会明确提出对造成生态损害的责任者严格实行赔偿制度。中共中央办公厅和国务院办公厅于2015年印发的《生态环境损害赔偿制度改革试点方案》和2017年印发的《生态环境损害赔偿制度改革方案》，也都确认了上述政策取向。另外，我国环境法的立法趋势也逐渐淡化行政处罚措施，转而要求通过侵权责任制度的适用来救济生态损害。③ 我国《环境保护法》《民事诉讼法》及《最高人民法院关于审理环境民事公益诉讼案件适用法律若干问题的解释》所确立的环境民事公益诉讼制度，实际上就明确了我国要通过私法路径来救济生态损害。从江苏省连云港市赣榆区环境保护协会诉王升杰环境污染损害赔偿公益诉讼案来看，其就是通过私法来救济生态损害的典型案例。

从法律上来看，我国通过私法路径救济生态损害的意义主要在于：

其一，充分发挥侵权责任补偿性的优势。④ 通过让环境侵害者承担侵权责任，可以发挥侵权法的补偿功能，贯彻侵权法“恢复到如同损害没有发生状态”的理念，从而有利于充分实现生态损害救济的目标。

---

① 参见刘骏：《〈法国民法典〉生态损害修复解析》，载《第七届“比较民商法与判例研究两岸学术研讨会”论文集》，第272页以下。

② 李昊：《论生态损害的侵权责任构造——以损害拟制条款为进路》，载《南京大学学报（哲学·人文科学·社会科学）》2019年第1期。

③ 2014年修订的《环境保护法》已删除《环境保护法（1989年）》第41条第1款的规定，转而要求适用《侵权责任法》的规定。参见李昊：《论生态损害的侵权责任构造——以损害拟制条款为进路》，载《南京大学学报（哲学·人文科学·社会科学）》2019年第1期。

④ 马腾：《我国生态环境侵权责任制度之构建》，载《法商研究》2018年第2期。

其二，充分利用侵权法中已有的制度资源。在侵权法上确立生态损害赔偿制度，可以借助于侵权法上已有的制度资源，如损害赔偿的规则等，从而避免制度设计的繁复。

其三，充分调动社会力量参与环境治理。通过私法路径救济生态损害时，可以允许公益社会组织，甚至是普通社会公众来提起诉讼，这有利于调动社会力量参与污染治理，实现社会共治。

（二）以私法路径救济生态损害的理论构造模式

客观地说，传统侵权法以人类为中心，关注人的损害。[①] 因此，它救济的对象限于特定民事主体所遭受的不利后果。而生态损害可以理解为集体损害，[②] 不属于特定民事主体遭受的损害。因此，如果要通过私法路径救济生态损害，应当如何进行私法上的理论构造，值得研究。对此，我国学界存在不同的观点：

一是“赋予生态环境主体资格”模式。此种观点认为，生态环境或者生态环境组成要素可以跟自然人一样具备主体资格，成为法律意义上的“人”。因此，破坏和污染生态环境的行为就是在侵害“生态环境”这一民事主体的“人身权”。[③]

二是“公众环境权或环境利益”模式。此种观点认为，公众对环境享有环境权或者享有环境利益。一般认为，环境权是“享受良好环境，并且能够支配良好环境的权利”。[④] 而环境利益是公众对环境共同享有的权益。生态损害就是侵害全体社会成员的环境权或环境利益而导致的损害。[⑤]

三是“国家或集体所有权”模式。此种观点认为，生态环境组成要素一经特定化，就会由自然状态转换为资产状态，成为物权法中的物。另外，根据我国《物权法》第 46 条至第 48 条的规定，国家所有权或集体所

---

① 李承亮：《侵权责任法视野中的生态损害》，载《现代法学》2010 年第 1 期。

② 集体损害有两种：一是很多人都受到微小损害；二是集体（不特定的组织）遭受的损害。参见［德］马格努斯主编：《侵权法的统一：损害与损害赔偿》，谢鸿飞译，法律出版社 2009 年版，第 292 页。

③ 转引自李承亮：《侵权责任法视野中的生态损害》，载《现代法学》2010 年第 1 期。

④ 罗丽：《环境侵权侵害排除责任研究》，载《河北法学》2007 年第 6 期。

⑤ 参见陈红梅：《生态损害的私法救济》，载《中州学刊》2013 年第 1 期。

有权的客体不仅仅包括土地，而且还包括矿藏、水流、海域、森林、山岭、草原、荒地、滩涂等生态环境组成要素。因此，侵害生态环境，通常也会侵害国家所有权或集体所有权，国家或集体基于所有权可以请求赔偿，侵害人在填补国家或集体的损害时，就有可能同时填补生态损害。①

四是“损害拟制”模式。此种观点受到《欧洲示范民法典草案（DCFR)》的启示。按照该草案第6－2：209条的规定，政府或指定的主管机关因恢复生态损害而遭受的不利负担被视为侵权法上的具有法律相关性的损害，可以向加害人请求损害赔偿。据此，此种观点认为，可以通过损害拟制的方式，将生态损害视为侵权法上的损害。②

应当说，上述四种理论构造模式都有其一定的道理，但笔者更倾向于“损害拟制”模式。

就“赋予生态环境主体资格”模式而言，其与我国民法上长期以来的主体客体二分理论存在冲突。就“公众环境权或环境利益”模式而言，不仅存在“环境权”或“环境利益”概念模糊的问题，而且，“环境权”或“环境利益”也很难认定为是民法上的权利或利益。“国家或集体所有权”模式其实与我国物权法上的基本理论存在冲突。例如，物权法上强调物权客体特定，而在生态损害的情形（如水流被污染），往往不存在可以特定的物权客体。

损害拟制模式借助了法律拟制技术。法律拟制是指法律有意识地将两个不同的事实构成等同，以期待取得预期的法律后果。③ 诚如梅因所言，在社会进步到了一定阶段时，法律拟制技术是克服法律严格性最有价值的权宜办法。④ 从世界法律发展史的角度来看，很多国家都采用法律拟制的方式，以顺应时代之需。⑤ 在生态损害赔偿中，借助法律拟制技术，可以满足时代的需要，又能够尽可能避免对既有侵权法理论的冲击，是比较妥

---

① 参见李承亮：《侵权责任法视野中的生态损害》，载《现代法学》2010年第1期。

② 李昊：《论生态损害的侵权责任构造——以损害拟制条款为进路》，载《南京大学学报（哲学·人文科学·社会科学)》2019年第1期。

③ ［德］魏德士：《法理学》，丁小春、吴越译，法律出版社2003年版，第66页。

④ 参见［英］梅因：《古代法》，沈景一译，商务印书馆1959年版，第16页。

⑤ ［比］卡内冈：《法官、立法者与法学教授——欧洲法律史篇》，薛张敏敏译，北京大学出版社2006年版，第120页。

当的选择。

三、我国民法典中生态损害赔偿制度的具体设计

（一）归责原则与构成要件的设计

1. 归责原则

《二审稿》第1004条规定："因破坏生态环境造成他人损害的，侵权人应当承担侵权责任。"从这一规定来看，其就生态损害赔偿采危险责任（或称严格责任），无论环境侵害人是否有过错都应当承担责任。应当说，这一规定与我国目前司法实践中的做法是一致的。例如，在前述江苏省连云港市赣榆区环境保护协会诉王升杰环境污染损害赔偿公益诉讼案中，法院虽然没有明确指明，但其判决也应当理解为就此案采危险责任原则，不考虑被告王升杰是否具有过错。

依据《欧盟环境责任指令》第3条的规定，[①] 其就生态损害赔偿采用二元归责体系。该指令将环境侵害行为区分为危险行为与非危险行为，并在附则3中规定了危险行为的范围与类型。对于危险行为适用危险责任（或称严格责任）原则，对于非危险行为适用过错责任原则。[②]

笔者认为，欧盟的做法可能更为妥当。侵权法上危险责任的设计，都是以实施的活动或保有物的高度危险性为基础的，而生态损害赔偿的归责原则设计则单纯以生态环境本身（即受侵害的客体）的重要性为基础。另外，如果生态损害赔偿属于危险责任，那么接下来可能出现的问题是，侵害生命权的行为人是不是都要承担危险责任呢？

2. 构成要件

生态损害赔偿的构成要件取决于其归责原则。如果按照《二审稿》的

---

① 《欧盟环境责任指令》第3条第1款规定："本指令适用于：（a）附件3列明的任何职业性活动引起的环境损害，以及适用于由于那些活动中任何一种活动的原因而引起的损害的任何迫近威胁；（b）非附件3列明的任何职业性活动引起的对受保护的物种和自然栖息地造成的损害，以及由这些职业性活动所引起的对受保护物种和自然栖息地的损害的迫近威胁，当经营者有过错或过失时。"

② 殷鑫：《论生态损害的侵权责任法救济机制》，载《河南师范大学学报（哲学社会科学版）》2016年第5期。

设计，采危险责任原则，其构成要件应当包括：侵害环境的行为、生态损害以及侵害环境的行为与生态损害之间的因果关系。当然，如果借鉴欧盟的经验，采取二元的归责原则，在过错责任原则之下，其构成要件应当包括：侵害环境的行为、生态损害、侵害环境的行为与损害之间的因果关系、侵害环境行为的违法性、行为人的过错。

《二审稿》第1005条明确了在生态损害赔偿中实行因果关系推定。①这大概是考虑到，侵害环境者往往距离证据较近，而且，侵害环境者往往是企业，其掌握的科学技术知识和经济实力，都使得其在证明因果关系方面存在明显的优势。当然，在生态损害赔偿诉讼中，原告也应当进行初步的证明。初步证明的标准，即事实可能存在。而被告负有举证责任，以排除因果关系的存在。

如果因第三人的过错导致生态环境损害的，被告是否可以减轻或免除责任？对此，《二审稿》第1009条规定："因第三人的过错损害生态环境的，被侵权人可以向侵权人请求赔偿，也可以向第三人请求赔偿。侵权人赔偿后，有权向第三人追偿。"这一做法与我国《侵权责任法》第68条、《水污染防治法》第85条第4款等规定的环境污染责任采取同一立场。这一立场比欧盟的做法更为严格。按照《欧盟环境责任指令》第8条第3款的规定，如果生态损害是第三人造成的，而且，在被告方面"事实上适当的安全措施已经就绪"，被告就不应承担责任。《二审稿》第1009条的意义主要在于强化对受害人的保护。如果因第三人的过错导致生态损害，侵害环境者仍然负责，这就赋予了受害人选择权，即请求侵害环境者或第三人赔偿，而侵害环境者往往比第三人更有经济实力。

另外，在生态损害赔偿中，被告是否可以因不可抗力免责，《二审稿》并没有明确。《欧盟环境责任指令》第4条第1款规定："本指令的调整范围不包括由下列原因引起的环境损害或者该损害的迫近威胁：(a) 武装冲突行为、敌对、内战或起义；(b) 异常的、不可避免的和不可克服的自然现象。"借鉴这一做法，我国应当明确，在生态损害赔偿中，被告可以因不可抗力而免责，以免对被告过于严厉。

---

① 《二审稿》第1005条规定："因损害生态环境发生纠纷，侵权人应当就法律规定的不承担责任或者减轻责任的情形及其行为与损害之间不存在因果关系承担举证责任。"

（二）责任承担规则的设计

1. 赔偿权利人

生态损害往往导致集体利益受损，而不涉及具体的个人利益，赔偿权利人具有整体性和不确定性，因而确定具体的起诉主体成为难题。[①] 从目前的规定来看，生态损害的赔偿权利人包括如下几种：

一是国务院授权的省级、市地级政府（包括直辖市所辖的区县级政府）。按照中共中央办公厅、国务院办公厅印发的《生态环境损害赔偿制度改革方案》的规定，国务院授权省级、市地级政府（包括直辖市所辖的区县级政府）作为本行政区域内生态环境损害赔偿权利人。

二是检察机关。2015 年 7 月，最高人民检察院发布《检察机关提起公益诉讼试点方案》。该方案指出，针对生态环境和资源保护等领域侵害国家和社会公共利益的情况，检察机关应当及时提起民事或行政公益诉讼。

三是公益社会组织。2014 年的《环境保护法》将公益社会组织列为生态环境侵权请求主体。该法第 58 条第 1 款规定："对污染环境、破坏生态，损害社会公共利益的行为，符合下列条件的社会组织可以向人民法院提起诉讼：（一）依法在设区的市级以上人民政府民政部门登记；（二）专门从事环境保护公益活动连续五年以上且无违法记录。"当然，本条严格限定了公益社会组织的诉讼主体资格，从而将生态环境侵权请求主体限定在一个非常狭小的范围内。这可能不利于生态损害赔偿之诉的提起。[②]

就江苏省连云港市赣榆区环境保护协会诉王升杰环境污染损害赔偿公益诉讼案而言，原告赣榆区环境保护协会就属于《环境保护法》第 58 条第 1 款规定的公益社会组织。同时，连云港市人民检察院也依据《最高人民法院关于审理环境民事公益诉讼案件适用法律若干问题的解释》第 11 条的规定，通过各种方式支持赣榆区环境保护协会提起环境民事公益诉讼。

《二审稿》第 1010 条和第 1011 条都只模糊地规定了"法律规定的机关或者组织"有权请求生态损害赔偿。这大概是考虑到在民法典中难以明确赔偿权利人的范围，因此，留给法律作出规定。

---

① 陈红梅：《生态损害的私法救济》，载《中州学刊》2013 年第 1 期。

② 马腾：《我国生态环境侵权责任制度之构建》，载《法商研究》2018 年第 2 期。

在法国，《法国新民法典》第1248条规定："任何有起诉资格和与案件有起诉利益的都可以提起生态损害赔偿之诉，诸如国家、法国多样性属、地方组织和损害所涉及的地方组织的组成单位以及财政资助的公法人和自提起诉讼时已存在五年了的批准成立或创立的、以保护自然环境为目的的社团。"① 这一规定采取具体列举与兜底性规定结合的方式，既明确了一定范围的赔偿权人，又保持了开放性，值得借鉴。

2. 赔偿义务人

从经济学的角度来看，生态损害具有负外部性，通过让污染者负责，才能实现外部性的内在化。② 因此，生态损害赔偿制度应当贯彻"污染者付费"原则。按照中共中央办公厅、国务院办公厅印发的《生态环境损害赔偿制度改革方案》的规定，违反法律法规、造成生态环境损害的单位或个人，应当承担生态环境损害赔偿责任。

二审稿就生态损害赔偿的义务人仅使用了"侵权人"的表述，这里的"侵权人"是否还需要进一步限定，值得探讨。按照《欧盟环境责任指令》的做法，其将赔偿义务人限定为"经营者"。该指令第2条第6款规定："'经营者'是指，任何经营或者控制职业性活动的自然人或法人，私法人或公法人，或者根据国内法的规定，被授予对该活动的技术功能的经济决定权力的人，包括从事该活动的许可证或授权证书持有者，或者该活动的注册者和通告者。"同条第7款规定："'职业性活动'是指，在经济活动、商业活动或者企事业活动过程中开展的任何活动，无论其是属于私人或是公共性质、有无营利因素。"这一做法将赔偿义务人限定为从事"职业性活动"的经营者，有利于适当限制义务主体，尤其是避免普通的自然人承担危险责任，具有积极意义。

就江苏省连云港市赣榆区环境保护协会诉王升杰环境污染损害赔偿公益诉讼案而言，被告王升杰在经营石英石加工厂时，因加工石英石的行为破坏了生态，因此，即使借鉴欧盟的经验，其也属于从事职业性活动的经营者，仍然应当承担责任。

---

① 参见刘骏：《〈法国民法典〉生态损害修复解析》，载《第七届"比较民商法与判例研究两岸学术研讨会"论文集》，第275页。

② 参见［美］珀西瓦尔：《美国环境法》，赵绘宇译，法律出版社2014年版，第1页。

3. 责任形式

自近代以来，大陆法系各国几乎都将侵权损害赔偿作为债的一种类型，而损害赔偿的方法又被分为金钱赔偿和回复原状两种。[①] 用我国学者的语言来表述，即侵权责任的形式包括两种：金钱赔偿和回复原状。回复原状，是指重建赔偿权利人受侵害权益的原貌，如同损害事故没有发生。金钱赔偿，是指给付金钱以填补赔偿权利人权益所蒙受的损害，如同损害事故没有发生。[②] 需要注意的是，回复原状的费用也应当属于回复原状的范畴。[③] 因为回复原状费用的偿还是为了维护受害人的保持利益，而不仅是为了维护受害人的价值利益。[④]

从《二审稿》第1010条的规定来看，其所规定的“修复责任”应当属于回复原状，其所规定的赔偿损失则属于金钱赔偿。如果法律规定的机关或者组织在自行或者委托他人进行修复之前，就评估的修复费用请求被告赔偿，这就属于回复原状的费用的赔偿。[⑤] 虽然《二审稿》第1010条明确了，应当先考虑修复生态环境，只有无法修复或者无修复必要时，原告才能主张金钱赔偿。不过，本条仍然应当明确的是，原告取得的赔偿金，必须用于环境修复的目的。有学者建议，应当将因起诉生态加害人所获得的生态损害赔偿金归属于专门成立的生态维护基金。[⑥] 这一建议值得考虑。

《二审稿》第1011条还明确了，在生态损害赔偿中，金钱赔偿的项目

---

① George A. Bermann, Etienne Picard (ed.), Introduction to French Law, Kluwer Law International BV, 2008, pp. 259 ~ 260; Erwin Deutsch, Allgemeines Haftungsrecht, 2. Aufl., Köln/Berlin/Bonn/München 1996, S. 496ff.

② 参见曾世雄：《损害赔偿法原理》，中国政法大学出版社2001年版，第148页以下。

③ Esser/Schmidt, Schuldrecht, Band Ⅰ, Teilband 2, 8. Aufl., Heidelberg 2000, S. 204.

④ 参见［德］梅迪库斯：《德国债法总论》，杜景林、卢谌译，法律出版社2003年版，第433页。

⑤ 《二审稿》第1010条规定：“违反国家规定造成生态环境损害，能够修复的，法律规定的机关或者组织有权请求侵权人在合理期限内承担修复责任。侵权人在期限内未修复的，法律规定的机关或者组织可以自行或者委托他人进行修复，所需费用由侵权人承担。无法修复或者无修复必要的，侵权人应当依法赔偿损失。”

⑥ 参见马腾：《我国生态环境侵权责任制度之构建》，载《法商研究》2018年第2期。

具体包括："（一）生态环境修复期间服务功能丧失导致的损失；（二）生态环境功能永久性损害造成的损失；（三）生态环境损害调查、鉴定评估等费用；（四）清除污染、修复生态环境费用；（五）防止损害的发生和扩大所支出的合理费用。"这一规定与中共中央办公厅、国务院办公厅印发的《生态环境损害赔偿制度改革方案》中的规定基本相同，① 也是总结我国生态损害赔偿改革试点经验的结果，值得肯定。

从操作层面来看，生态损害的赔偿金确定比较困难，通常需要借助于专业人士的力量进行评估鉴定。为了解决这一问题，环境保护部于 2011 年出台了《关于开展环境污染损害鉴定评估工作的若干意见》，并先后出台了《环境损害鉴定评估推荐方法（第Ⅰ版）》和《环境损害鉴定评估推荐方法（第Ⅱ版）》。其中详细规定了市场评估法、解释偏好价值评估法、陈述偏好法等评估方法。② 这些都是确定生态环境损害赔偿金的比较合适的方法。

在江苏省连云港市赣榆区环境保护协会诉王升杰环境污染损害赔偿公益诉讼案中，法院运用了当时适用的《环境损害鉴定评估推荐方法（第Ⅰ版）》中确定的虚拟成本治理法，确定了环境修复的费用为 75000 元。这里所说的环境修复费用，就是前面所说的回复原状的费用。另外，在本案中，被告王升杰经济赔偿能力不足，其提出要"通过提供有益于环境保护的劳务活动抵补其对环境造成的损害"。最终法院判决，被告王升杰在判决生效后两年内提供总计 960 小时的环境公益劳动，以弥补其环境损害赔偿金的不足部分，该项劳务执行由连云港市赣榆区环境保护局负责监督和管理。法院的这一做法具有创造性，在一定程度上借鉴了债法上间接给付的法理。不过，笔者认为，被告的环境公益劳动，似乎应当结合该案中被

① 中共中央办公厅、国务院办公厅印发的《生态环境损害赔偿制度改革方案》规定："生态环境损害赔偿范围包括清除污染费用、生态环境修复费用、生态环境修复期间服务功能的损失、生态环境功能永久性损害造成的损失以及生态环境损害赔偿调查、鉴定评估等合理费用。各地区可根据生态环境损害赔偿工作进展情况和需要，提出细化赔偿范围的建议。鼓励各地区开展环境健康损害赔偿探索性研究与实践。"

② 徐以祥、王宏：《论我国环境民事公益诉讼赔偿数额的确定》，载《法学杂志》2017 年第 3 期。

破坏的生态进行，致力于龙北干渠和卢沟河的治理，从而更加契合生态损害赔偿的目的。

《二审稿》第1008条规定："侵权人故意违反国家规定损害生态环境造成严重后果的，被侵权人有权请求相应的惩罚性赔偿。"这就确立了生态损害赔偿中的惩罚性赔偿制度。惩罚性赔偿制度起源于英美法，它具有"准刑事罚"的性质，其功能包括：损害赔偿、吓阻、报复、私人执行法律等，但主要功能是报复和惩罚。[①]《二审稿》第1008条的规定有助于遏制故意违反国家规定造成生态损害的环境侵害行为，具有积极意义。不过，这一规定也赋予了法官过大的自由裁量权，可能导致惩罚性赔偿的滥用。因此，笔者认为，可以借鉴我国《消费者权益保护法》第55条的经验，明确此时的惩罚性赔偿应当不得超过所受损失的三倍。判

（本文仅代表作者个人观点）

① 参见陈聪富、陈忠五、沈冠伶、许士宦：《美国惩罚性赔偿金判决之承认及执行》，台湾地区学林文化事业有限公司2004年版，第69页。

海洋生态环境损害赔偿认定问题思考*

——以最高人民法院第二批涉“一带一路”建设典型案例8为样本

葛勇平** 苏铭煜***

案情简介

葡萄牙籍油轮“阿提哥”轮在从大连新港油轮锚地驶往新港原油泊位途中，于大连险礁岩搁浅，因船体破损原油泄漏而造成海洋污染。船舶所有人为昂迪玛海运有限公司（以下简称昂迪玛公司），油污责任保险人为博利塔尼亚汽船保险协会（以下简称保险协会）。经鉴定认定，溢油污染面积为184平方千米，溢油的蒸发量为56%，最终留存于海中的油量为406.96吨。大连市海洋与渔业局于2005年5月23日向大连海事法院起诉，请求判令昂迪玛公司与保险协会连带赔偿损失人民币59076000元，其中包含海洋环境容量损失和海洋生态服

* 基金项目：中央高校基本科研业务费专项资金项目“国际河流及海洋区域权益维护和争端解决”（项目编号：2015B04014）。

** 河海大学法学院教授、法学博士。

*** 河海大学法学院硕士研究生。

务功能损失以及调查估损鉴定费用三项内容。证据支持为其委托国家海洋环境监测中心司法鉴定所出具的《“阿提哥”轮溢油事故海洋生态环境损失评估报告》，计算出涉案海域生态服务功能价值损失为1276000元，以城市污水处理费的收取标准计算海洋环境容量损失的修复费用为5520万元，调查估损鉴定费用260万元。①

裁判要旨

大连海事法院一审确认了海洋与渔业局作为适格主体享有起诉权利，但其关于实际采取恢复措施用以修复涉案海域油污损害的证据不足，且溢油影响海域在未采取任何措施的情况下已实际恢复，判决驳回大连市海洋与渔业局的诉讼请求。海洋与渔业局不服，提起上诉。辽宁省高级人民法院二审认为，海洋与渔业局诉请的海洋生态环境损失包括海洋生态服务功能损失和海洋环境容量损失，属于《海洋环境保护法》第89条规定的对海洋环境损害提出的赔偿请求；但原告计算的海洋环境容量损失费用与《1992年国际油污损害民事责任公约》（以下简称《1992年责任公约》）第1条第6款（a）项及《最高人民法院关于审理船舶油污损害赔偿纠纷案件若干问题的规定》（以下简称《油污损害赔偿规定》）第17条规定的赔偿范围不符，然其已支付的50万元评估费用属于合理费用，应予以支持。海洋与渔业局不服，申请再审。最高人民法院经审查认为，本案优先适用《1992年责任公约》，海洋与渔业局关于实际采取恢复措施举证不足，且不落入《1992年责任公约》赔偿项目之中，于2015年12月29日裁定驳回海洋与渔业局的再审申请。

评析

“海洋生态环境损害”是导致海洋环境权利和海洋环境法益受损而产生的一种不利益状态。典型案例8属于具有涉外因素的环境公益诉讼，在此类海洋生态环境损害赔偿案件审理中，关键在于确定索赔主体起诉顺位及索赔范围。索赔主体应依据《海洋环境保护法》第89条第2款以行使海洋环境监督与管理的行政机关为优先，若其怠于诉请，则索赔主体依次

---

① 案例来源：辽宁省高级人民法院（2011）辽民三终字第00146号；最高人民法院（2015）民申字第1637号。

确定为环保组织和检察机关。在优先适用《1992年责任公约》的前提下，海洋生态环境索赔范围限于合理恢复措施的费用；嗣后涉外实践若在排除适用《1992年责任公约》但满足《海洋生态损害赔偿解释》相关规定下，赔偿范围的确定将包括预防措施、清污、恢复、恢复期间损失以及相关的监测、评估费用。

一、前言及问题引出

在倡导构建人类命运共同体、维护公益、保护海洋生态环境的新时代，最高人民法院出台的《关于审理环境民事公益诉讼案件适用法律若干问题的解释》（以下简称《环境民事公益诉讼解释》）、2018年1月15日施行的《关于审理海洋自然资源与生态环境损害赔偿纠纷案件若干问题的规定》（以下简称《海洋生态损害赔偿解释》）共同体现了对于海洋生态环境以及海洋公益的保护力度加大，并且范围趋于泛化与细致。① 中国自1984年设立海事法院以来，十家海事法院及其上诉法院乃至最高人民法院审理和裁判了大量的海事案件。虽然海事司法实践经过积累与沉淀逐渐呈现出体系化的特征，但在最高人民法院发布的共计112件指导性案例中，仅有6件为海事指导案例。② 各级人民法院在审判类似案件时应当参照指导性案例。③ 而最高人民法院公布的典型海事案例以及公报海事案例，在一定程度上对各类型海事审判经验进行了提炼，能够为海事司法实践提供一定的参考。

最高人民法院第二批涉“一带一路”典型案例8——大连市海洋与渔业局与昂迪玛海运有限公司、博利塔尼亚汽船保险协会海域污染损害赔偿纠纷再审案是因船舶油污造成中国渤海海域④污染、海洋资源及生态环境

---

① 在2012年《民事诉讼法》第55条原则性明确公益诉讼制度以后，《消费者权益保护法》第47条、《环境保护法》第58条、《英雄烈士保护法》第25条以及相关的司法解释表明，公益诉讼在中国司法实践中不断扩大与深入。

② 截至2019年3月12日，最高人民法院发布的指导案例有6件海事指导案例，分别为指导案例16号、31号、52号、108号、110号及112号。

③ 《最高人民法院关于案例指导工作的规定》（法发〔2010〕51号）第7条规定。

④ 包括中国首例针对海洋生态环境损害提起诉讼的“塔斯曼海”轮溢油事故以及渤海蓬莱19－3溢油事故都发生在渤海海域。

受损而引起的纠纷，并具有涉外因素。① 典型案例 8 存在的法律问题主要包括涉外因素下管辖权的确定、索赔主体的确认以及赔偿范围的认定，而海洋生态环境损害赔偿的认定路径形成亦包含对于上述问题的分析。

本文选取其作为研究样本，该案作为指导性案例的补充，虽然效力相对低下，但在相对局限的专业领域却可发挥“准指导”的参考作用，② 具有法律规范功能。在海洋环境公益诉讼制度的背景下，笔者归纳分析海洋生态损害赔偿认定规则，以期为类似司法实践提供相应的思考与借鉴。

二、海洋生态环境损害的概念辨析

海洋污染及海洋生态环境恶化③成为全球公害的突出问题，尤以船舶油污损害为代表，中国在建设 21 世纪海上丝绸之路的过程中，亦面临繁忙航运贸易所带来的油污损害风险叠加。而因船舶油污损害所引发的争讼包含私益与公益的交叉，对于私益保护的规范从国际公约至国内法已较为完善，且司法实践中较容易支持私益赔偿请求，而对于海洋环境公益诉讼以及海洋生态环境损害赔偿认定则明显处于摸索与审慎的阶段，原因之一即在于对“海洋生态环境损害”概念及制度的认识较为模糊。

2017 年 12 月，《生态环境损害赔偿制度改革方案》出台，其中明确了“生态环境损害”④ 的概念，“是指因污染环境、破坏生态造成大气、地表水、地下水、土壤、森林等环境要素和植物、动物、微生物等生物要素的不利改变，以及上述要素构成的生态系统功能退化”。但同时又指出，涉

---

① 船舶的所有人和油污责任险保险人分别为西班牙和英国公司。

② 张忠民：《典型环境案例的案例指导功能之辨——以最高人民法院公布的 23 个典型环境案例为样本》，载《法学》2015 年第 10 期。

③ 中国典型的海洋生态系统包括河口、海湾、滩涂湿地、珊瑚礁、红树林和海草床等，其中，4 个处于健康状态，14 个处于亚健康状态，2 个处于不健康状态。国家海洋局：《2017 年中国海洋生态环境公报》，载 http://www.soa.gov.cn/zwgk/hygb/zghyhjzlgb/201806/t20180606_61389.html，2018 年 6 月 6 日发布。

④ 原环境保护部办公厅 2014 年发布的《环境损害鉴定评估推荐方法（第Ⅱ版）》规定“生态环境损害”，即“指由于污染环境或破坏生态行为直接或间接地导致生态环境的物理、化学或生物特性的可观察的或可测量的不利改变，以及提供生态系统服务能力的破坏或损伤”。

及海洋生态环境损害赔偿的，适用海洋环境保护法等法律及相关规定。[①]有学者指出，生态环境损害为“环境损害”的下位概念，应专指属于生态环境本身的损害，与人身损害、财产损害并列。而生态环境损害赔偿责任作为一种风险防御责任，既不同于传统民法上的损害赔偿，也不同于恢复原状，应在法律上创制专门环境侵害责任。生态环境损害，也应指环境权利和环境法益受损而产生的一种不利益状态。[②]《海洋环境保护法》以及《海洋生态损害赔偿解释》并未对“海洋生态环境损害”的概念进行明确界定，但国家海洋局发布的《海洋溢油生态损害评估技术导则》[③]《海洋生态损害国家损失索赔办法》和《海洋生态损害评估技术指南（试行）》都使用了“海洋生态损害”的表述。有学者认为，海洋生态损害是指因人类行为而阻碍海洋生态系统功能及环境功能的发挥、海洋生物资源减损及海水体使用质量降低，该损害是难以恢复或非逆转的并最终侵害人类生态利益的法律事实。[④]

综上，“海洋生态环境损害”是指因污染环境、破坏海洋生态的行为，导致海洋生态系统服务功能破坏或受损以及海洋生态环境可观察的或可测量的不利改变。可见，“海洋生态环境损害”是导致海洋环境权利和海洋环境法益受损而产生的一种不利益状态。海洋生态环境损害赔偿是海洋环境侵权的法律后果。

---

① 《中共中央办公厅、国务院办公厅印发〈生态环境损害赔偿制度改革方案〉》，载新华网 http://www.xinhuanet.com/politics/2017-12/17/c_1122124171.htm，2017年12月17日发布。

② 吕忠梅：《“生态环境损害赔偿”的法律辨析》，载《法学论坛》2017年第3期。

③ 《海洋溢油生态损害评估技术导则》明确了，海洋溢油生态损害，是指因海洋石油、天然气勘探开发、海底输油管道、石油运输、船舶碰撞以及其他突发事故造成的石油或其制品在海洋中泄漏而导致海域环境质量下降、海洋生物群落结构破坏及海洋服务功能的损害。样本案例即属于海洋溢油生态损害。

④ 参见刘家沂：《论油污环境损害法律制度框架中的海洋生态公共利益诉求》，载《中国软科学》2011年第5期。

三、样本案件所涉海洋生态环境损害赔偿核心问题分析

（一）管辖权确定及准据法选择

因涉海案件本身的专业性、复杂性以及综合性特质，此类争讼被划归中国10家海事法院管辖。2016年2月，最高人民法院发布《关于海事法院受理案件范围的规定》（以下简称《海事法院受案范围规定》）将涉海案件的受案范围进一步明确与扩大，包括六大类108种，且将“海洋及通海可航水域开发利用与环境保护相关纠纷案件”单列，① 强调了海事法院在涉海环境审判中的专门职能，涉海环境案件包括民事、行政、刑事案件以及与海洋环境损害有关的海事特别程序案件。② 海洋生态环境损害一般多与船舶碰撞、原油泄漏、海上钻井平台事故等基础纠纷相结合，所以，无论是依据《海事诉讼特别程序法》第7条、《民事诉讼法》第29条的规定，还是根据《海事法院受案范围规定》第65项及《海洋生态损害赔偿解释》第2条的规定，在海上或者沿海陆域内从事活动，对中华人民共和国管辖海域内海洋自然资源与生态环境造成损害，由此提起的海洋自然资源与生态环境损害赔偿诉讼，由侵权行为发生地、损害结果地或采取预防措施地海事法院管辖。③ 海洋生态环境损害赔偿纠纷案件由海事法院专属管辖具有规范基础。

样本案例中的涉案船舶为域外法人所有，具有涉外因素；同时，法院认定其为侵权损害赔偿案件。《涉外民事关系法律适用法》第44条规定：

① 《海事法院受案范围规定》明确的受案范围六大类型分别为：海事侵权纠纷案件、海商合同纠纷案件、海洋及通海可航水域开发利用与环境保护相关纠纷案件、其他海事海商纠纷案件、海事行政案件、海事特别程序案件。样本案例因船舶泄漏油类造成海域污染、海洋生态环境破坏，属于受案范围六大类型中第4项及第65项的内容。详见张勇健、王淑梅、余晓汉：《〈关于海事法院受理案件范围的规定〉的理解与适用》，载《人民司法·应用》2016年第10期。

② 参见梅宏、殷悦：《涉海环境案件审判：现状与对策——基于近十八年418例涉海环境案件的分析》，载《鄱阳湖学刊》2018年第1期。

③ 《最高人民法院关于适用〈中华人民共和国民事诉讼法〉的解释》第285条第2款规定：“因污染海洋环境提起的公益诉讼，由污染发生地、损害结果地或者采取预防污染措施地海事法院管辖。”这与《海洋生态损害赔偿解释》的规定一致。

"……侵权行为发生后，当事人协议选择适用法律的，按照其协议。"这是一种开放式规定，且对协议选择法律的范围不作限制，所以，在一般侵权行为准据法的选择上，依照当事人意思自治——→当事人共同经常居所地——→侵权行为地法的顺序进行适用。[①] 虽然海洋生态环境损害赔偿的本质亦是因行为人对海洋生态环境的侵权行为而产生相应的损害赔偿请求权，但其多涉及国家利益与公共利益的集合，因而，应审慎识别当事人协议选择适用的法律。

(二) 索赔主体的确认

在海洋生态环境损害赔偿案件中，对于索赔主体的确认，即直接指向对《海洋环境保护法》第89条第2款："对破坏海洋生态、海洋水产资源、海洋保护区，给国家造成重大损失的，由依照本法规定行使海洋环境监督管理权的部门代表国家对责任者提出损害赔偿要求"规定的阐释，即行政机关作为索赔主体的正当性如何。有学者认为，该类诉讼的权利基础来自国家海域所有权，海洋环境管理部门"代表"国家，属于法定诉讼担当，与案件存在直接利害关系，其与民事公益诉讼非以维护自身民事权益为目的相悖，并且该款仅仅是关于损害赔偿请求权的特别规定。[②]

行政机关进行生态环境损害赔偿的正当性来源于其为更好地实现国家环境保护的宪法目标而积极履行义务与职责，是行政权与司法权合作的有益尝试。[③] 此外，在承认国家对海域享有所有权的前提下，也并不能完全排除与海域相关的环境利益所具有的公共利益性质，尤其是现行立法以及实践中，也没有对国家利益和公共利益作明确区分，[④] 且无论是经济性环境公益还是生态型环境公益，都因所有权制度的局限、侵权责任制度的不

---

① 万鄂湘主编：《中华人民共和国涉外民事关系法律适用法——条文理解与适用》，中国法制出版社2011年版，第313页。

② 参见孙思琪、金怡雯：《中国海洋环境民事公益诉讼法律依据论辩——以〈海洋环境保护法〉第89条第2款的解释论为中心》，载《浙江海洋大学学报（人文科学版）》2017年第4期。

③ 参见梅宏、胡勇：《论行政机关提起生态环境损害赔偿诉讼的正当性与可行性》，载《重庆大学学报（社会科学版）》2017年第5期。

④ 段厚省：《海洋环境公益诉讼四题初探——从浦东环保局诉密斯姆公司等船舶污染损害赔偿案谈起》，载《东方法学》2016年第5期。

足、行政规范的缺位而使环境公益的保护力不从心。[①] 而该款的规定恰好证明了运用自然资源所有权来保护海洋生态环境以及环境公益的效果。其次，“诉的利益”理论为环境公益诉讼当事人适格的范围扩大提供了诉权基础，只要在法律上有利害关系，当事人对该诉讼就存在“诉的利益”。此外，未明确以“提起诉讼”而以“提出损害赔偿请求权”否认其作为海洋环境公益诉讼的法律依据则明显囿于狭义的文义解释，当然《民事诉讼法》第55条、《环境保护法》第58条关于民事公益诉讼以及环境公益诉讼的规定均可适用于海洋环境公益诉讼，但《海洋环境保护法》作为海洋生态环境保护领域内的特别法，其进一步明确海洋生态损害赔偿的原告主体资格为“行使海洋环境监督管理权的部门”，更加有利于对海洋环境公益保护的促进，也符合国家整体对公益诉讼的支持与合理倡导。并且，在最高人民法院民四庭负责人关于《海洋生态损害赔偿解释》答记者问中明确提到，该解释是依据《海洋环境保护法》第89条第2款原则性规定作出的具体规范，将海洋自然资源与生态环境损害赔偿诉讼作为一种环境侵权诉讼与环境民事公益诉讼。[②]

依据《海洋生态损害赔偿解释》第3条的规定，索赔主体依照国务院环境保护行政主管部门、国家海洋行政主管部门、国家海事行政主管部门、国家渔业行政主管部门、军队环境保护部门以及沿海县级以上地方人民政府行使海洋环境保护监督管理权的部门的职能分工进行确定。[③] 样本案例中的原告为管辖涉案海域的海洋与渔业局，其承担保护海洋环境和渔业水域生态环境的责任，所以，法院依据《海洋环境保护法》第89条第2款，认定海洋与渔业局的主体地位适格。

值得注意的是，《民事诉讼法》第55条、《环境保护法》第58条以及

---

① 参见杨朝霞：《论环境公益诉讼的权利基础和起诉顺位——兼谈自然资源物权和环境权的理论要点》，载《法学论坛》2013年第3期。

② 《依法审理海洋自然资源与生态环境损害赔偿纠纷案件》，载最高人民法院网站http://www.court.gov.cn/zixun-xiangqing-76512.html，2018年1月5日发布。

③ 国务院机构改革后，新组建自然资源部和生态环境部，二部职能设定为自然资源部的自然资源所有者的职能，包括海洋资源在内；自然资源部对外保留国家海洋局牌照；生态环境部即对生态环境的监督职能的确定，环境保护部的职责划归生态环境部。

《环境民事公益诉讼解释》第2条至第5条扩大了环境公益诉讼原告的主体范围，而2015年7月2日最高人民检察院发布的《检察机关提起公益诉讼改革试点方案》规定，13个试点省、自治区、直辖市的检察机关在没有适格主体或适格主体怠于提起诉讼时可以提起环境民事公益诉讼。所以，海洋生态环境损害赔偿的原告资格并非仅限于“行使海洋环境监督管理权的部门”，《海洋环境保护法》第89条第2款与以上规定在文义上并非排斥关系，而是应考虑不同情形下的海洋环境行政主管部门、符合条件的环保组织以及检察机关的起诉顺位问题。① 但在中国目前实践下，基于海洋生态环境损害求偿的高成本及技术复杂性、取证难等问题的制约，仍应以海洋环境行政主管部门为优先顺位，环保组织为辅，最后检察机关作为起诉的“安全阀”。

县级以上的海洋环境保护等行政部门对于管辖海域更具专业性认知、且对应急处理措施的施行及后期监测更为便利，相较于国家层面的环境保护、海洋海事及渔业等行政部门作为原告起诉的条件更加适当。但是，基于海水本身的流动性导致海洋污染及生态损害产生巨大的负外溢性及恢复的长期性，对于跨省跨区域的海洋生态环境损害赔偿应由上级部门指定专门的负责机关进行索赔起诉以及后期的协调处理。对于同一损害涉及不同区域或不同部门，或者不同损害应由其他依法行使海洋环境监督管理权的机关索赔的，人民法院可通过书面告知的方式，在审查符合法定条件后，应当将在法定期间内申请参加诉讼的其他机关列为共同原告。②

（三）赔偿范围的认定

样本案例的典型意义之一即在于准确解释《1992年责任公约》，并对赔偿范围进行固定，确保了国际公约适用的统一性。目前中国加入的船舶

---

① 有学者以积极和消极的诉权冲突为划分，出现积极诉权冲突，只考虑海洋行政主管部门和环保组织的起诉顺位，检察机关只介入消极的诉权冲突。参见石春雷：《海洋环境公益诉讼三题——基于〈海洋环境保护法〉第90条第2款的解释论展开》，载《南海学刊》2017年第2期。

② 《海洋生态损害赔偿解释》第4条、第5条。行政机关已通过权责清单的方式将职能范围公布，可以此为参考依据确定不同损害的索赔主体。

油污责任赔偿法律体系主要包括由国际海事组织（IMO）[①] 拟定的《1992年责任公约》《修正1971年设立国际油污损害赔偿基金国际公约的1992年议定书》（以下简称《1992年基金公约议定书》）及《2001年燃油污染损害民事责任公约》，但《1992年基金公约议定书》目前只适用于中国香港特别行政区；此外还包括中国于1983年7月1日加入的《1973年国际防止船舶造成污染公约1978年议定书》。在国内立法层面，包括《海商法》《海事诉讼特别程序法》和《防治船舶污染海洋环境管理条例》等，但《海洋环境保护法》第89条仅原则性地规定了对破坏海洋生态造成损失的应予以赔偿，并没有具体规定赔偿范围。随后陆续出台的《油污损害赔偿规定》及《海洋生态损害赔偿解释》对船舶油污造成的损害赔偿范围作了较为细致的规定，并且都将海洋生态环境损害归于赔偿范围之列，[②] 涉及海洋生态环境损害赔偿范围的主要条款对比见表1。

表1　涉及海洋生态环境损害赔偿范围的主要条款对比

公约及司法解释	涉及海洋生态环境损害赔偿范围的内容
《1992年责任公约》	第1条第6款（a）项：对环境损害（不包括此种损害的利润损失）的赔偿，应限于已实际采取或将要采取的合理恢复措施的费用
《油污损害赔偿规定》	第9条第（4）项：对受污染的环境已采取或将要采取合理恢复措施的费用
	第17条：船舶油污事故造成环境损害的，对环境损害的赔偿应限于已实际采取或将要采取的合理恢复措施的费用。恢复措施的费用包括合理的监测、评估、研究费用
《海洋生态损害赔偿解释》	第7条：海洋自然资源与生态环境损失赔偿范围包括：（1）预防措施费用；（2）恢复费用；（3）恢复期间损失；（4）调查评估费用

① International Maritime Organization, Specialized Agency of United Nations, see more http://www.imo.org/en/Pages/Default.aspx.

② 其他当事国法院的实践也承认，海洋环境损害可作为一类独立的可赔偿项目；海洋环境损害赔偿包含可计量性及不可计量性的因素。参见竺效：《论在“国际油污民事责任公约”和“国际油污基金公约”框架下的生态损害赔偿》，载《政治与法律》2006年第2期。

可以看出，虽然国际公约已明确规定了生态环境损害，但也仅仅限于预防措施的费用和损失，《油污损害赔偿规定》则进一步将监测与评估费用纳入恢复措施的费用之中。随着中国对于海洋生态环境损害的进一步深化了解与认同，《海洋生态损害赔偿解释》在以《海洋生态损害评估技术指南（试行）》规定的海洋生态损害价值计算为直接技术依据下规定了四类损失，并且上表所列四类损失都包括实际发生和未来必然发生两个维度，对于实际发生的合理恢复费用，亦包括制定和实施修复方案和监测、监管产生的费用；而未来必然发生的合理恢复费用和恢复期间损失，需经具有资质的鉴定机构评估确定。①

考察典型案例8，关于赔偿范围的认定，最高人民法院认为，海洋生态服务功能损失和海洋环境容量损失费用与《1992年责任公约》第1条第6款（a）项及《油污损害赔偿规定》第17条规定的赔偿范围不符；虽然该案例作为生效裁判已不适用新施行的《海洋生态损害赔偿解释》，但仍可在遵从新司法解释的规范指导意图下，对该案中关于海洋生态环境损害赔偿范围的认定予以反思。

第一，关于法律规范的适用。样本案例因海洋环境已经恢复且海洋与渔业局亦无证据证明对涉案海域进行污水处理的必要，所以，其计算的赔偿费用被公约所排除。而国际公约作为中国法律渊源之一，根据国际公约优先适用原则，用以解决国内法与国际公约的冲突问题；但在国际公约未规定或未明确规定的情形下，将适用国内法。《1992年责任公约》对于环境损害的赔偿规定仅限于已经实际采取或者将要采取的合理恢复措施的费用，但却未明确“实际”或“将要采取”的标准如何以及何为合理恢复措施的费用。而《海洋生态损害赔偿解释》第7条、第8条对《1992年责任公约》及《油污损害赔偿规定》进行了补缺。所以，在嗣后的司法实践中，处理油污造成的相关海洋生态环境赔偿时，亦有适用《海洋生态损害赔偿解释》的余地，而非唯一适用《1992年责任公约》的规定。二者并不是完全的排斥关系，而是利用“提取公因式”的规范方法，在以海洋生态损害赔偿为“括号外”的主因素时，识别所有的法律规范，予以准确

① 《海洋生态损害赔偿解释》第8条。

适用。

第二，关于恢复费用和恢复期间损失的认定。若考察《海洋生态损害赔偿解释》关于“恢复费用”的规定，是指采取或者将要采取措施恢复或者部分恢复受损害海洋自然资源与生态环境功能所需费用。即要注重恢复措施施行的时间节点，即应以污染发生时间来计算现实修复实际发生和未来必然发生的合理费用，对于以往整体实施的资源修复计划，也应从该时间节点开始计算；在制定修复方案时应与已有的修复计划做好衔接，避免产生重复的制定修复方案和监测、监管费用。恢复期间的损失即过渡期损失，主要是基于对海洋自然资源及生态环境服务功能损失的评估所确定。而对于难以确定恢复费用和恢复期间的损失的替代方法，按照以下顺序进行操作：首先，“责任者收支标准”，即根据责任主体因损害行为而获益或减少支付的污染防治费用合理确定；其次，“社会平均收支标准”，即参照政府部门相关统计资料或者其他证据所证明的同区域同类生产经营者同期平均收入、同期平均污染防治费用予以确定。①

四、结语

典型案例 8 的实践意义在于，引导行使环境监督管理权的部门明晰索赔请求，统一法院在适用《1992 年责任公约》时应准确解释关于环境损害赔偿的索赔范围仅限于合理的恢复措施的费用（含监测评估费用）；此外，本案属于“一带一路”沿线地区发生的海上环境污染损害赔偿纠纷，遵守对中外当事人平等保护的原则，且通过对法律事实的尽早发现以及证据资料的明确与固定，加快对损失及赔偿范围的认定，从而促使海洋生态环境损害的恢复获得稳定的司法及执行保障。但油污损害造成的海洋生态损害索赔并不仅限于以上考虑，还包括公益与私益的诉讼交叉问题、油污损害赔偿基金的设立、责任限制、强制保险、赔偿责任限制基金等方面。在国外，有的国家采取相关财政手段，例如设立自然资源税，支持环境保护措

---

① 《依法审理海洋自然资源与生态环境损害赔偿纠纷案件》，载最高人民法院网站 http：//www. court. gov. cn/zixun－xiangqing－76512. html，2018 年 1 月 5 日发布，最后访问时间：2018 年 4 月 23 日。

施施行。①

2015年发布的《生态文明体制改革总体方案》已明确提出，要建立生态环境损害赔偿制度。党的十九大报告进一步指出："坚持陆海统筹，加快建设海洋强国。"所以，完善海洋自然资源和生态环境损害赔偿制度作为推动海洋生态文明建设的重要组成部分，为人民法院正确审理该类案件提供了相应的制度基础和规范指引，有利于促进法律适用的统一性。典型案例8为其后相关司法裁判提供了一定的参照经验，并对具有涉外因素的有关海洋生态环境资源保护、油污损害等海事海商案件提供了准确解释与适用国际公约以及严格贯彻对中外当事人平等保护原则的模范，有利于提升中国"一带一路"建设司法服务和保障的国际公信力，不断巩固中国的亚太地区海事司法中心地位。判

（本文仅代表作者个人观点）

① Laila Medin, "Marine Resource Damage Assessment, Liability and Compensation for Environmental Damage", Springer Netherlands, 2005: 44.

再论惩罚性赔偿*

梁展欣**

所谓惩罚性赔偿（punitive damages），是指国家公权力强制要求行为人向受害人在实际损害之外支付额外的赔偿金，具有准刑罚的性质，学者称之为“穿着民事请求权衣服的刑事制裁”。① 尽管被认为是现代民法的异体物，惩罚性赔偿却是民法源头中存在之物。作为现代损害赔偿法的发端之一，古罗马法上的罚金（*poenae*）既适用于契约之债，也适用于私犯之债。在私犯的项下，受害人既可以索回被不法剥夺的财物并获得适当补偿，也可以根据不法行为的性质和后果，对行为人追加达损害 2 倍、3 倍、4 倍的金钱惩罚。② 后来，随着刑民分立渐次严格，民法中原有的惩罚性因素被不断稀释，

---

* 2017 年，笔者曾借《判解研究》之一隅，发表《我国侵权损害赔偿法律发展研究报告》一文，其中一题论及惩罚性赔偿之展望。受该文篇幅与立法论研究之局限，且实际撰写时间较早，尚存不少遗憾。虑及近年该论题已有不少进展，故不揣浅陋，再续前缘，以供批评。

** 法学博士、广东省高级人民法院法官。

① 王泽鉴：《损害赔偿》，北京大学出版社 2017 年版，第 365 页。

② 参见《十二表法》第 8 表“私犯”第 15～22 条；优士丁尼 I. 4，6，16～27；载徐国栋：《优士丁尼〈法学阶梯〉评注》，北京大学出版社 2011 年版，第 506～512 页；［意］彼德罗·彭梵得：《罗马法教科书（修订译本）》，黄风译，中国政法大学出版社 2005 年版，第 67～68 页。

惩罚性赔偿终为近代民法所抛弃。亦正因此，刑法得以与民法相分离，而成为近、现代公法的重要组成部分。在现代刑民分立的基本框架之下，民法中重新引入惩罚性赔偿，令人深思。尽管从表面看来，惩罚性赔偿似乎仅为一项损害赔偿方式，但本质上却是一项私人执法（private enforcement）机制，还同时带来一系列刑民交叉的深层次问题：惩罚性赔偿与刑罚之间到底是何关系？引入惩罚性赔偿是否模糊刑民之间固有的界限？惩罚性赔偿能否以及如何与刑罚并科？等等。这些问题的解决，又与对惩罚性赔偿的性质和功能作何界划存在高度关联。

一、惩罚性赔偿的意涵

惩罚作为行为人在受害人所遭受的损害范围以外，由公权力强制施加的不利益，属于民法的异体物。惩罚性赔偿本质上为私罚（Privatstrafe；又译为民事罚），在现代民法中地位可谓尴尬。盖因在民法现代化的过程中，原来作为赎罪金（罚金）的损害赔偿逐渐被纯化，直至采取将责任原因（一般指过错）与赔偿内容相分离的完全赔偿原则（Totalreparation；又译为全部赔偿原则），惩罚的基因乃被逐渐去除，“惩罚性赔偿之限用”为该原则的属性之一。① 现代法制更依此确立起民法与刑法之间的一条界线：民事责任以损害填补为目的，刑事责任以惩罚制裁为目的。惩罚性赔偿构成了完全赔偿原则的例外，它模糊了刑民分立的界线；或者说，这正是一

① 拙著：《完全赔偿之理想与实践》，载拙著：《民法与民事诉讼法的协同》，人民法院出版社2015年版，第116～117页。损害赔偿中惩罚性与填补性的分离，一般认为始于中世纪注释法学。尽管其时损害赔偿仍被认为具有惩罚性，但学说上已经开始严格区分损害赔偿与罚金。参见朱岩：《侵权责任法通论·总论（上册）·责任成立法》，法律出版社2011年版，第19页。直到德国学者弗里德里希·卡尔·冯·萨维尼（Friedrich Carl von Savigny，1779～1861年）时，仍未彻底分离。萨氏把侵权诉讼称为刑事诉讼，且认为侵权行为法和对损害的赔偿义务具有惩罚的性质。萨氏之后继起的鲁道夫·冯·耶林（Rudolph von Jhering，1818～1892年）、奥托·冯·基尔克（Otto von Gierke，1841～1921年）等也均未采取完全赔偿的观点。参见［德］克雷斯蒂安·冯·巴尔：《欧洲比较侵权行为法》（上卷），张新宝译，法律出版社2001年版，第743页；［德］格哈德·瓦格纳：《损害赔偿法的未来——商业化、惩罚性赔偿、集体性损害》，王程芳译，熊丙万、李翀校，中国法制出版社2012年版，第121页。

种刑民不分的法律反祖现象。我国立法部门的释义指出："惩罚性赔偿是指当侵权人（义务人）以恶意、故意、欺诈等方式实施加害行为而致权利人受到损害的，权利人可以获得实际损害赔偿之外的增加赔偿。其目的是通过对义务人施以惩罚，阻止其重复实施恶意行为，并警示他人不要采取类似行为。"①

惩罚性赔偿不同于普通损害赔偿［即填补性损害赔偿（compensatory damages）］。惩罚性赔偿主要针对恶意不法行为，站在报应—预防的立场上，给予惩罚、制裁和吓阻。这属于一种现代民法已经丢失的思想，惩罚性赔偿的目的不在于损害赔偿，毋宁是一种惩罚性给付。② 普通损害赔偿仅针对损害事实本身，包括人身损害、财产损害（物质损失）和精神损害等。普通损害赔偿乃立足于矫正，实行完全赔偿原则，须实现对全部损害后果的填平，赔偿范围与责任原因无关，且受害人不得因此而获利（损益相抵规则）。当然，惩罚性赔偿与普通损害赔偿之间也存在诸多联系：作为惩罚性赔偿主要对象的恶意不法行为，是普通损害赔偿的对象之一；惩罚性赔偿一般须以普通损害赔偿作为前提条件，其请求权系附随于后者的请求权；惩罚性赔偿金数额的确定，一般须与普通损害赔偿金数额保持一定的比例关系。③ 由于赔偿对象存在差异，受害人可以同时主张两种赔偿，或者先主张普通损害赔偿而后主张惩罚性赔偿，而不构成重复受偿或者重复起诉。④ 此外，两种赔偿均蕴含有剥夺行为人因不法行为而获利之意旨，

---

① 石宏主编：《〈中华人民共和国民法总则〉条文说明、立法理由及相关规定》，北京大学出版社 2017 年版，第 421 页。

② 参见［奥］海尔姆特·库齐奥；《侵权责任法的基本问题（第 1 卷）：德国国家的视角》，朱岩译，北京大学出版社 2017 年版，第 51 页。

③ 美国法上的惩罚性赔偿具有多元化的特征：适用于一切侵权行为，兼具有赔偿的功能；数额一般无须与普通损害赔偿金数额保持某种比例关系，而且呈现巨额化的趋向；给付的对象不限于受害人，常有相当大的比例是赔偿给国库或者各种基金（如州立基金、癌症研究基金）等，而与行政罚款几乎无异。参见王泽鉴：《损害赔偿》，北京大学出版社 2017 年版，第 359 页、第 372 页；［日］佐伯仁志：《制裁论》，丁胜明译，北京大学出版社 2018 年版，第 219 ~ 223 页。

④ 参见王利明：《惩罚性赔偿研究》，载《中国社会科学》2000 年第 4 期。另有学者认为，受害人可以先主张惩罚性赔偿，再主张普通损害赔偿；见王洪亮：《债法总论》，北京大学出版社 2016 年版，第 307 页。

尽管此于普通损害赔偿具有扩张之意，而于惩罚性赔偿则属隐含之旨。

惩罚性赔偿与下列两种赔偿具有相似之处：一是精神损害赔偿。有学者认为，精神损害赔偿与惩罚性赔偿之间存在交叉关系，一定程度上可以相互替代。① 笔者认为，两者的共性在于作为赔偿对象的损害内容的不确定，因而均具有裁量性质，在功能、效果等方面有近似之处，均处于刑民交叉的灰色地带。正如有学者指出："在对非物质损害之赔偿旨在给予受到不当侵害的受害人对精神上的安慰之情形，刑事功能与民事功能就会合为一体。"② 两者的区别在于：前者乃归属于普通损害赔偿之项下，后者则独立于普通损害赔偿，故不宜混为一谈。在具体适用时，由于两者各自考察的诸因素不无重合，故应依禁止双重危险（against double jeopardy）的原则，在以损害为基准酌定惩罚性赔偿金数额时，原则上剔除精神损害，即以财产损害为基准，以免重复裁量。③ 二是加重损害赔偿（aggravated damages），是指由于损害不能由具体证据证明而确定，而授权法官确定的赔偿金。它与惩罚性赔偿的区别在于，前者仍有损害，只是无法证明而已，乃归属于普通损害赔偿之项下；后者则无损害与之相对应，故不宜混为一谈。④ 在英国法上，加重损害赔偿主要用于填补精神损害，惩罚性赔偿仅在加重损害赔偿不足以填补损害时，始能为之。⑤

---

① 王利明：《惩罚性赔偿研究》，载《中国社会科学》2000年第4期；张新宝、李倩：《惩罚性赔偿的立法选择》，载《清华法学》2009年第4期。

② Stoll, FSRheinstein，第2卷，第578页；转引自［德］克雷斯蒂安·冯·巴尔：《欧洲比较侵权行为法》（上卷），张新宝译，法律出版社2001年版，第744页。

③ 参见我国台湾地区"最高法院"2009年台上字第2352号判决；王泽鉴：《损害赔偿》，北京大学出版社2017年版，第379页、第399页；杨立新：《侵权法论》（第5版）下册，人民法院出版社2013年版，第1218页。我国《消费者权益保护法》（2013年修正）第55条第2款规定所采之观点，正好与此相反，值得注意。

④ 参见［德］克里斯蒂安·冯·巴尔、乌里希·德罗布尼希主编：《欧洲合同法与侵权法及财产法的互动》，吴越等译，法律出版社2007年版，第96页。事实上，加重性赔偿也源于古罗马法，是指即使损害的数额不确定，法官仍有作出确定数额判决的责任；参见优士丁尼I.4，6，32；载徐国栋：《优士丁尼〈法学阶梯〉评注》，北京大学出版社2011年版，第516页。

⑤ 参见王泽鉴：《损害赔偿》，北京大学出版社2017年版，第361页。在美国法上，甚少使用加重损害赔偿的概念，如果使用，其意义同于惩罚性赔偿。

大陆法系国家民法尽管不采取惩罚性赔偿制度，但却存在具有一定惩罚性的个别机制，发挥惩罚性赔偿制度的部分功能。在德国法上，违约金（Vertragsstrafe）又称为违约罚，性质为由合同约定的对债务不履行之私罚；① 社团处罚措施（Vereinsstrafen）又称为社团罚，是指社团基于章程，对违反成员义务的成员作出的处罚，包括开除出社团、警告、罚款、罢免社团职务等。② 但是，这些机制在性质上与私罚存在较大的距离，如违约金系基于债务人的同意，属于特殊预防的范畴，并无包括私罚在内的惩罚制度所具有的一般预防效果。③ 在法国法上，强制履行惩罚措施（astreinte）具有惩罚性质，若债务人不履行法院判决，则法院可裁定其向债权人支付一定数额的金钱。④ 另如“民事罚款”（amendecivile），是指对逃避公共义务、民事义务或者滥用权利之人，由检察院向民事法院起诉要求判处该人向国家交付一定数额的金钱，特定情形下数额上限达200万欧元。尽管有法院认为上述规定违反《欧洲人权公约》第6条第1款的规定，但法国最高法院却持肯定的态度。学者倾向于将民事罚款作为准刑罚措施来看待。⑤

二、惩罚性赔偿的功能

我国《侵权责任法》（2009年）第1条将本法的核心功能规定为“明确侵权责任，预防并制裁侵权行为”。其中，“明确侵权责任”实指填补功能，“预防并制裁”功能相对而言处于次要的地位。依立法部门的释义，

---

① 参见《德国民法典》第339~345条。

② 参见［德］迪特尔·梅迪库斯：《德国民法总论》（原书第7版），邵建东译，法律出版社2000年版，第837页。

③ 参见姚明斌：《违约金双重功能论》，载《清华法学》2016年第5期。由此可知，隶属于合同自由原则的违约金自由，并不等同于私罚自由；法律上对违约金的性质进行限定，并不构成对合同自由原则的根本性威胁。唯如此解释，会对民法中的违约金规范仍为任意性规范的界说产生影响。

④ 参见［德］克里斯蒂安·冯·巴尔、乌里希·德罗布尼希主编：《欧洲合同法与侵权法及财产法的互动》，吴越等译，法律出版社2007年版，第100页。

⑤ 参见杨春然：《刑法的边界研究》，中国人民公安大学出版社2013年版，第202~203页；阳庚德：《私法惩罚论——以侵权责任法为中心》，法律出版社2017年版，第160~162页。

“本法第47条规定的惩罚性赔偿制度更是《侵权责任法》制裁侵权行为的突出表现”。[①] 可见，立法上并未将惩罚性赔偿看作侵权责任的某种例外，而是其制裁功能的表现之一。在笔者看来，从民法现代化的过程来看，事实上从未正式放弃过惩罚的基因，以是否具有惩罚性作为民法与刑法的界线，至少是值得怀疑的。无论是引起侵权行为向侵权责任演进的无过错责任，还是从不承认向承认发展的精神损害赔偿，抑或是作为新的损害赔偿方法引进的获利剥夺（disgorge or strip the gain），[②] 均具有一些惩罚的基因。唯相对于这些制度而言，惩罚性赔偿中所蕴含的惩罚基因更为突出。

与刑罚相同，惩罚性赔偿也以报应—预防（Vergeltung - Vorbeugung）作为功能立足点。惩罚性赔偿一般与行为的可谴责程度（degree of reprehensibility）直接相关，这与刑罚针对有责的不法行为的处罚方向相同，因而具有弥补刑罚处罚空间有限的作用。在预防方面，惩罚性赔偿也具有特殊预防与一般预防的功能，前者使行为人不敢再犯相同的过错，以免负担重大赔偿；后者则设立“典范”（example），使一般人不敢从事此类行为。报应与预防分别指示惩罚性赔偿方向不同的两项功能：前者向后观察，回顾不法行为的严重程度，考量行为人的主观恶性而加以“惩罚”；后者向前观察，吓阻行为人和一般人从事相同的不法行为，考虑受害人的实际受损与行为人逃脱责任的可能性。[③] 惩罚性赔偿制度在美国采用最为广泛，

---

① 全国人大常委会法制工作委员会民法室编：《〈中华人民共和国侵权责任法〉条文说明、立法理由及相关规定》，北京大学出版社2010年版，第3页。

② 我国《侵权责任法》第20条中段规定侵害人身权益场合下获利剥夺的损害赔偿方法，也具有惩罚性质。盖依《民法通则》（1986年制定，2009年修正）第134条第3款规定，人民法院对行为人进行非法活动的财物和非法所得，应予收缴，而非径直赔偿受害人。获利剥夺赔偿方法之采取，主要系基于预防目的，令行为人无利可图，从而遏制侵权行为，同时赋予受害人某种举证便利。《欧洲示范民法典草案》（DCFR）第6-6：101条第4款规定，获利剥夺赔偿方法“仅在合理的情形下才能采取”。有学者则认为，该项损害赔偿应属于加重性赔偿而非惩罚性赔偿；见［德］克里斯蒂安·冯·巴尔、乌里希·德罗布尼希主编：《欧洲合同法与侵权法及财产法的互动》，吴越等译，法律出版社2007年版，第97页。在美国法上，获利剥夺属于惩罚性赔偿的项目之一。

③ 参见陈聪富：《美国法上之惩罚性赔偿金制度》，载台湾地区《台大法学论丛》2002年第5期。

这与该国特有的陪审制度、律师费用制度以及具有隐藏性公法性质的侵权法乃至社会治理文化等紧密联系，已经成为一项用以刺激私人执法、促进良法善治的社会控制工具。① 惩罚性赔偿的上述功能，正为采取完全赔偿原则的大陆法传统国家和地区法制所欠缺，故在后者渐受重视并持续探寻施行之策，如在消费者保护、产品责任等领域予以承认和推广。

从民法的内部体系来看，惩罚性赔偿可以弥补因被完全赔偿原则所忽视而出现的预防（惩罚、制裁和吓阻）功能不足的问题。德国学者格哈德·瓦格纳（Gerhard Wagner，1962～）从惩罚并非刑法所专有、预防也是民法的任务、私法也以规范行为为目的等角度出发，论证了以“预防性赔偿”代替惩罚性赔偿的观点。“正是在完全补偿的前提下才会出于预防目的提高赔偿额。为了实现规范行为的目的，有决定性意义的不是对单个受害者所受损失的准确补偿，而是让加害者对其所造成的所有损害成本买单。因此，规范政策的重点不是受害者的补偿需要，而在于向加害者提供有效的行为动力。”这里面隐含了各法律部门必须相互协同、而非各自为政甚至画地为牢的政策观念。对于最称严厉的刑法来说，“由于刑罚或罚金的额度必须遵循比例原则，与其他制裁措施的框架相适应，刑法在其固有核心范围以外的规范作用实际上是十分有限的”。② 瓦氏的结论是：在损害赔偿法中，获利禁止与损害填补并非绝对排斥；损害预防应与损害填补一同作为损害赔偿法的核心任务，而仍将报应排除在民法功能以外，以作为刑民区分的标记。③

完全赔偿原则由于只考虑受害人所遭受的、可证明的实际损害，而不考虑受害人能否以及如何获得足够的保护和救济，因而对受害人来说并非完全公平。在现代风险社会的背景下，此种各安天命、损害自尝的机制已然松动。惩罚性赔偿的重心不在于受害人应得，而在于行为人应受——

---

① 参见王泽鉴：《损害赔偿》，北京大学出版社2017年版，第40页、第364页；王利明：《美国惩罚性赔偿制度研究》，载《比较法研究》2003年第5期；张新宝、李倩：《惩罚性赔偿的立法选择》，载《清华法学》2009年第4期。

② ［德］格哈德·瓦格纳：《损害赔偿法的未来——商业化、惩罚性赔偿、集体性损害》，王程芳译，熊丙万、李聃校，中国法制出版社2012年版，第127～137页。

③ ［德］格哈德·瓦格纳：《损害赔偿法的未来——商业化、惩罚性赔偿、集体性损害》，王程芳译，熊丙万、李聃校，中国法制出版社2012年版，第219页、第222页。

"法院绝不允许一个人从错误的行为中获利"。① 即使感觉上受害人因接受惩罚性赔偿而骤生"横财",唯此"横财"系用以鼓励受害人起诉请求赔偿、调查不法事件,对其为此而付出的劳动及费用给予奖赏,在立法初衷上并无不公平之可言。惩罚性赔偿以行为人的费用作为受害人的收入,同时转嫁受害人因诉讼行为产生的负担,鼓励其起诉请求赔偿,因而兼具有强化执法机制、促进纠纷解决和避免自力救济等功能。笔者称此为惩罚性赔偿的私人执法机制。于此场合,个体的效率优势得以发挥,原本不足的公共资源投入得以补强,行政执法中令人不满的懈怠得以缓解,从而在整体有利于社会公共福祉。此系惩罚性赔偿作为使受害人担任"私人检察官"(private attorney general)的机制创设意涵,兼具有受害救济和公益保护的功能。②

必须承认,惩罚性赔偿之采取在一定程度上模糊了刑事责任与民事责任之间的界线。德国学者菲力普·黑克(Philipp Heck,1858~1943年)称私罚为"法制史上的蜥蜴"(Saurier der Rechts - geschichte)。但另一方面,惩罚性赔偿又具有补充因刑民分立而造成的法律调整"相对空白",弥补法律调整不足进而减少刑罚施行的积极作用。③ 究其实质,"现代立法者为了更有效地落实公共政策,确实会'利用'民法的机制,以诱因或强调,如惩罚性赔偿或大楼规约,循民事争讼来辅助行政管制。这些特别民法不仅促使人民成为公共政策执行者,而且要求法官在适用法律的时候,也必须突出'合目的性'的观点"。④ 惩罚性赔偿作为横跨刑民的独特制度,实际上兼具有刑民二者的功能交集——刑民区分本身就不是逻辑周延的分类,既有重叠的一面,又有互补的一面。对于强调刑民分立的法制体

---

① 转引自[德]格哈德·瓦格纳:《损害赔偿法的未来——商业化、惩罚性赔偿、集体性损害》,王程芳译,熊丙万、李翀校,中国法制出版社2012年版,第162页。

② 参见陈聪富:《美国法上之惩罚性赔偿金制度》,载台湾地区《台大法学论丛》2002年第5期;赵鹏:《惩罚性赔偿的行政法反思》,载《法学研究》2019年第1期。

③ 参见王利明:《美国惩罚性赔偿制度研究》,载《比较法研究》2003年第5期。

④ 参见苏永钦:《再论一般侵权行为的类型——从体系功能的角度看修正后的违法侵权规定》,载《政大法学评论》2002年第60期。另见同氏:《私法自治中的国家强制——从功能法的角度看民事规范的类型与立法释法方向》,载《中外法学》2001年第1期。

系而言，采取惩罚性赔偿制度面临着如何划清刑民界限，协调刑民之间预防危害、抑止损害机制等一系列的问题。

三、惩罚性赔偿的规定

现代法上的惩罚性赔偿制度，源于英美法系，盛行于美国；大陆法系的法国、德国等均不采此制度，日本和我国台湾地区只在个别特别法规定中采此制度。在我国民法上，1993 年制定《消费者权益保护法》（以下简称 1993 年《消费者权益保护法》）最早创设惩罚性赔偿制度（第 49 条；属于合同责任领域）；[①] 1999 年制定《合同法》，对《消费者权益保护法》的上述规定予以征引，称之为“损害赔偿责任”（第 113 条第 2 款）；2009 年制定《侵权责任法》，乃有“惩罚性赔偿”之定名（第 47 条）；2017 年制定《民法总则》，正式将“惩罚性赔偿”纳入民事责任方式体系（第 179 条第 2 款），这对民事责任法体系具有再造的意义。在普通法的层面，《侵权责任法》第 47 条规定：“明知产品存在缺陷仍然生产、销售，造成

---

① 此从通说。(1) 事实上，惩罚性赔偿制度在我国 1991 年制定的《民事诉讼法》中已露端倪。现行该法（2017 年修正）第 253 条规定：“被执行人未按判决、裁定和其他法律文书指定的期间履行给付金钱义务的，应当加倍支付迟延履行期间的债务利息。被执行人未按判决、裁定和其他法律文书指定的期间履行其他义务的，应当支付迟延履行金。”本条前段规定的“加倍支付”的赔偿责任属于法定责任，不以当事人就迟延履行有否约定债务利息为前提。本项赔偿本质上与民事诉讼强制措施中的罚款（同法第 111 条第 1 款第 6 项）相当；区别在于，前者系向申请执行人支付，后者则系向国家支付。在法国民事诉讼法上，本项赔偿称为逾期罚款，系采取日固定金额制；见《法国新民事诉讼法》第 5 条。(2) 依《最高人民法院关于执行程序中计算迟延履行期间的债务利息适用法律若干问题的解释》（法释〔2014〕8 号）第 1 条第 1 款的规定，迟延履行期间的债务利息包括迟延履行期间的一般债务利息和加倍部分债务利息。其中，一般债务利息原则上应按照当事人的约定计算；当事人只约定了特定期间的迟延债务利息的，原则上可以延续适用于迟延履行期间；当事人没有约定的，原则上不予计算（同条第 2 款）。加倍部分债务利息采取日息制，利率为百分之一点七五（同条第 3 款）；唯此与所谓“加倍”的文义显有差距。(3) 就我国《民事诉讼法》第 253 条后段规定的“迟延履行金”，在申请执行人遭受损失的情形下，被执行人亦应双倍补偿；见《最高人民法院关于适用〈中华人民共和国民事诉讼法〉的解释》（法释〔2015〕5 号）第 507 条后段；已被废止的《最高人民法院关于适用〈中华人民共和国民事诉讼法〉若干问题的意见》（法发〔1992〕22 号，经法释〔2008〕15 号、法释〔2008〕18 号修改；以下简称《民事诉讼法意见》）第 295 条。

他人死亡或者健康严重损害的，被侵权人有权请求相应的惩罚性赔偿。”《民法总则》第179条第2款规定：“法律规定惩罚性赔偿的，依照其规定。”该款规定作为对《民法通则》第134条第3款关于民事制裁方式规定的取代，在明确实行惩罚性赔偿法定主义的同时，提升了惩罚性赔偿在民法中的地位，但对其他一般性的民事制裁方式则予否定。① 在现行法律中，“惩罚性赔偿”术语总共见于3处，除上述2处以外，还见于《消费者权益保护法》第55条第2款规定。

在特别法的层面，共有7部法律对惩罚性赔偿作出规定，包括《消费者权益保护法》、《劳动合同法》（2012年修正）、《食品安全法》（2018年修正）、《旅游法》（2018年修正）、《商标法》（2019年修正）、《电子商务法》（2018年）和《反不正当竞争法》（2019年修正）。通说认为，基于《合同法》第113条第2款规定，《消费者权益保护法》第55条第1款、《旅游法》第70条第1款后段规定的惩罚性赔偿，属于合同责任的领域。②

---

① 我国《民法通则》第134条第3款规定：“人民法院审理民事案件，除适用上述规定外，还可以予以训诫、责令具结悔过，收缴进行非法活动的财物和非法所得，并可以依照法律规定处以罚款、拘留。”其中，训诫、责令具结悔过，收缴进行非法活动的财物和非法所得属于民事制裁方式。在《民法总则》中，这些内容中的一部分被归入到民事法律行为无效、被撤销的效果规定之中。该法第157条后段“法律另有规定的，依照其规定”的但书规定，即寓有此旨。参见石宏主编：《〈中华人民共和国民法总则〉条文说明、立法理由及相关规定》，北京大学出版社2017年版，第373页。

② （1）由于我国1993年《消费者权益保护法》第49条（对应于现行该法第55条第1款）规定被征引于《合同法》第113条第2款规定，根据后者所归属的章节，一般将前者的责任性质也确定为违约责任；如见王利明：《合同法研究·第2卷（修订版）》，中国人民大学出版社2011年版，第689页；梁慧星：《读条文学民法》（第2版），人民法院出版社2017年版，第262页、第442~443页、第470页；杨立新：《侵权法论》（第5版）下册，人民法院出版社2013年版，第1197页。少数学者则认为，现行《消费者权益保护法》第55条第1款规定的责任是一种特殊的缔约上过失责任；见朱广新：《惩罚性赔偿制度的演进与适用》，载《中国社会科学》2014年第3期。（2）在司法解释方面，另见《最高人民法院关于审理商品房买卖合同纠纷案件适用法律若干问题的解释》（法释〔2003〕7号）第8条、第9条、第14条第（2）项后段，《最高人民法院关于审理旅游纠纷案件适用法律若干问题的规定》（法释〔2010〕13号）第17条第2款。

《劳动合同法》第87条规定的“赔偿金”则属于劳动合同项下的惩罚性赔偿。[①] 2009年制定的《食品安全法》(以下简称2009年《食品安全法》)创设食品侵权责任领域的惩罚性赔偿(第96条第2款),[②] 同年制定的《侵权责任法》正式纳入并上升为产品侵权责任领域的惩罚性赔偿(第47条)。《消费者权益保护法》第55条第2款、《食品安全法》第148条第2款、《商标法》第63条第1款中段、《电子商务法》第42条第3款后段和《反不正当竞争法》第17条第3款中段规定的惩罚性赔偿,均属于侵权责

---

① 有法官认为,我国《劳动合同法》第82条、第85条亦为关于惩罚性赔偿的规定;见最高人民法院民事审判第一庭编著:《最高人民法院关于食品药品纠纷司法解释理解与适用》,人民法院出版社2014年版,第209页;马强:《我国惩罚性赔偿制度现状、问题与完善》,载《判解研究》2018年第1辑(总第83辑)。但是,依该二规定,前条规定的所谓赔偿实为“工资”,后条规定则具有准行政措施的性质(“由劳动行政部门责令……”),只不过给付的对象为劳动者。故该二规定的责任性质均与惩罚性赔偿存在一定的距离。

② (1)对于我国2009年《食品安全法》第96条第2款(对应于现行该法第148条第2款)规定的性质,学者通说认为属于违约责任;见王利明:《合同法研究·第2卷(修订版)》,中国人民大学出版社2011年版,第689页;梁慧星:《读条文学民法(第2版)》,人民法院出版社2017年版,第262页、第442~443页。或者认为该款规定兼有合同责任和侵权责任的性质,如见马强:《我国惩罚性赔偿制度现状、问题与完善》,载《判解研究》2018年第1辑(总第83辑)。少数学者认为属于侵权责任;见杨立新:《侵权法论(第5版)》下册,人民法院出版社2013年版,第1201页。笔者采末说。盖因《食品安全法》上述规定尽管在请求权人(“消费者”)与赔偿方法方面,与1993年《消费者权益保护法》第49条规定相似,但在行为特征方面,却与《民法通则》第121条、《产品质量法》(2018年修正)第43条前段、《侵权责任法》第43条第1款规定更相接近,应属于侵权责任。(2)对于现行《消费者权益保护法》第55条第1款后段“法律另有规定的,依照其规定”规定之所指,立法部门的释义认为系指2009年《食品安全法》第96条第2款规定;见李适时主编:《〈中华人民共和国消费者权益保护法〉释义(最新修正版)》,法律出版社2013年版,第277页。笔者认为,《食品安全法》该款规定应不属于《合同法》第113条第2款和《消费者权益保护法》上述规定的辐射范围;《消费者权益保护法》上述规定的对象应指《旅游法》第70条第1款后段规定。(3)对于2009年《食品安全法》第96条第2款规定与《侵权责任法》第47条规定的适用关系,司法实践中有将二者结合适用的做法;如见广东省广州市中级人民法院(2010)穗中法民一终字第2628号民事判决、(2010)穗中法民一终字第4196号民事判决。

任的领域。

在2013年修正《消费者权益保护法》和2015年修正《食品安全法》前，有学者认为此二法中的惩罚性赔偿规定与《侵权责任法》的惩罚性赔偿规定存在体系失衡的问题。① 在笔者看来，该观点系因将上述修正前的《消费者权益保护法》《食品安全法》原规定的惩罚性赔偿统归于侵权责任的领域，因而与《侵权责任法》的惩罚性赔偿规定发生多重调整所致。事实上，1993年《消费者权益保护法》第49条（对应于现行该法第55条第1款）规定的惩罚性赔偿应属于合同责任的领域，与《侵权责任法》规定的惩罚性赔偿构成责任竞合，而非特别法与普通法的关系；2009年《食品安全法》第96条第2款（对应于现行该法第148条第2款）规定的惩罚性赔偿则属于侵权责任的领域，与《侵权责任法》规定的惩罚性赔偿构成特别法与普通法的关系。综合上述三法与《合同法》《旅游法》《电子商务法》等法律，惩罚性赔偿的适用范围主要集中在消费者保护的领域，责任性质包括合同责任和侵权责任。② 唯于上述各场合中，惩罚性赔偿的适用条件各不相同。在惩罚性赔偿出现责任竞合的情况下，应参照《民法总则》第186条、《合同法》第122条关于违约责任与侵权责任竞合的规定，由当事人择一主张，而不得叠加主张；而在普通—特别法关系中，则应依特别法优于普通法的规则，优先适用特别法的规定。③

从立法理由观察，立法机关对于惩罚性赔偿的态度，似乎既爱又恨，即既肯定其惩罚制裁的功能，又担心出现被滥用的局面。如在制定《消费者权益保护法》时，立法说明指出："为鼓励消费者维护自身的合法权益，

---

① 周江洪：《惩罚性赔偿责任的竞合及其适用——〈侵权责任法〉第47条与〈食品安全法〉第96条第2款之适用关系》，载《法学》2010年第4期；朱广新：《惩罚性赔偿制度的演进与适用》，载《中国社会科学》2014年第3期。

② 梁慧星教授认为，由于我国《侵权责任法》第47条规定将惩罚性赔偿置于产品责任项下，故"产品责任之外的侵权行为，不得适用惩罚性损害赔偿，其立法目的值得重视"；见氏著：《读条文 学民法（第2版）》，人民法院出版社2017年版，第443页。但是，该观点并不符合上述立法的现实情况。

③ 参见我国《民法总则》第11条、《侵权责任法》第5条、《消费者权益保护法》第55条第1款后段。有学者认为，受害人可以叠加主张多种惩罚性赔偿；见朱广新：《惩罚性赔偿制度的演进与适用》，载《中国社会科学》2014年第3期。

保护合法经营者的权益，同时借鉴有些国家在处理消费者权益争议中有些经营者赔偿的数额超过消费者直接损失的情形，应当对经营者增加赔偿消费者的损失问题作出规定。"① 在修正该法时，又屡次对惩罚性赔偿制度作出调整。在制定《侵权责任法》时，立法说明指出："惩罚性赔偿的适用宜限制在造成严重损害的情形，同时应防止滥用，避免要求的赔偿数额畸高。"② 因而在该法第 47 条规定中针对惩罚性赔偿的数额确定增加"相应"的措辞。在修正《商标法》时，则系"针对实践中权利人维权成本高、往往得不偿失的现象"而引入惩罚性赔偿制度。③ 在学说上，有明确反对在民法中设置惩罚性赔偿；④ 有主张在侵权责任领域中可以一般性地设置惩罚性赔偿制度，但应严格限定于恶意侵害人格权益的场合；⑤ 有认为应尽量限制惩罚性赔偿在合同责任领域的适用，尤其不适用于合同被宣告无效或被撤销的情形。⑥ 从法律内在体系而言，现行法上惩罚性赔偿制

---

① 第八届全国人民代表大会法律委员会：《关于〈中华人民共和国消费者权益保护法（草案）〉审议结果的报告》（1993 年 10 月 22 日）。

② 第十一届全国人民代表大会法律委员会：《关于〈中华人民共和国侵权责任法（草案）〉审议结果的报告》（2009 年 12 月 22 日）。

③ 周伯华：《关于〈中华人民共和国商标法修正案（草案）〉的说明》（2012 年 12 月 24 日）。但在 2019 年修正《商标法》时，又将该项赔偿解释为"侵权赔偿数额计算"，目的是"给予权利人更加充分的补偿"；见傅政华：《关于〈《中华人民共和国建筑法》等 8 部法律的修正案（草案）〉的说明》（2019 年 4 月 20 日）。

④ 周友军：《我国侵权责任形式的反思》，载《法学杂志》2009 年第 3 期。

⑤ 梁慧星教授主持的《中国民法典草案建议稿（第 3 版）》第 1708 条规定："故意侵害他人生命、身体、健康、人身自由或者具有感情意义财产的，法院可以在赔偿损害之外判决加害人支付不超过赔偿金 3 倍的惩罚性赔偿金。"梁慧星：《中国民法典草案建议稿（第 3 版）》，法律出版社 2013 年版，第 353 页。

⑥ 参见《美国统一商法典》第 1－106 条；王利明：《合同法研究·第 2 卷（修订版）》，中国人民大学出版社 2011 年版，第 691～694 页；同氏：《惩罚性赔偿研究》，载《中国社会科学》2000 年第 4 期；张新宝、李倩：《惩罚性赔偿的立法选择》，载《清华法学》2009 年第 4 期。英国法上限制惩罚性赔偿在合同领域的适用的观点，可参见何宝玉：《英国合同法》，中国政法大学出版社 1999 年版，第 662～663 页。另有学者认为，合同责任项下的惩罚性赔偿与合同命运无关；见韩世远：《合同法总论（第 4 版）》，法律出版社 2018 年版，第 916 页。

度欠缺原则性的思考及一贯性的价值判断，也是不争的事实。①

惩罚性赔偿的主观构成，一般为行为人须具有恶意（malice）。② 此为惩罚性赔偿针对的主要对象，我国法律中分别有“恶意”③“明知”④ 或者“欺诈行为”⑤ 等表述。行为人如果主观上并无恶意，一般不宜赋予其惩罚性赔偿。唯于惩罚性赔偿的侵害后果方面，是否需要造成实际损害，则众说纷纭。立法部门的释义认为：《食品安全法》第148条第2款规定的惩罚性赔偿，“不一定是在消费者有实际损害的情况下才可以主张，即使消费者购买后尚未食用不符合食品安全标准的食品，仍可要求生产经营者支付价款10倍的赔偿金”。⑥ 有学者认为，《消费者权益保护法》第55条第1款规定“并未将‘损失’作为要件，故消费者无须证明自己实际遭受了损失，纵然实际损失为零，仍然不妨碍消费者主张惩罚性损害赔偿”。⑦ 笔者认为，从惩罚性赔偿的立法目的衡量，系为在公共资源投入不足的情况下，通过私人执法提高法律实现效率。基于此，惩罚性赔偿除了须与侵害后果的严重性相对应以外，⑧ 更须与其所惩罚的对象——行为人的主观恶意相对应。在一些场合中，对后者的考量可能会超过对前者的考量，即只要行为人具有主观恶意，则尽管未造成与责任性质相对应的实际损害，也可以赋予其惩罚性赔偿。特别是在适用价款倍数限额赔偿的场合下，尽管

---

① 参见王泽鉴：《损害赔偿》，北京大学出版社2017年版，第378页。

② 《美国第2次侵权法重述》第908条第2款前段规定：“惩罚性赔偿可以针对因被告的邪恶动机或他莽撞地无视他人的权利而具有恶劣性质的行为做出。”

③ 参见我国《商标法》第63条第1款中段、《电子商务法》第42条第3款后段。

④ 参见我国《侵权责任法》第47条、《消费者权益保护法》第55条第2款、《食品安全法》第148条第2款。

⑤ 参见我国《消费者权益保护法》第55条第1款。

⑥ 信春鹰主编：《〈中华人民共和国食品安全法〉释义》，法律出版社2015年版，第376页。

⑦ 韩世远：《合同法总论（第4版）》，法律出版社2018年版，第912页；王洪亮：《债法总论》，北京大学出版社2016年版，第307页。韩教授在前书第2版中曾有如下表述：“对于《消费者权益保护法》第49条中出现的‘损失’概念，可以理解为是法律上视为已有‘损失’存在”（法律出版社2008年版，第661页）。该表述在该书第3、4版中被删除。

⑧ 参见我国《侵权责任法》第47条、《消费者权益保护法》第55条第2款、《商标法》第63条第1款中段、《旅游法》第70条第1款后段。

囿于合同责任的领域，却隐含了无须考虑实际损害的因素；如非作此解释，则将反于该项设置之目的。事实上，对惩罚性赔偿设置最低限额赔偿，也与不法行为可能没有造成损害或者损害极小且无法证明的情况有关。例如，在“张新艳与王征舜、南京鸿翥公司买卖合同纠纷案”中，江苏省南京市中级人民法院认为：根据 2009 年《食品安全法》第 96 条第 2 款等规定，“明确了消费者主张食品价款 10 倍赔偿金不以人身权益遭受损害为前提的规则原则”，因而对王征舜、南京鸿翥公司的该项辩解不予支持。①

四、惩罚性赔偿的类型

基于法定主义的立场，法律上对惩罚性赔偿的类型作出限定，目的在于对各种惩罚性赔偿的数额予以限制；当事人也不得通过合同约定惩罚性赔偿，② 以维持普通损害赔偿的既有体系，避免惩罚性赔偿制度被滥用。同时，参照刑法上禁止类推的原则，民法上的各项惩罚性赔偿规定亦应禁止类推适用。在我国民法中，惩罚性赔偿包括如下类型：

1. 合同责任项下的惩罚性赔偿。本类惩罚性赔偿的特点是限额惩罚，即以某一确定的标准计算惩罚性赔偿金数额。包括两种情形：一是价款倍数惩罚限额，如《消费者权益保护法》第 55 条第 1 款规定的价款/费用 3

---

① 江苏省南京市中级人民法院（2014）宁民终字第 941 号民事判决；见李晓东：《张新艳与王征舜、南京鸿翥公司买卖合同纠纷案——〈食品安全法〉中销售者“明知”行为的认定标准及惩罚性赔偿规定的适用条件》，载《人民法院案例选》2014 年第 4 辑（总第 90 辑），人民法院出版社 2016 年版，第 123 ~ 130 页。

② 我国《合同法》第 114 条第 1 款规定：“当事人……可以约定因违约产生的损失赔偿额的计算方法。”此“损害赔偿”应依同法第 113 条第 1 款“因违约所造成的损失”的规定，解释为普通损害赔偿，而不包括惩罚性赔偿。在英美法上，允许当事人约定损害赔偿金（agreed damages），但禁止约定惩罚性赔偿或者惩罚性违约金；可参见《美国第 2 次合同法重述》第 356 条，《美国统一商法典》第 2 - 718 条；潘维大、黄阳寿：《英美契约法案例解析》，北京大学出版社 2001 年版，第 220 页以下；王泽鉴：《损害赔偿》，北京大学出版社 2017 年版，第 358 ~ 359 页；王利明：《合同法研究 · 第 2 卷（修订版）》，中国人民大学出版社 2011 年版，第 670 页。这在南非、苏格兰法上已见松动；见姚明斌：《违约金双重功能论》，载《清华法学》2016 年第 5 期。

倍赔偿、《旅游法》第70条第1款后段规定的旅游费用1~3倍赔偿、《劳动合同法》第87条规定的依照法定经济补偿标准2倍赔偿。此一价款倍数的限额基准，系从合同出发的规定，区别于侵权责任项下的惩罚性赔偿中的损害基准，在赔偿数额上也会低于甚至远远低于侵权责任项下的惩罚性赔偿，但似不能就此而认为前者的规定不合理。二是最低惩罚限额，如《消费者权益保护法》第55条第1款前段规定的500元。

2. 侵权责任项下的惩罚性赔偿。本类惩罚性赔偿的特点是“相应”惩罚。依《侵权责任法》第47条规定，此所谓“相应”，是指赔偿与达到惩罚目的的“相应”，区别于同法其他条文中一般是指责任范围与过错的“相应”（如同法第49条后段后半句）。立法部门的释义指出：“这里的‘相应’，主要指被侵权人要求的惩罚赔偿金的数额应当与侵权人的恶意相当，应当与侵权人造成的损害后果相当，与对侵权人威慑相当，具体赔偿数额由人民法院根据个案具体判定。”① 在特别法方面，此“相应”一般规定为普通损害赔偿金数额的倍数上限，如《消费者权益保护法》第55条第2款规定的损害2倍赔偿、《食品安全法》第148条第2款前段规定的损失3倍赔偿、②《商标法》第63条第1款中段规定的损害1~5倍赔偿、《电子商务法》第42条第3款后段规定的损害1倍赔偿、《反不正当竞争法》第17条第3款中段规定的损害1~5倍赔偿。③ 值得注意的是，由于事实构成上的一般性，《商标法》《电子商务法》上述规定实际上已将惩罚性赔偿引向更为宽阔的普通侵权领域，而不再局限于特殊侵权领域。

对上述各条文具体内容的分解列举，详见表1。

---

① 全国人大常委会法制工作委员会民法室编：《〈中华人民共和国侵权责任法〉条文说明、立法理由及相关规定》，北京大学出版社2010年版，第197页。

② 至于我国《食品安全法》第148条第2款前段规定的价款10倍赔偿，系2009年制定该法时参照1993年《消费者权益保护法》第49条规定而形成；前一规定的1000元最低赔偿数额，则系参照现行《消费者权益保护法》第55条第1款前段规定而形成。

③ 另见《最高人民法院关于审理食品药品纠纷案件适用法律若干问题的规定》（法释〔2013〕28号；以下简称《食品药品纠纷司法解释》）第15条、《最高人民法院关于审理医疗损害责任纠纷案件适用法律若干问题的解释》（法释〔2017〕20号）第23条。

表 1 我国现行法律惩罚性赔偿条文内容分解

法律名称	行为特征	侵害后果	赔偿内容	请求权基础	责任性质
《侵权责任法》	明知产品存在缺陷仍然生产、销售	造成他人死亡或者健康严重损害	有权请求相应的惩罚性赔偿	第 47 条	侵权责任
《消费者权益保护法》	经营者提供商品或者服务有欺诈行为	受到的损失	应当按照消费者的要求增加赔偿其受到的损失，增加赔偿的金额为消费者购买商品的价款或者接受服务的费用的 3 倍；增加赔偿的金额不足 500 元的，为 500 元	第 55 条第 1 款前段	合同责任
	经营者明知商品或者服务存在缺陷，仍然向消费者提供	造成消费者或者其他受害人死亡或者健康严重损害	有权要求所受损失 2 倍以下的惩罚性赔偿	第 55 条第 2 款	侵权责任
《旅游法》	旅行社具备履行条件，经旅游者要求仍拒绝履行合同	造成旅游者人身损害、滞留等严重后果的	还可以要求旅行社支付旅游费用 1 倍以上 3 倍以下的赔偿金	第 70 条第 1 款后段	合同责任
《劳动合同法》	用人单位违反本法规定解除或者终止劳动合同		应当依照本法第 47 条规定的经济补偿标准的 2 倍向劳动者支付赔偿金	第 87 条	合同责任
《食品安全法》	生产不符合食品安全标准的食品或者经营明知是不符合食品安全标准的食品	（造成损失）①	还可以要求支付价款 10 倍或者损失 3 倍的赔偿金；增加赔偿的金额不足 1000 元的，为 1000 元	第 148 条第 2 款前段	侵权责任

① 本项“造成损失”系从我国《食品安全法》第 148 条第 2 款前段规定的“损失 3 倍”中所提取，但解释上不必以此为要件。

续表

法律名称	行为特征	侵害后果	赔偿内容	请求权基础	责任性质
《商标法》	恶意侵犯商标专用权	（造成损失①且）情节严重	可以在按照上述方法确定数额（指全部损失——引者注）的1倍以上5倍以下确定赔偿数额	第63条第1款中段	侵权责任
《反不正当竞争法》	经营者恶意实施侵犯商业秘密行为	（造成损失②且）情节严重	可以在按照上述方法确定数额的1倍以上5倍以下确定赔偿数额	第17条第3款中段	侵权责任
《电子商务法》	（知识产权权利人——引者加）恶意发出错误通知	造成平台内经营者损失	加倍③承担赔偿责任	第42条第3款后段	侵权责任

从惩罚制裁的制度目的出发，无论合同责任项下的惩罚性赔偿还是侵权责任项下的惩罚性赔偿，均须遵循过责相当的原则。④ 在诉讼安排上，人民法院不得主动判处惩罚性赔偿，而须待原告之主张，方可为之。《侵权责任法》第47条规定中“相应”所规律的对象应非原告，而为人民法院。原告须围绕其所主张的惩罚性赔偿之相关事实构成提出诉讼资料，被告须围绕其不具有原告所主张的惩罚性赔偿之相关事实构成提出诉讼资料，人民法院对此予以审查，并在诉辩的基础上酌情确定本项惩罚性赔偿金的数额。该项酌定属于公平裁量，法律有限额规定的，人民法院应在此

① 本项“造成损失”系从我国《商标法》第63条第1款前段规定中所提取。

② 本项“造成损失”系从我国《反不正当竞争法》第17条第3款前段规定中所提取。

③ 本项“加倍”，宜解释为2倍，即普通损害赔偿金数额与惩罚性赔偿金数额的比例为1∶1。此系参照我国已被废止的《民事诉讼法意见》第294条规定，将1991年制定的《民事诉讼法》第232条（对应于现行该法第253条）规定的“加倍”解释为2倍。

④ 参见我国《刑法》第5条、《行政处罚法》（2017年修正）第4条第2款。

范围内裁量；没有限额规定的，则按照公平合理的原则裁量。裁量时应综合考虑下列因素：行为人应受谴责的性质和程度（原则上须为恶意，例外时得为重大过失）、对损害所采取的补救措施、因该不法行为而获利的情况、经济条件，损害的性质和程度，以及受害人已经获得的普通损害赔偿金数额、为开展本诉而付出的诸项成本（如诉讼费用、取证费用），遭受其他处罚的情况和可能性等。① 总之，即使是侵权责任项下的"相应"赔偿，惩罚性赔偿的数额不宜过大，人民法院应根据经济社会生活条件等而为综合判断。在特别法的层面，最高的损害倍数为3倍，应属合理。② 人民法院的该项裁量，不受原告请求数额的限制，故对原告该项诉讼请求，似不应预收案件受理费。

例如，在最高人民法院指导案例23号"孙银山诉南京欧尚超市有限公司江宁店买卖合同纠纷案"中，江苏省南京市江宁区人民法院认为："因前述法律规定消费者有权获得支付价款10倍的赔偿金，因该赔偿获得的利益属于法律应当保护的利益，且法律并未对消费者的主观购物动机作

---

① 《加拿大魁北克省民法典》第1621条规定："如法律规定要判处惩罚性赔偿，此等赔偿金的数目不得超过足以实现此等措施的预防目的之数目。""惩罚性赔偿应根据所有加权情节进行评估，尤其是债务人过错的严重程度、其财产状况、已对债务人承担的赔偿责任的范围，以及在可适用的情形，损害赔偿金已全部或部分地由第三人承担的事实。"美国法上有关上述诸因素的讨论，可参见陈聪富：《美国法上之惩罚性赔偿金制度》，载台湾地区《台大法学论丛》2002年第5期。另见《美国第2次侵权法重述》第908条第2款后段、美国统一州法全国委员会《惩罚性赔偿示范法》第7条。

② 在立法过程中，作为惩罚性赔偿金数额上限的倍数问题备受关注；可参见李适时主编：《〈中华人民共和国消费者权益保护法〉释义（最新修正版）》，法律出版社2013年版，第275~276页、第279页。有学者警告称："惩罚性赔偿金额最高额或倍数赔偿额之限制，与惩罚性赔偿金的制度目的不合，应非可采"；"2倍或3倍的上限，毋宁可使加害人，尤其企业经营者，计算赔偿金，内化为商品价格，减少自身之负担，而毁坏惩罚性赔偿金制度之设计目的"。陈聪富：《美国法上之惩罚性赔偿金制度》，载台湾地区《台大法学论丛》2002年第5期；同氏：《美国惩罚性赔偿金的发展趋势——改革运动与实证研究的对峙》，载台湾地区《台大法学论丛》1997年第1期。作为对"倍数上限规定"的补救，美国法上允许法官在特定情形下，如行为人显然恶性重大、不法行为处于持续状态或者较大可能存在更大的损害的，可不受倍数上限规定之限制。

出限制性规定，故对其该项主张不予支持。”笔者认为，本项论述未免机械。人民法院在酌定惩罚性赔偿时，须对行为人的过错性质、程度与受害人应值保护的利益等因素进行全面的比较和衡量，有时尚需对受害人被侵害时的主观状态作出衡量，此不应以“法律并未对消费者的主观购物动机作出限制性规定”为由而予以驳回。对所谓职业打假人、“打假公司”提起惩罚性赔偿诉讼的情况，似宜理性看待。客观来看，职业打假人、“打假公司”纯以牟利为目的批量地提起该类诉讼，对本已捉襟见肘的司法资源造成很大的损耗，已是不争的事实。对此等恶性的知假买假行为（区别于良性的知假买假行为），① 人民法院可以参照美国法的做法，将此种情形下惩罚性赔偿的倍数限额标准作出相应降低，或者将赔偿金按一定比例分配给受害人和国库或者具有相应公益性质的社会组织、基金会等，使职业打假人、“打假公司”无暴利可图。如此一来，既能发挥本项私人执法机制促进经营者依法经营的作用，又能将该类诉讼的数量降至合理的水平。此外，在上案中，孙银山事实上并未遭受固有利益方面的实际损害，而且其对购买的14包香肠已过保质期系处于明知的主观状态，人民法院依然赋予经营者以价款倍数限额的惩罚性赔偿，均值注意。②

---

① 参见姚辉：《民法适用中的价值判断》，载《中国法律评论》2019年第3期。对于知假买假，我国司法解释曾明确表示支持。《食品药品纠纷司法解释》第3条规定：“因食品、药品质量问题发生纠纷，购买者向生产者、销售者主张权利，生产者、销售者以购买者明知食品、药品质量问题发生纠纷，购买者向生产、销售者主张权利，生产者、销售者以购买者明知食品、药品存在质量问题而仍然购买为由进行抗辩的，人民法院不予支持。”该条规定隐含有对知假买假者也适用惩罚性赔偿的意义。

② 近来，有学者对“职业打假”问题提出所谓“中间”方案，即限制其获利空间，增加其获利难度，从而发挥其积极作用。比如，限制职业打假行为适用惩罚性赔偿的情形和范围；对职业打假，可根据产品缺陷程度和经营者欺诈严重程度，分别设定不同的赔偿倍数；赋予法官一定范围内的赔偿倍数决定权；等等。再如，对经营者的法律责任根据违法程度的不同予以区别处理，对一些轻微违法行为或初次违法情形，设定较低的处罚幅度，以压缩职业打假者的谈判空间。另外，也可考虑对涉及职业打假的纠纷解决设定专门程序，等等。见应飞虎：《“知假买假”不能一禁了之》，载《中华工商时报》2017年6月28日第3版。该方案值得重视。

五、惩罚性赔偿与刑罚的并科

我国台湾地区学者王泽鉴教授指出，对惩罚性赔偿应加以必要的驯服，不使其无节制的扩张，成为损害赔偿法上难以驾驭的怪兽。① 日本学者小岛武司则称：“惩罚性赔偿制度犹如一匹烈马，如果缺乏必要的调控，那么就会将主观臆断和偏见带入审判中。要将这种制度本身的缺陷控制在最小限度内，并尽可能地发挥它最大的效力，那么就需要一名优秀的驾驭骑手。”② 如何处理惩罚性赔偿与其他法律制裁措施尤其是刑罚之间的关系，是其中一个重要的课题。在学说上，出现对惩罚性赔偿与刑罚功能的关联考察。日本学者田中英夫、竹内昭夫认为：

> 无论怎样，我们一方面应当从实际效果的角度考察一些问题，例如刑罚以及行政罚款等公的制裁在法的各个领域多大程度地发挥了抑制性效果、是否失去了平衡以及如何适当地对自然人和法人采取有所区别的制裁手段等，在此基础上研究并制定切合实际的制裁手段；另一方面，还要对私人诉讼做一些思考，而思考的角度应当是立足在何种场合做何种努力争取实现何种程度的抑制性机能。无论是公的制裁还是私的制裁，两者都具有法之实施手段这一性质，我们应当承认两者关系的机能性连接，并从一个整体的角度去实现制裁手段的多样化和合理化。③

我国制定《侵权责任法》时，对于惩罚性赔偿与刑事责任、行政责任之间的关系，曾有同时适用、择一适用和互为补充三种观点。④ 笔者采末说。依《民法总则》第 187 条等规定，⑤ 行为人承担行政责任、刑事责任

---

① 王泽鉴：《损害赔偿》，北京大学出版社 2017 年版，第 40 ~ 41 页。

② 参见［日］小岛武司：《诉讼制度改革的法理与实证》，陈刚等译，法律出版社 2001 年版，第 35 页。

③ ［日］田中英夫、竹内昭夫：《私人在法实现中的作用》，李薇译，法律出版社 2006 年版，第 164 页。

④ “惩罚性赔偿制度的有关情况”，载全国人大常委会法制工作委员会民法室编：《侵权责任法立法背景与观点全集》，法律出版社 2010 年版，第 504 ~ 505 页。

⑤ 参见我国《侵权责任法》第 4 条、《刑法》第 36 条第 2 款、《消费者权益保护法》第 58 条、《食品安全法》第 147 条、《产品质量法》第 64 条。

不影响承担包括惩罚性赔偿责任在内的民事责任；行为人的财产不足以支付的，优先用于承担民事责任。此为民事责任优先原则。在立法部门的释义中，所谓民事责任优先原则中的民事责任，系强调其补偿性，区别于行政责任、刑事责任的惩罚性。① 表面看来，惩罚性赔偿作为民事责任方式之一，与行政责任、刑事责任相并立，似乎并无排斥的可能。但是，考虑到惩罚性赔偿区别于普通民事责任②的一系列特质，如惩罚性质、准刑罚措施、针对恶意不法行为、数额酌定等，却与行政责任、刑事责任存在更为密切的关联。

既然承认惩罚性赔偿具有与刑罚相同的报应—预防功能，其与刑罚并科是否构成违反禁止双重危险的原则？在英国法上，1984 年 Archer v. Brown 案中，法院认为，根据一事不再罚的原则，被告因欺诈已被判入狱，因而不得再要求其支付惩罚性赔偿金。③ 在美国法上，一般不认为惩罚性赔偿与刑罚并科构成双重处罚。有些州还对两者并科予以积极的肯定，如加利福尼亚州在刑法中对计算机犯罪同时设置了刑罚和惩罚性赔偿，伊利诺伊州对窃听罪、种族仇视罪也同时设置了刑罚和惩罚性赔偿。印第安纳州原来规定，如果追究被告人的刑事责任，则不处以惩罚性赔偿，目的在于克服现实生活中不恰当、苛刻现象的出现。④ 1984 年该州法律已经放弃上述规则，明确规定惩罚性赔偿与刑罚之间不存在违反禁止双重危险原则的问题。⑤

尽管惩罚性赔偿与刑罚并科不违反禁止双重危险原则，但并不意味着二者之间不相互影响。即使惩罚性赔偿原则上不与刑罚并科，但仍存在两

---

① 参见石宏主编：《〈中华人民共和国民法总则〉条文说明、立法理由及相关规定》，北京大学出版社 2017 年版，第 443 页。

② 参见我国《民法总则》第 179 条第 1 款。

③ 参见［德］克雷斯蒂安·冯·巴尔：《欧洲比较侵权行为法》上卷，张新宝译，法律出版社 2001 年版，第 747 页；同氏、乌里希·德罗布尼希主编：《欧洲合同法与侵权法及财产法的互动》，吴越等译，法律出版社 2007 年版，第 99 页。

④ 参见［日］小岛武司：《诉讼制度改革的法理与实证》，陈刚等译，法律出版社 2001 年版，第 36 页。

⑤ 参见［日］佐伯仁志：《制裁论》，丁胜明译，北京大学出版社 2018 年版，第 224～225 页。

相比较的空间和可能。在 1991 年 Pacific Mutual Life Insurance Co. v. Haslip 案中，美国联邦最高法院认为，若行为人因该不法行为而受到刑事处罚时，惩罚性赔偿金数额应予减轻。在 1994 年 BMW of North America. Inc. v. Gore 案中，该院认为，在受害人经济损害只有 4000 美元的情形下，判决宝马公司承担 200 万美元惩罚性赔偿金额过高并且违宪。该案裁判确立了判断惩罚性赔偿合宪性的三项因素：一是不法行为的可受谴责程度；二是惩罚性赔偿金数额与实际损害额的比例；三是惩罚性赔偿金与相应行为应受到的刑罚或其他民事赔偿的比较。其中，第二项因素中的比例，后来被确定最大为 9。依第三项因素，如刑事处罚甚严，或其他民事赔偿金数额甚巨，某程度已达成惩罚、吓阻之目的，则应降低惩罚性赔偿金数额，以免造成过度赔偿或过度吓阻。如果法律上已明文规定不法行为应受刑事处罚之程度，则应参酌立法者之意思，不得判决过度惩罚之赔偿金。① 至于惩罚性赔偿能否与行政处罚并科的问题，笔者认为，应参酌上述原理，认为两者并科不违反禁止双重危险原则，但在“在行政机关予以罚款或其它严厉行政处罚后，民事审判中应慎用或限制使用惩罚性赔偿”。②

在我国，如在“广东省广州市人民检察院诉刘邦亮生产、销售假冒伪劣食盐消费民事公益诉讼案”中，广东省广州市中级人民法院第一审认

① 参见陈聪富：《美国法上之惩罚性赔偿金制度》，载台湾地区《台大法学论丛》2002 年第 5 期；[德] 格哈德·瓦格纳：《损害赔偿法的未来——商业化、惩罚性赔偿、集体性损害》，王程芳译，熊丙万、李翀校，中国法制出版社 2012 年版，第 113 页。另见《美国统一州法全国委员会惩罚性赔偿示范法》第 5 条第 f 款。

② 广州市中级人民法院民事庭课题组：《消费领域惩罚性赔偿法律适用研究》，载广州市中级人民法院编：《广州审判》2018 年第 4 期。事实上，这还牵涉到就同一法律事实适用民事诉讼与行政诉讼的协调，以及司法权干预行政权边界的划定等问题。在日本法上，课以义务诉讼只能在别无适当方法避免损害时提起，如果受害人通过民事诉讼等其他方式能够实现权利救济，则禁止提起针对行政机关提起课以义务诉讼。参见王天华：《日本行政诉讼的构造：日本行政诉讼法研究》，法律出版社 2010 年版，第 21 页。德国法上采取与此相似的“分立原则”；可参见龙非：《行政诉讼中“受害者”原告资格之反思——以德国法作为比较》，载《法律适用》2017 年第 22 期。我国行政诉讼法上对此项行政诉讼原告资格较为宽泛，并未设有上述原则。有学者认为，应当协调惩罚性赔偿诉讼与请求行政机关履职之诉的关系，两者之间应为择一适用的关系：对日常用品消费领域，宜适用请求行政机关履职之诉；在证券市场等领域，宜适用惩罚性赔偿诉讼；见赵鹏：《惩罚性赔偿的行政法反思》，载《法学研究》2019 年第 1 期。

为，此前刘邦亮已被广州市白云区人民法院以犯非法经营罪判处有期徒刑三年，并处罚金8万元。“根据《最高人民法院关于审理食品药品纠纷案件适用法律若干问题的规定》第14条的规定精神，刘邦亮的犯罪行为可同时承担民事责任、行政责任和刑事责任。在刑事诉讼已经追究刘邦亮刑事责任的情况下，再行追究刘邦亮的民事侵权责任并不违反一事不再罚原则。刘邦亮销售脱手假盐100余吨，没有证据证明有部分被退货、被召回，应按100吨计算货值总价款为12万元，依法需承担总价款10倍的惩罚性赔偿金，即120万元。根据行政处罚法和其他法律、行政法规和司法解释的有关规定，性质相同的金钱罚，即行政罚款和刑事罚金竞合时，一般采用轻罚在重罚中折抵的原则处理，以体现惩罚的谦抑，避免惩罚的过度。惩罚性赔偿金与行政罚款、刑事罚金同属惩罚性债权，只不过前者是私法债权，后两者是公法债权。……公益诉讼起诉人主张追缴的民事惩罚性赔偿金应上缴国库，符合实际情况。这样，案涉的民事惩罚性赔偿金的性质发生转化，将事实上与行政罚款、刑事罚金类似，应参照行政罚款与刑事罚金竞合时相同的处理原则裁断，即刘邦亮被判处的8万元罚金在120万元的民事惩罚性赔偿金中抵扣，刘邦亮实际支付112万元民事惩罚性赔偿金。”刘邦亮向该院支付上述惩罚性赔偿金后，由该院缴付国库。① 该判决一方面认为民事责任和刑事责任可以并立，另一方面又认为所谓数额大的重罚（民事责任）可以吸收数额小的轻罚（刑罚），前后逻辑并不连贯。笔者认为，惩罚性赔偿尽管与刑罚不相冲突，但其归根到底是一项私人执法机制，本质上属于私罚的范畴，似不宜在民事公益国家诉讼中予以适用。一方面，所谓对国家的惩罚性赔偿，似乎有违于《食品安全法》第148条第2款前段关于惩罚性赔偿金计算标准规定的文义——所谓“价款10倍或者损失3倍”显然是针对消费者的私益损害而言的，依此在民事公益国家诉讼中计算公益损害，可能会存在问题；另一方面，在行为人已被判处刑罚的前提下，再予判处所谓对国家的惩罚性赔偿，不仅构成对行为人的双重危险，同时意味着刑罚裁量本身可能存在不足，这对于刑罚机制是否充足也具有检讨效应。

本质上看，惩罚性赔偿与其说是一项民事责任制度，毋宁是一项私人

---

① 广东省广州市中级人民法院（2017）粤01民初383号民事判决。

执法机制。作为惩罚性赔偿主观构成中的恶意，系采取主观过错概念，与普通损害赔偿构成中的客观过错概念并不一致，反而与刑法上的主观过错概念相一致。惩罚性赔偿中所蕴含的私人执法观念，系为使受害人获得超出其损害的赔偿，也与纯粹民法上不当获利禁止的原则相违背。由于惩罚性赔偿的功能与刑罚相当，故该项民事诉讼程序应参酌刑事诉讼的有关要求进行。如在证明标准方面，即使在达到了普通损害赔偿的证明标准，但由于功能差异，仍不能当然赋予行为人以惩罚性赔偿，而应根据惩罚性赔偿的事实构成，适用更高的证明标准。在美国法上，一般采取“清楚而具说服力的证据”（clear and convincing evidence）标准，或者与刑事诉讼相同的排除合理怀疑（beyond a reasonable doubt）标准，以确保法院对有关客观事实形成更加坚强的认知。通过对赋予惩罚性赔偿提高证明标准，可以对与刑事被告人相类似的行为人产生保护作用，对裁判心理上一般倾向于保护受害人的法院予以制衡。① 同时，作为程序法上的必要措施，可以参照刑法上的无罪推定，② 须使行为人能有机会证明其没有作出该行为。③

在美国法上，一般针对惩罚性赔偿设置独立的审理程序。有些州如阿拉斯加州、密西西比州、阿肯色州、蒙大拿州、宾夕法尼亚州、伊利诺伊州等明确要求陪审团通过独立的程序，决定是否作出惩罚性赔偿的判决；德克萨斯州、蒙大拿州还要求陪审团必须一致同意，才能作出惩罚性赔偿的判决；有些州规定了陪审团决定惩罚性赔偿金数额时需要考虑的因素，要求法官必须给予陪审团足够的指导。④ 奥地利学者海尔姆特·库奇奥（Helmut Koziol，1940～）建议，对于惩罚性赔偿的实施机制，可以“针对

---

① 参见陈聪富：《美国法上之惩罚性赔偿金制度》，载台湾地区《台大法学论丛》2002年第5期；［日］佐伯仁志：《制裁论》，丁胜明译，北京大学出版社2018年版，第223页。该二论述略有相左，前文认为，美国多数州采取“清楚而具说服力的证据”标准，少数州采取排除合理怀疑标准；后书则相反。《美国统一州法全国委员会惩罚性赔偿示范法》第6条规定系采取“清楚而具说服力的证据”标准。

② 参见我国《刑事诉讼法》第12条。

③ 德国学者尼尔斯·杨森（Nils Jansen）的观点，见朱岩、王竹：《比较法视野下的中德侵权法——第二届中德侵权法研讨会综述》，载《判解研究》2007年第3辑（总第35辑）。

④ 参见李适时主编：《〈中华人民共和国消费者权益保护法〉释义（最新修正版）》，法律出版社2013年版，第272页。

刑法上的自诉作出一定程度的改造，并且进一步设计出独立的刑事责任构成要件，应当是一条优先选择的道路”。① 在我国法上，根据民事责任优先原则，行为人被生效刑事裁判判处刑罚，不影响受害人依法请求其承担惩罚性赔偿责任；行为人被判处罚金刑、没收财产刑的，应当先履行惩罚性赔偿责任。但是，似无以惩罚性赔偿“吸收”罚金刑、没收财产刑之余地也。判

（本文仅代表作者个人观点）

---

① ［奥］海尔姆特·库齐奥：《侵权责任法的基本问题（第1卷）：德国国家的视角》，朱岩译，北京大学出版社2017年版，第57页。

论以物抵债的性质与法律关系构造

——以变更契约说为中心展开

景光强*

近年来，以物抵债案件日益增加。① 面对大量的以物抵债案件，由于没有明确法律规定可供裁判适用，理论与司法实务界对以物抵债的性质、效力、法律关系构造、清偿效果等问题产生了激烈争议。我国法学界长期援引传统民法上的代物清偿法理，将以物抵债协议解释

---

* 最高人民法院干部、法学博士。

① 以“以物抵债”作为关键词在中国裁判文书网搜索，2014～2018年法院裁判的案件数分别为4233件、6144件、12899件、19936件、27045件。以“以房抵债”为关键词搜索，2014～2018年法院裁判的案件数分别为2102件、2505件、5431件、8621件、9742件，均有逐年增加趋势。考虑到有的以物抵债采取了买卖合同形式，再加上买卖型担保、让与担保等非典型以物抵债形式，实质意义上的以物抵债案件还要更多。另外，虽然以物抵债案件绝对数不算多，但由于司法态度不清，不能为当事人提供明确预期，使得本不该产生争议的问题以纠纷形式大量涌入法院，且以物抵债案件大多经过一审、二审、再审等漫长的审判程序后仍不能服判息诉，致使大量的以物抵债案件直达最高国家审判机关。

为要物契约,① 司法实务中也长期依据代物清偿要物说裁判以物抵债案件,② 致使大量的诺成性以物抵债协议归于无效。关于代物清偿要物说理论，学界已经广泛诟病,③ 有学者甚至认为要物契约乃陈旧过时的概念,④ 保留要物契约此种法制史上的残留物实无必要，财产性的契约均应予以诺成化。⑤ 受此影响，我国司法实务界新近的观点也逐渐发生转变，承认诺成性以物抵债协议效力的倾向颇为明显。⑥

由于代物清偿要物说成了长期困扰我国学术界与司法实务界的挥之不去的难题，多数研究均将精力集中于代物清偿要物说之争，这无疑成了阻碍以物抵债研究走向深入的一道门槛。从现有研究成果看，多数研究均止步于此，对于以物抵债中复杂的法律关系构造、以物抵债中债务不履行之

① 王利明：《合同法研究（第一卷）》，中国人民大学出版社 2015 年版，第 676 页；崔军：《代物清偿的基本规则及实务应用》，载《法律适用》2006 年第 7 期；冯永强：《论以物抵债行为的性质与效力》，载《新疆社会科学》2015 年第 3 期；施建辉：《以物抵债契约研究》，载《南京大学学报（哲学·人文科学·社会科学版）》2014 年第 6 期。

② 参见最高人民法院（2011）民提字第 210 号裁定书、(2014) 民申字第 895 号判决书、（2016）最高法民终 765 号裁定书、（2017）最高法民申 1783 号裁定书、(2017) 最高法民申 3773 号裁定书、(2017) 最高法民申 3957 号裁定书。

③ ［德］迪尔克·罗歇尔德斯：《德国债法总论》（第七版），沈小军、张金海译，中国人民大学出版社 2014 年版，第 142 ~ 143 页；陈自强：《无因债权契约论》，中国政法大学出版社 2002 年版，第 316 ~ 326 页；邱聪智：《新订民法债编通则（上册）》，中国人民大学出版社 2003 年版，第 26 页；崔建远：《以物抵债的理论与实践》，载《河北法学》2012 年第 3 期；肖俊：《代物清偿中的合意基础与清偿效果研究》，载《中外法学》2015 年第 1 期；翟云岭、于靖文：《代物清偿理论剖析》，载《大连海事大学学报（社会科学版）》2012 年第 1 期；司伟：《债务清偿期届满后以物抵债协议的性质与履行》，载《人民司法·案例》2018 年第 2 期。

④ 陈自强：《债权法之现代化》，北京大学出版社 2013 年版，第 8 页。

⑤ 王泽鉴：《债法原理》（第二版），北京大学出版社 2013 年版，第 151 页。

⑥ 在内蒙古兴华房地产有限责任公司与通州建总集团有限公司建设工程施工合同纠纷案判决中，最高人民法院明确肯定了诺成性以物抵债协议的效力。参见最高人民法院（2016）最高法民终字第 484 号判决书。2017 年，最高人民法院民二庭专门作成会议纪要，承认以物抵债协议的诺成性。参见麻锦亮：《以物抵债协议的性质与效力》，载贺小荣主编：《最高人民法院民事审判第二庭法官会议纪要》，人民法院出版社 2018 年版，第 6 ~ 11 页。

救济、以物抵债中法律行为效力瑕疵的法律后果等更深层次的问题，缺乏较为深入的研究。以物抵债诺成说逐渐成为学界和实务界主流观点后，上述深层次问题的研究应提上日程。尤其应当看到，诺成化语境下的以物抵债法律关系构造与要物说语境下有重大不同，以物抵债法律关系特别是新旧给付关系问题亟需重新定位，此又为研究以物抵债中其他问题的前提。本文抛砖引玉，求教于学界前辈及同仁。

一、关于以物抵债性质的争论及变更契约说的提出

弄清以物抵债协议的性质，是研究以物抵债法律关系构造的重要前提。传统民法上并无以物抵债的概念，当前我国交易与司法实践中广为使用的以物抵债概念，其涵摄范围大致相当于传统民法上的代物清偿与新债清偿，而又以代物清偿为典型形态。关于代物清偿契约性质的认识，早期学说上有更改说之观点，晚近民法学界在检讨代物清偿要物说过程中发展出债的变更说与清偿契约说。新债清偿本为以物抵债的一种样态，但近期最高人民法院司法裁判将以物抵债协议认定为新债清偿，从而使得新债清偿在作为以物抵债样态的同时，也成为观察以物抵债性质的一种视角。

（一）债的更改说

债的更改说系法国学界早期部分学者的观点，认为代物清偿契约为即时履行之更改，但多数学者认为此种观点未免拟制，而且违背了当事人的真实意思，难以采用。① 虽然债的更改说没有成为有力学说，但根据传统民法观点，代物清偿为要物契约，标的物交付的同时导致新债成立、旧债消灭，纵使新债存在瑕疵，原债也不因此而回复，故与债的更改在效力上无异。中国大陆早期的判决亦倾向于把以物抵债协议认定为债的更新，认为以物抵债导致了旧债消灭和新债产生。如2001年广西临桂县城市信用社诉中国农业银行神农架林区支行等欠款担保合同纠纷案，当事人就借款纠纷签订了《以物抵债协议书》，后来被告没有实际履行协议书中的义务，最高人民法院判决当事人应依协议书的约定内容承担连带保证责任。②

---

① 参见［日］我妻荣：《新订债权总论》，王燚译，中国法制出版社2008年版，第265页；史尚宽：《债法总论》，中国政法大学出版社2000年版，第815页。

② 参见最高人民法院（2001）民二终字第179号判决书。

（二）变更契约说

变更契约说是德国法学界晚近发展起来的学说，也得到了我国台湾地区部分学者的有力声援。在德国，著名学者 Larenz 教授曾经力倡变更契约说。在台湾地区，黄立先生的早期论述蕴含了变更契约说意味。他认为："代物清偿契约乃变更债之内容的契约，此一契约事后变更了原债之关系中的给付标的。修正后之债务，乃对于原债务之履行，亦即以代替给付交换原请求权，故此契约为一有偿转让契约。"① 黄立教授的论述侧重于引出代物清偿契约为有偿契约的结论，仍然不脱传统理论之窠臼，对代物清偿契约为何构成债务变更契约、新给付与原定给付的关系没有进行详细的论述。在我国台湾地区，陈自强教授是变更契约说的有力倡导者。他认为，代物清偿构成了一种特殊的债务变更，当事人一方面变更原定给付为代物清偿之他种给付，债务变更契约成立之时，立即清偿变更后之给付义务。原有债之关系之同一性不因代物清偿而改变，故无论就瑕疵问题处理，抑或判断他种给付有瑕疵时，原定债务是否消灭，皆仍应适用原定给付有瑕疵时所应适用之法律。特殊变更契约说圆满解决此问题，并能合理说明其法律性质。同时，陈自强教授亦为代物清偿诺成说之有力支持者，他认为，当事人约定以他种给付代替原定给付但不立即履行的，可以认为当事人间合意变更给付之标的，该约定属典型之债务变更契约。依陈自强教授观点，在第三人代物清偿情况下，因第三人并非债的当事人，并无变更债权债务关系的权限，因此，第三人与债权人达成的代物清偿契约在性质上属于清偿契约。②

（三）清偿契约说

清偿契约说是变更契约说之后发展起来的学说，在德国应者甚众，大有成为学界通说之趋势。③ 德国学者 Harder 教授认为，无论从法制史的观点，抑或从当事人利益状态的角度，将《德国民法典》第 365 条代物清偿之规定准用买卖契约有关规定皆与事理有违，就代物清偿的性质问题，他

① 黄立：《民法债编总论》，中国政法大学出版社 2002 年版，第 669 页。

② 陈自强：《无因债权契约论》，中国政法大学出版社 2002 年版，第 384 页、第 307 页。

③ ［德］迪尔克·罗歇尔德斯：《德国债法总论》（第 7 版），沈小军、张金海译，中国人民大学出版社 2014 年版，第 143 页。

提出了清偿契约说。清偿契约说提出后，原本主张变更契约说的 Larenz 教授也改采清偿契约说。依清偿契约说，债权人受领他种给付，并非意在舍弃其债权，而仅在代替原定给付，即仅视他种给付之受领为原定债务之清偿，债务人提出他种给付乃在履行其债务，故代物清偿单纯为清偿行为。代物清偿若为清偿行为，则因以他种给付代替原定给付，需得债权人同意，须以契约为之，故为清偿契约。①

（四）新债清偿说

最高人民法院在近期的判决中提出了以物抵债协议为新债清偿的观点。在通州建总集团有限公司与内蒙古兴华房地产有限责任公司建设工程施工合同纠纷案中，最高人民法院认为，当事人于债务清偿期届满后达成的以物抵债协议，性质一般为新债清偿。在新债清偿情形下，旧债务于新债务履行之前不消灭，旧债务和新债务处于衔接并存的状态；在新债务合法有效并得以履行完毕后，因完成了债务清偿义务，旧债务才归于消灭。若新债务届期不履行，致使以物抵债协议目的不能实现的，债权人有权请求债务人履行旧债务，且该请求权的行使，并不以以物抵债协议无效、被撤销或者被解除为前提。②

（五）本文的观点

上述几种学说与实务观点都涉及以物抵债的性质以及新给付与原定给付之间的关系问题，债的更改说、变更契约说是从债的客体变动角度进行的讨论，清偿契约说、新债清偿说则是从以物抵债目的角度进行的界定。因分类标准、探讨问题的出发点和角度不同，故有的学说虽然表面上圆凿方枘，但结论并无根本矛盾之处。如变更契约说、新债清偿说、清偿契约说均是为了缓和代物清偿要物说将新债与原债对立起来的张力而提出的观点，其结论也无根本相左之处。对此，当代德国学者也承认，变更契约说与清偿契约说殊途同归，结论相同，它们特别是在将原来的债务关系作为

① 参见陈自强：《无因债权契约论》，中国政法大学出版社 2002 年版，第 289 ~ 291 页。

② 参见最高人民法院（2016）最高法民终字第 484 号判决书，另见《中华人民共和国最高人民法院公报》2017 年第 9 期。

给付的法律原因方面尤为一致。①

从解释效果看，债的更改说认为新债成立、旧债消灭，纵令新给付瑕疵或者不履行，债权人亦不得基于基础关系获得救济，于债权实现颇为不利，且在解释当事人意思表示方面失之于武断，故早为学界所抛弃。新债清偿说在承认以物抵债协议为诺成契约的同时，又以传统民法上的新债清偿理论解释以物抵债关系，但根据传统民法通说，新债清偿为要物契约，②故新债清偿说在解释工具选择上不无矛盾之处。另，传统民法理论认为，代物清偿是债权人抛弃原定给付而获得新给付，债权人抛弃原定给付与债务人提供新给付为对待给付、对价有偿关系，故代物清偿契约为有偿契约。③ 而在新债清偿中，因为系债之并存关系，并非有偿契约，因此，债务人对新债务不负出卖人之担保责任。④ 在半履行的给付（间接给付）中，由于债权人可以交回有瑕疵的物并且主张原来的债权，因而不必给予他瑕疵担保的权利。⑤ 有学者甚至认为，在新债清偿中，债权人有自其给付受其债权满足之义务，故有片务契约之性质。⑥ 如此，在债务人履行新给付构成瑕疵履行时，哪怕是轻微瑕疵，债权人亦不得主张债务不履行责任，其要么接受有瑕疵的新给付，要么放弃新给付转而请求债务人履行原定给付。这对双方当事人而言实属不经济，徒增交易成本，而且极易助长不诚信行为，故新债清偿说亦不足取。

---

① ［德］迪尔克·罗歇尔德斯：《德国债法总论》（第7版），沈小军、张金海译，中国人民大学出版社2014年版，第143页。

② 史尚宽：《债法总论》，中国政法大学出版社2000年版，第820页；林诚二：《民法债编总论——体系化解说》，中国人民大学出版社2003年版，第540页；孙森焱：《民法债编总论》（下册），法律出版社2006年版，第856页，也有个别学者认为新债清偿契约为诺成契约，参见邱聪智：《新订民法债编通则（下册）》新订一版，中国人民大学出版社2004年版，第453页。

③ 郑玉波：《民法债编总论》修订二版，陈荣隆修订，中国政法大学出版社2004年版，第485页；林诚二：《民法债编总论——体系化解说》，中国人民大学出版社2003年版，第537~538页。

④ 黄立：《民法债编总论》，中国政法大学出版社2002年版，第673页。

⑤ ［德］迪尔克·罗歇尔德斯：《德国债法总论》（第七版），沈小军、张金海译，中国人民大学出版社2014年版，第144页。

⑥ 史尚宽：《债法总论》，中国政法大学出版社2000年版，第820页。

清偿契约说一针见血地指出了以物抵债的终极目的，对于澄清传统民法上关于代物清偿性质的错误认识（如有偿契约说）具有重要认识论意义。但是，进一步的追问是，清偿契约又是一种什么样的契约？清偿契约在传统的契约分类中居于何种地位？这些问题并非一目了然。若认为清偿契约是一种独立的契约类型，这样的解释对于探讨事物的本质不具实益。另外，清偿契约说仅仅说明了他种给付的本质与请求权基础，正确指出了他种给付与基础债权的关系，但在他种给付与原定给付的关系方面着墨甚少，对于认识以物抵债之内部微观构造没有太大的指导意义。质言之，在他种给付与原定给付的关系方面，也就是在他种给付存在瑕疵情况下能否请求原定给付的问题，依清偿契约说并不能得出清晰的结论。尽管清偿契约说的提出者 Harder 教授认为他种给付若有权利瑕疵或物之瑕疵，债权人未能获得其于代物清偿所欲受领之标的物，故债之关系实际上并未消灭，债权人得主张原定债权，请求原定给付，其所受领之他种给付，应依不当得利返还于清偿人。但是，正如陈自强教授指出的，债务人之给付标的物有瑕疵，给付义务是否因清偿而消灭，应视原定债之关系而定，此于一般之清偿为然，于代物清偿又何独不然。无视于债之关系所由生之基础关系，于代物清偿他种给付有瑕疵，一律认为给付义务不消灭或消灭，未必与基础关系之利益状态相符。① 况且，“债之关系实际上并未消灭”也并不必然得出“债权人得主张原定债权，请求原定给付”之结论。Larenz 教授主张在他种给付存在瑕疵的情况下得解除契约，其所解除者，仅为清偿契约，而非原有之契约，故原定债务不消灭，债权人仍得主张原定给付，债务原有之担保亦不消灭。但是，正如有学者所指出的，在德国民法上，契约的解除发生回复原状之法律关系，其所涉及者均为因债权契约所发生之法律关系。若认为代物清偿系清偿行为，则不可能解除代物清偿契约。②

根据意思自治原则，当事人经协商一致可以对原来的债权债务关系作出调整。在以物抵债中，当事人正是通过协议调整了原债权债务关系中的给付，构成了债的要素的变动。关于债的要素的变动，涉及传统民法上两个概念，即债的变更与债的更改。通常的理解是，当债的要素的变动尚未

---

① 参见陈自强：《无因债权契约论》，中国政法大学出版社 2002 年版，第 294 页。

② 参见陈自强：《无因债权契约论》，中国政法大学出版社 2002 年版，第 294～298 页。

突破原债的同一性而在原债的容忍范围内时，为债的变更；债的要素的变动一旦突破原债的同一性，就逾越了原债的质的规定性，原债就不成其为原债，而是变成了一个新的债权债务关系，是为债的更改。① 因此，债的变更与债的更改是质量互变规律在债的领域的经典诠释。关于债的同一性的理解，学界颇有争议，通常认为需要以当事人的意思为基础进行综合认定。早在罗马法上，优士丁尼便把是否具有更改意思作为确定债的更改的关键要素。② 这种观点对于今天区分债的变更与更改，仍深具启示意义。

债的变更与债的更改是关于债的要素变动的周延分类，以物抵债毫无疑问落入了变更与更改的分类范围。关于债的给付发生变动究为债的变更抑或债的更改，本文认为，区分的关键应当看该给付是否决定债的性质。在买卖合同中，若出卖人的给付义务发生变动，即买卖标的物发生变动，债之关系丧失同一性，是为债的更改；若买受人的给付形态亦即价金形态发生变化，原买卖合同仍不失同一性，是为债的变更。在消费借贷中，贷与人的给付为决定债的性质的给付，若贷与人给付形态发生变化，如由贷与金钱变为贷与汽车，是为债的更改；反之，借用人返还义务所涉给付不决定消费借贷性质，其发生变化应构成债的变更。同样，在使用借贷中，贷与人给付形态发生变化，如贷与甲车变为乙车，构成债的更改；若借用人返还义务所涉给付形态发生变化，如以返还丙车代替乙车，则为债的变更。以物抵债中，虽然给付内容发生了变化，但从当事人主观目的考量，订立以物抵债协议无非还是为了清偿原定债务从而消灭原债权债务关系，而不是建立新的债权债务关系，亦即并无更改之意思。在很多情况下，债权人受领他种给付后，往往还通过变现等形式，来达到与受领原定给付同样的目的，更是进一步证明了他种给付与原债的同一性。是故，以物抵债应限于非决定债的性质的给付之变动，并没有撼动原债关系之同一性，在性质上属于债的变更。至于决定债的性质的给付之变动，除非当事人另有约定，构成债的更改，已经溢出以物抵债范畴。这就为用变更契约说解释以物抵债协议的本旨与构造提供了可能。

---

① 王利明：《债法总则研究》，中国人民大学出版社2015年版，第736~737页。

② [古罗马] 查士丁尼：《法学总论》，商务印书馆1989年版，第196页；[意] 彼德罗·彭梵得：《罗马法教科书》，黄风译，中国政法大学出版社2005年版，第246页。

传统民法上刻意区分代物清偿与债的更改,[①] 早早地就将代物清偿与新债清偿踢出了债的更改的家族，以物抵债属于债的变更似乎是顺理成章的结论。但遗憾的是，传统民法上在作出区分后，要么就此止步，以至于在真理的道路上功亏一篑，要么在要物说的驱使下得出了新债成立、原债消灭的结论，从而又回到了自己的对立面，因为这种解释与债的更改的效果几乎如出一辙。

与清偿契约说相比，变更契约说虽然没有直指以物抵债的终极目的，但在解释上较清偿契约说更为入木三分，其解释的弹性和空间也更大。首先，变更契约说可以更准确地认识以物抵债协议的本质。清偿契约说虽然正确地指出以物抵债的最终目的是清偿原债权债务关系，也间接地指出了新给付与原债的同一性，但清偿契约说直接将以物抵债协议等同于清偿行为，似乎又有矫枉过正之嫌。因为根据传统民法观点，清偿行为属于准法律行为或事实行为,[②] 而以物抵债协议为法律行为，二者不可混同。虽然多数以物抵债协议都是即时履行，但在承认以物抵债协议为诺成合同的语境下，还是能够从观念上将以物抵债协议与清偿行为区分开来。在以物抵债协议并非即时履行的情况下，以物抵债协议与清偿行为更是泾渭分明。因此，虽然以物抵债最终目的是为了清偿原债权债务关系，但以物抵债协议的首要目的是变更给付，就债务清偿问题作出新的安排，而不是“毕其功于一役”。清偿契约说将以物抵债协议的达成与协议的履行混为一谈，从中仍然可以看到代物清偿要物说的影子与残余。债的变更说较好地解决了这个问题，它正确地指出以物抵债协议首先是对原定债权债务关系的给付作出变更，至于债的最终清偿并非以物抵债协议的直接目的。也就是说，在变更契约说看来，以物抵债协议与清偿行为是相互独立的。但是，变更契约说又正确地指出以物抵债协议是一种特殊的债务变更，其特殊性除了体现在构造方面（下文详述），还体现为其目的就是为清偿原债权债

---

① 史尚宽:《债法总论》，中国政法大学出版社 2000 年版，第 824 页；郑玉波:《民法债编总论》修订二版，陈荣隆修订，中国政法大学出版社 2004 年版，第 530 页；林诚二:《民法债编总论——体系化解说》，中国人民大学出版社 2003 年版，第 538 页。

② 史尚宽:《债法总论》，中国政法大学出版社 2000 年版，第 766 ~ 768 页；王利明:《债法总则研究》，中国人民大学出版社 2015 年版，第 701 页。

务关系，二者是目的与手段的关系。同时，债的变更说承认原债关系的同一性，以物抵债协议最终目的是清偿原债权债务关系的结论已经是呼之欲出了。总之，对于即时履行的代物清偿契约，清偿契约说也许能给人更直观的解释，但对于非即时履行的代物清偿契约，变更契约说能够慢镜头式地呈现整个债权债务关系的内部结构，因此更具解释优势。其次，变更契约为诺成契约在理论上没有争论，将以物抵债协议界定为变更契约，也就进一步印证了以物抵债协议诺成说的结论。变更说只是强调债的给付发生了变更，并不强调变更后债务的即时履行，与诺成说得出的结论高度一致，能够囊括传统民法上的代物清偿与单纯的以物抵债合意，这就可以把传统民法上的代物清偿、单纯的代物清偿约定、新债清偿等制度勾连起来，构建更加饱满的以物抵债法律关系。本文即以变更契约说为基础观察以物抵债中的法律关系构造。

二、宏观构造：代物清偿与新债清偿的融合再造

在传统民法上，代物清偿与新债清偿是两种看起来截然不同的制度安排。但是，在变更契约说的检视下，二者不仅因制度目的高度趋同而可以并行不悖地置于以物抵债概念之下，而且两者的概念内涵以及相互关系也有重新界定和融合再造的可能与必要。

（一）变更契约说视角下的代物清偿

在更改说看来，代物清偿消灭了基础债权债务关系，成立了新的债权债务关系，新给付为新债权债务关系所从出，故新给付的瑕疵亦应从新的债权债务关系获得救济。这就完成了新给付与基础债权债务关系的切割。更改说下代物清偿的表现形态可以简约为：

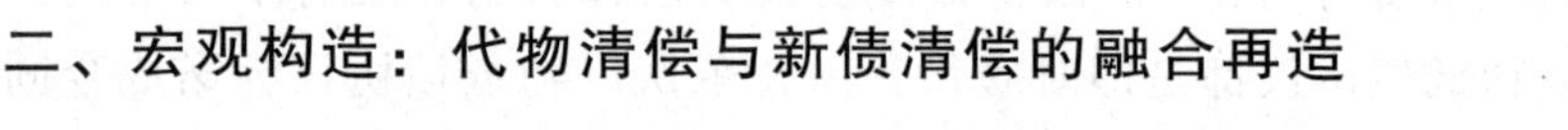

基础债权债务关系：原定给付 —代物清偿契约（更改契约）→ 新债权债务关系：新给付

传统民法主流观点亦认为代物清偿导致新债成立、旧债消灭，亦即存在两个债权债务关系，但代物清偿契约并不是一个独立的更改契约，而是将其直接实体化为有偿契约，即债权人通过代物清偿契约获得新给付、抛弃原定给付，二者构成对价给付关系。故新的债权债务关系无他，即代物清偿本身，新给付为代物清偿契约所从出，构成代物清偿契约的给付。故

新给付存在瑕疵的，债权人只能从代物清偿契约寻求救济，而不能求诸基础债权债务关系。这样，新给付同样实现了与原基础债权债务关系的切割。传统主流民法观点之代物清偿表现形态可以简约为：

基础债权债务关系：原定给付 ⟶ （代物清偿契约）代物清偿关系：新给付

可见，传统民法主流观点虽然表面上与更改说势同水火，但解释结果均为新债成立、旧债消灭，从而将新给付与原基础债权债务关系对立起来，故二者在解释效果上并无本质区别。这种解释下，原基础债权债务关系、原定给付因代物清偿而消灭，纵使新给付存在瑕疵，也只能依据代物清偿契约获得救济，而不能求诸原基础债权债务关系并请求原定给付。① 代物清偿契约解除的，原债权债务关系亦不会自动回复。② 有学者认识到这种观点的弊端，遂主张新债解除的，应当回复原状，旧债权也相应地回复。③ 但是，回复原状是否导致基础债权债务关系和原定给付死而复生在理论上不无争议，况且主张原债回复说的学者也莫不认为，原债回复也仅仅在债权人与债务人之间发生，原债所附有的第三人提供的担保无论如何也不会回复。④ 这种解释不符合代物清偿制度目的，对债权人难谓公平。

其实，从代物清偿制度的目的看，当事人并非意欲成立新债权债务关系，而是意在寻求原债受偿，只不过清偿的给付样态发生了变更而已。在变更契约说看来，虽然代物清偿导致债的给付形式发生变更，但并没有产生新的债权债务关系，原基础债权债务关系仍不失同一性，新给付仍然构成基础关系的给付，故新给付存在瑕疵的，也应该依据基础关系获得救济。在变更契约说检视下，传统民法关于代物清偿的经典描述“新债成立、旧债消灭”就显得不严谨。变更契约说下代物清偿的表现形态可以简约为：

---

① 史尚宽：《债法总论》，中国政法大学出版社 2000 年版，第 815 页；林诚二：《民法债编总论——体系化解说》，中国人民大学出版社 2003 年版，第 539 页。

② 邱聪智：《新订民法债编通则（下册）》新订一版，中国人民大学出版社 2004 年版，第 453 页。

③ 史尚宽：《债法总论》，中国政法大学出版社 2000 年版，第 819 页。

④ 孙森焱：《民法债编总论（下册）》，法律出版社 2006 年版，第 855 页。

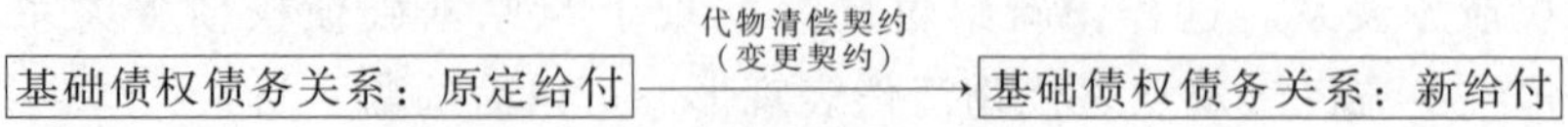

基础债权债务关系：原定给付 —代物清偿契约（变更契约）→ 基础债权债务关系：新给付

传统民法刻意区分代物清偿与债的变更，认为代物清偿契约为要物契约，而变更契约为诺成契约；代物清偿为即时履行的契约，而变更后的契约不必立即履行；代物清偿导致债的关系消灭，而债的变更并不发生清偿效果，不会直接导致债的关系消灭。① 实质上，这种区分是代物清偿要物说下似是而非的结论，依诺成说检视，二者之间并无不可逾越的鸿沟。第一，依据诺成说，虽然代物清偿为即时履行的契约，但若深入解剖代物清偿即可发现，代物清偿实质上包含两个层面的内容：首先当事人达成代物清偿合意，由此导致基础关系给付变更；其次是履行新给付，原债因清偿而消灭。因代物清偿契约的达成与清偿行为同时进行，从表面上看是代物清偿契约导致债权债务关系消灭，但实质上，导致债权债务关系消灭的不是代物清偿契约，而是清偿行为，这与债的变更是完全相同的。第二，依据诺成说，代物清偿契约是否为即时履行已无实质意义，代物清偿合意达成后，即便不立即履行，也不影响代物清偿契约的效力，从而实现了代物清偿契约与清偿行为在时间、效力上的彻底分离，这跟债的变更与清偿行为的关系也是完全相同的。

虽然代物清偿构成债的变更，但代物清偿与普通变更在构造上不尽相同，故可称为特殊变更。详言之，普通债的给付变更，是一种由此达彼的简单、单向、平面的变更，新给付的产生、原定给付的消灭同时发生、互为因果，二者不可能处于共存状态。其构造可图示如下：

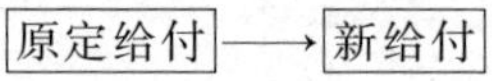

原定给付 ——→ 新给付

在代物清偿中，因新给付为即时履行，新旧给付关系不易观察。依据传统民法之要物说，代物清偿契约因新给付标的物交付而成立，同时基础债权债务关系因代物清偿而消灭，故传统民法上多将代物清偿法律关系之

① 王利明：《债法总则研究》，中国人民大学出版社2015年版，第675页。

构造描述为“新债成立、旧债消灭”,[1] 或“用新给付代替原定给付”。[2] 但深入研究发现，这种认识似是而非。代物清偿以谋求原债清偿为根本目的，从保护债权受偿的角度看，新给付的产生并不能导致原定给付消灭，只有新给付履行、亦即新给付消灭才导致原债关系、原定给付消灭，在新给付履行完毕前，新给付与原定给付是共存共荣的关系。但在要物说下，新给付的产生、新给付的履行亦即新给付的消灭同时发生，故代物清偿表现为新给付产生、原定给付消灭的假象。若弃代物清偿要物说而采诺成说，观察非即时履行的代物清偿契约，新给付与原定给付这种共存共荣的关系至为直观。在非即时履行的代物清偿中，新给付义务产生后，因原债并未得到现实清偿，故原定给付并未消灭，只是暂时处于休眠状态；新给付义务实际履行后，新给付义务与原定给付义务才同归消灭。若债务人不履行新给付义务，债权人在特定情况下仍可激活休眠的原定给付义务，并从原定给付寻求清偿。因此，代物清偿中，债的变更并不是一种由此达彼的简单的变更，而是由单一的原定给付变更为原定给付与新给付共存共荣、分工协作的复杂构造，其构造可图示如下：

原定给付 ⟶ 原定给付 + 新给付

（二）变更契约说视角下的新债清偿

传统民法上，因履行原债务而负担新债务的，构成新债清偿。与代物清偿一样，围绕新债清偿也存在两个债权债务关系。不同的是，在代物清偿中，新债成立、旧债消灭；而在新债清偿中，在新债履行前，新旧二债并存，也就是说债权人有两个债权，债务人若对新债权履行，则等于同时亦履行了旧债。[3]

在新债清偿中，果真存在两个并立的债权债务关系吗？若果如此，为

---

① 孙森焱：《民法债编总论（下册）》，法律出版社 2006 年版，第 857 页；黄立：《民法债编总论》，中国政法大学出版社 2002 年版，第 672 页。

② 史尚宽：《债法总论》，中国政法大学出版社 2000 年版，第 818 页；郑玉波：《民法债编总论》修订二版，陈荣隆修订，中国政法大学出版社 2004 年版，第 483 ~ 484 页；林诚二：《民法债编总论——体系化解说》，中国人民大学出版社 2003 年版，第 539 页。

③ 黄立：《民法债编总论》，中国政法大学出版社 2002 年版，第 673 页。

何债务人履行一个债务即导致两个债权债务关系同归消灭？传统民法将新债清偿界定为履行旧债务的方法，可见新债清偿亦并非意欲成立新的债权债务关系，而是谋求原债务的清偿，此与代物清偿在制度目的上是完全相同的。从新债清偿的构造看，新债清偿亦没有改变原基础债权债务关系的同一性，只是在原定给付外增加了一种新的给付，二者协力完成原债清偿的使命。显然，新债清偿无非亦是债的客体的变更，只不过这种变更并非由此及彼的变更，而是由一种给付变为两种给付有机结合的不规则的变更。这与诺成说检视下的非即时履行的代物清偿也是完全相同的。如此，在新债清偿中，因只存在一个债权债务关系，即基础关系，故债务人履行任一给付义务均可导致基础债权债务关系消灭，在解释上便不存在任何障碍。

在传统民法中，新债清偿以承担票据债务为典型样态，① 似乎新债清偿产生了新的票据债权债务关系。但细加考校发现，发交票据作为新给付的，新给付义务自当事人达成新债清偿合意时发生，票据的发交、票据的兑付共同构成新给付义务的完整内容，票据债权债务关系并非因新债清偿契约而发生，而是因出票之票据行为而发生。票据关系中付款义务的履行亦不是对原债的履行，而是对票据债务的履行，只不过是因票据债务的履行导致新给付义务的完全履行，进而实现了原债的清偿。因此，因发交票据履行债务的，票据关系并非因新债清偿而直接发生，票据关系实不能与基础关系立于并列之地位，而是基础关系之下位关系，是由票据债务这种新给付的特殊性决定的，并无普遍意义，更不能因此而否定基础关系的同一性。

总之，代物清偿和新债清偿实质上都是债的客体的变更，都以清偿基础债权债务关系为目的，都没有创设新的债权债务关系。二者唯一区别就是，代物清偿一般为即时履行的债的变更，而新债清偿则为非即时履行的

---

① 史尚宽：《债法总论》，中国政法大学出版社2000年版，第820页；孙森焱：《民法债编总论（下册）》，法律出版社2006年版，第856页；邱聪智：《新订民法债编通则（下册）》新订一版，中国人民大学出版社2004年版，第453页；郑玉波：《民法债编总论》修订二版，陈荣隆修订，中国政法大学出版社2004年版，第486页；黄立：《民法债编总论》，中国政法大学出版社2002年版，第673页。

债的变更。如此带来的问题是，这种区别是否为本质区别，进而能否导致二者分道扬镳并构成两种不同的制度。

（三）代物清偿与新债清偿的统合

在对以物抵债性质的认识上，变更说与诺成说存在深深的暗合，异曲而同工。承认代物清偿与新债清偿构成债的变更，实质上也就承认了其诺成性；而一旦承认了其诺成性，代物清偿与新债清偿的概念，恐怕也要重新检讨。

传统理论刻意区分代物清偿与新债清偿，认为代物清偿为新债代替旧债，而新债清偿为旧债务的履行方法。① 在代物清偿，新债成立、旧债消灭，而新债清偿之新债务及旧债务系为同一目的而同时并存，而因新债务之履行使旧债务归于消灭，旧债务并非即时消灭。② 代物清偿仅仅是清偿的手段，而新债清偿系给予债权人额外之保障，或使之易于主张权利，因而二者功能不同。③ 然而，这些结论都经不起诺成说和变更说的检验。

首先，从制度功能来看，代物清偿与新债清偿有共同目的，都谋求原债权的满足，都是清偿的变态方式而已。传统理论认为，代物清偿是新债代替旧债，而新债清偿并非代替旧债，而是清偿旧债的方法。其实，这种区分只是没有实质意义的文字游戏而已。代物清偿是用新给付代替原定给付，但其本质上也是清偿旧债的方法，不然何以冠以“清偿”之名。新债清偿确为清偿旧债的方法，但其何尝不是用他种给付代替原定给付。

其次，从内涵外延来看，代物清偿与新债清偿也没有泾渭分明的界限。传统理论认为，代物清偿为要物契约，多为即时清偿，新债成立、旧债消灭，新旧债务不会并存；而新债清偿是为清偿旧债务而负担新债务，为非即时清偿，在新给付履行前新旧债务并存。但这只是理论上的界定，如果细究，二者之间也存在纠缠不清的灰色地带。例如，交付票据履行旧债务的，究竟为代物清偿抑或新债清偿，学说上存在不同认识。一般认为，交付票据代替旧债务的，为代物清偿；交付票据作为清偿旧债务的方

---

① 史尚宽：《债法总论》，中国政法大学出版社 2000 年版，第 818 页。

② 林诚二：《民法债编总论——体系化解说》，中国人民大学出版社 2003 年版，第 539 页；黄立：《民法债编总论》，中国政法大学出版社 2002 年版，第 672 页。

③ 黄立：《民法债编总论》，中国政法大学出版社 2002 年版，第 672 页。

法的，为新债清偿。[①] 但是，当事人多不会就交付票据构成新债清偿抑或代物清偿作出明确的意思表示，为消除困扰，民法上不得不规定推定规则，在当事人意思不明的情况下推定为新债清偿，以资保护债权人利益。又比如，关于让与对三人债权的性质，学界也有不同认识，有学者认为构成代物清偿，[②] 也有学者认为此种情况不得推定为代物清偿，而是应认为为清偿之方法而为让与。[③] 再比如，以房抵债、以劳务抵债的，传统民法上认为构成代物清偿，但二者为典型的非即时清偿，将其界定为新债清偿似乎更能保护债权人利益。晚近以来，为克服代物清偿要物说之不足，最高人民法院的裁判观点更是将单纯的代物清偿合意统统认定为新债清偿，[④] 从而间接承认诺成性以物抵债协议的效力，从而使得代物清偿与新债清偿边界的模糊性和流动性暴露无遗。在明确承认代物清偿诺成性后，代物清偿中的新给付也并非即时履行，代物清偿与新债清偿的构造进一步趋同，二者的边界更是消失无痕了。

最后，从作用机制来看，二者表面上相左，实则完全相同。传统民法理论认为代物清偿中新债成立、旧债消灭，而新债清偿中新债成立旧债不消灭，新债履行完毕时旧债消灭。[⑤] 但是，从谋求原债清偿的制度目的看，代物清偿中之所以新债成立、旧债消灭，是因为在代物清偿要物说的语境下，新债成立即为新债的履行，原债权也因为获得满足而即时消灭。换句话说，在代物清偿中，表面上是新债成立导致了旧债消灭，实质上是新债履行导致了旧债消灭。因此，代物清偿中所谓新债代替旧债、新给付代替原定给付，不是新给付的成立代替了原定给付，而是新给付的履行代替了原定给付的履行，这与新债清偿是完全相同的。但在代物清偿要物说这种似是而非的理论确信下，又得出了代物清偿新债成立、旧债消灭这种似是而非的结论，这对于交付票据以及负担其他新债务等不能即时履行的代物

---

① 孙森焱：《民法债编总论（下册）》，法律出版社 2006 年版，第 854 页。

② 黄立：《民法债编总论》，中国政法大学出版社 2002 年版，第 670 页；孙森焱：《民法债编总论（下册）》，法律出版社 2006 年版，第 854 页。

③ 史尚宽：《债法总论》，中国政法大学出版社 2000 年版，第 821 页。

④ 参见最高人民法院（2016）最高法民终字第 484 号判决书，另见《中华人民共和国最高人民法院公报》2017 年第 9 期。

⑤ 孙森焱：《民法债编总论（下册）》，法律出版社 2006 年版，第 857 页。

清偿方式来说，新债成立、旧债消灭对债权人甚为不力，为克服此种弊端，传统民法上又不得不创造出所谓的新债清偿理论，新债不履行、旧债不消灭，以资保护债权人利益。这是代物清偿契约要物说的必然产物，如果承认代物清偿契约的诺成性，进而重新发现代物清偿“新债清偿、原债消灭”的本来面目，则上述关于代物清偿和新债清偿的区别就会泯然消失，而新债清偿作为区别于代物清偿的一种理论和制度也就可以请进历史的故纸堆了。

在诺成说与变更说的双重检视下，传统民法上代物清偿与新债清偿的分界墙已轰然倒塌，都可以归入以物抵债概念涵摄之下，唯一区别就是即时履行的以物抵债与非即时履行的以物抵债了。但此种分类并非与代物清偿和新债清偿的概念一一对应，即时履行的以物抵债并非传统的代物清偿，因为即时履行的以物抵债协议也是诺成性的，虽然合意的达成与履行同步，但理论上仍可以将二者区分开来；非即时履行的以物抵债也并非传统意义上的新债清偿，如以劳务抵债、以房抵债、以不作为义务抵债等不能即时履行的以物抵债，甚至能够即时履行但却未即时履行的以物抵债，原本均属于代物清偿的范围。总之，在诺成说语境下，传统民法上代物清偿与新债清偿的概念内涵发生了根本变化，外延也朝着趋同的方向发展，其区分已不具有实质意义。因此，以物抵债概念并非传统民法上代物清偿与新债清偿的简单相加，而是将二者回炉再造、淬炼成钢、融为有机统一体后的全新范畴。为避免概念混淆和不必要的争论，减轻学术研究和思维活动负担，应果断放弃陈旧过失之概念，而以以物抵债概念统摄之。①

---

① 或有学者指出，用以抵债的新给付超出了物的范畴，故以物抵债概念有失严谨。应当看到，很多概念的使用，包括对严谨性要求颇高的法律术语，均有陈陈相因的非理性因素。这些术语仔细揣摩或许不够严谨，但已经被约定俗成地广为使用，故只要不会产生争议，就可以继续使用，而不必另起炉灶。以物抵债概念的缺陷，代物清偿也同样存在。而用新债清偿概念来指涉以物抵债现象也不够严谨，因为多数以物抵债并不以负担新债务的形式出现。相比较而言，以物抵债的概念通俗易懂，且在交易实践和司法解释中广为使用，故应当继续延用。

三、微观构造：新旧给付关系探微

（一）新给付的原因分析

一般情况下，合同在当事人之间产生相当于法律的拘束力，任何一方不得擅自变更、解除合同关系。但是，合同变更与消灭自由也是意思自治的应有之义，当事人之间协商一致的，亦可以变更、更改直至解除原来的债权债务关系。在这里，当事人协商变动原来的债权债务关系，本身也构成了一项合同。但是，与通常的合同不同，这种合同并不产生属于自身的给付，而是对基础债权债务关系作出安排，或变更基础债权债务关系（变更契约），或消灭基础债权债务关系并产生新的债权债务关系（更改契约），或仅仅是消灭基础债权债务关系（解除契约）。也就是说，这种合同虽然“掷柳迁乔太有情，交交时作弄机声”，但协议结果却被基础债权债务关系承受，其自身到头来只不过是做了别人的嫁衣裳。一旦服务基础债权债务关系的使命达成，其效力要么被原债关系吸收，自身隐而不张，要么与原债同归于沉寂。这种契约并非设立新的债之关系，而是关于清偿原债务的约定，在性质上属于辅助法律行为。① 因这种契约涉及对当事人债权债务关系的处分，故德国法系民法上亦将这种契约称之为处分契约或准物权契约。

作为变更契约的以物抵债协议就是这种合同。以物抵债协议在不改变基础债权债务关系同一性的前提下，通过变更原定给付，对基础债权债务关系的清偿问题作出了新的安排。在这里，将基础关系中的原定给付变更为他种给付这种事务安排构成了以物抵债协议的主要内容，但是，由此产生的新给付并不属于以物抵债协议本身，而是被基础关系所吸附而成为基础债权债务关系的一部分。从基础债权债务关系角度看，在以物抵债协议安排下，原定给付发生了变化，也就是以他种给付代替了原定给付，其变化的依据不在于自身，而在于以物抵债协议。但是，债权人请求他种给付的依据仍在于原基础债权债务关系，而不是以物抵债协议。换句话说，原有的债之关系仍是给付的原因，② 以物抵债协议并没有产生新的债权债务关

---

①② 王洪亮：《代物清偿制度的发现与构建》，载《浙江工商大学学报》2018年第2期。

系，因此也不产生新的请求权。如果从一个更为宏观的视角俯视以物抵债关系的总体结构，就会发现，在以物抵债过程中实质上存在着两个合同、一个法律关系、两个给付。两个合同是原债协议、以物抵债协议；一个法律关系即基础债权债务关系；两个给付就是原定给付与新给付。其中，以物抵债协议、新给付与原定给付共同服务于基础债权债务关系，亦即通过一系列安排，使原债权获得满足，从而消灭基础债权债务关系。而以物抵债协议所要解决的问题，就是对这些要素进行优化组合，从而达到当事人之间关系的最完满状态。

（二）新旧给付之共存共荣关系

在以物抵债中，新给付与原定给付之间的关系，构成了以物抵债法律关系的核心。在正常交易模型中，如果债务人按照以物抵债协议履行了新给付固无问题，若债务人没有履行新给付或新给付存在瑕疵，债权人转而再请求原定给付，则问题立刻就变得复杂起来了。

根据通常理解，在债的给付发生变更的情况下，债务人应当履行变更后的给付，债权人也只能请求变更后的给付，这是意思自治原则的必然要求。实质上，这种理解本身没有问题，问题的关键是如何准确把握“变更后的给付”。

首先，债的客体变更，通常情况下只是将一种给付变更为另一种给付，但是也可以将一种给付变更为两种给付，亦可以将简单之债变为选择之债。在这种情况下，只要债的同一性不发生变化，就在债的变更的允许范围内。以物抵债协议为变更契约，但绝不能想当然地认为债的客体发生了由此达彼的简单变化，决不能否认当事人根据具体情况设计复杂的给付组合的可能性。在以物抵债关系中，如果当事人约定以他种给付抵债，同时债权人保留了在不能从他种给付受偿时主张原定给付的权利，这种情况仍然在债的变更的范围内。其次，从以物抵债的目的来看，以物抵债以债权受偿为目的，在债权人不能从新给付获得清偿时，应允许债权人请求原定给付，这符合当事人真实意思表示，也符合惯常的交易图景，除非当事人作出明确的消灭原定给付的意思表示。如果达成以物抵债协议后新给付成立、原定给付消灭，债权人不仅丧失了原定给付，在新给付也不获清偿的情况下，债权人很可能“竹篮打水一场空”，这对债权人利益的照顾反不如传统民法上的代物清偿与新债清偿。总之，无论从以物抵债的法律结构还是从制度目的看，都有赋予债权人在一定条件下主张原定给付的制度空间。

（三）以物抵债不同于选择之债

选择之债是指债的标的有数种，当事人可选定其中之一为给付标的的债。根据各国法律规定和一般法理通说，除非当事人另有约定或法律另有规定，选择之债之选择权属于债务人。传统民法上将选择权归于债务人，是因为债务的履行，其给付必须先行确定，且此种履行一般还须具备一定条件，因而从保证债务人的利益和确保债的顺利履行而言，选择权宜属于债务人。① 可见，之所以赋予债务人选择权，是允许债务人根据履行各项给付的便利条件、准备情况作出选择，防止债务人做“无用功”，以保护债务人利益。但是，在以物抵债中，债务人届期并未履行原定给付，一般是因为履行原定给付出现了困难，债务人履行原定给付并不“具备一定条件”。当事人达成以物抵债协议，意味着债务人履行新给付更“具备一定条件”，且通常情况下应认为履行新给付更符合债务人利益。因此，以物抵债并不符合选择之债中赋予债务人选择权的前提条件。

接下来的追问是，以物抵债以保障债权受偿为主要目的，债权的满足在以物抵债中处于优越地位，是否应当赋予债权人以选择权。在海南州恒基伟业光伏电力有限公司与浙江首科科技有限公司债权转让合同纠纷一案裁判中，最高人民法院认为：债权人首科公司对债务人恒基公司不能以金钱给付的方法履行债务时，可以用资产抵债的方式即恒基公司电站的部分股权清偿债务。但双方对具体如何以资产抵债未作明确约定，亦未另行协商形成合意，在此情况下，首科公司应有清偿方式的自由选择权。……将《债权转让协议》中以电站部分股份代物清偿的约定，理解为债权人只能主张以电站部分股份折价抵债，会导致对债权人实现债权的限制和约束，不符合当事人签约本意，亦有悖于诚实信用和公平原则。恒基公司应当根据首科公司的请求，以金钱给付方式履行还款义务。恒基公司主张以电站部分股权抵付欠款的上诉理由，不能成立。②

---

① 王家福主编：《民法债权》，中国社会科学出版社2015年版，第70~72页。

② 参见最高人民法院（2015）民二终字第42号判决书。

本文认为，赋予债权人选择权同样不妥当。第一，赋予债权人选择权，意味着债务人会因债权人择一行使请求权而同时准备新、旧债务的履行，以等待债权人选择行使。这对于债务人而言，无疑加重了其负担，实属不公平，不足以平衡双方当事人的利益关系。① 第二，选择之债不符合当事人意思表示真实情况。当事人达成以物抵债协议，根据通常理解，应认为债务人应当首先履行他种给付，而不是赋予一方当事人选择权。虽然当事人也可以在债务履行期届满后约定，将单一之债变更为选择之债，但这种约定就不是通常意义上的以物抵债了。第三，虽然以物抵债协议以满足债权为首要目的，但不能否认当事人也有可能通过以物抵债协议以达其他目的。例如，当事人达成以房抵债协议，债务人目的是为了偿债，但债权人除了收取债权外，还意欲获得该特定房屋的所有权。再比如，当事人同意以一批货物抵充金钱之债，债权人是为了收取债权，债务人除了还债以外，还有清理库存产品的需要。根据民法学基本原理，动机一般不是法律评价的对象，② 但法律行为都是在一定的目的与动机驱使下作出。民法上强调意思自治，不仅要保护意思表示本身，更深层次的寓意是通过意思自治确保法律行为目的的顺畅达成。但是，目的、动机不易察觉，能察觉的只是外在的意思表示。在一个能自由表达意志的环境里，意思表示通常能传达当事人的真实目的与动机。因此，尊重当事人的外在意思表示，也就是保护了当事人的目的与动机。在以物抵债中，虽然当事人怀揣不同的动机，但表现于外的却是一致同意以物抵债的意思表示，尊重当事人此种意思表示，就是最大程度上尊重了当事人真实动机。若过分强调清偿债权的制度目的，赋予债权人以选择权，则可能使得债务人通过以物抵债所要达到的目的落空。反之亦然。因此，当事人原则上只能请求他种给付。但是，若他种给付存在不符合合同目的瑕疵，债权人实现债权的目的与债务人的其他目的发生了冲突，此时应从以物抵债的制度目的出发，优先保护

---

① 房绍坤：《论新债清偿》，载《广东社会科学》2014 年第 5 期。

② 弗卢梅指出，并非希望达到某一效果或者实现某一目标的意愿，而是那些依法生效的意愿才能构成法律行为的内容。……对区分个体希望达到的目标与按照其意思表示内容生效的内容的重要性，再怎么强调也不为过。他还指出，动机错误或主旨错误不属于应受关注的错误。参见［德］维尔纳·弗卢梅：《法律行为论》，迟颖译，法律出版社 2013 年版，第 60 页、第 504 页。

债权实现的目的，赋予债权人选择他种给付的权利。

（四）以物抵债不同于任意之债

任意之债是指债以一个给付为标的，但债务人或债权人得以其他给付代替本来的给付。任意之债与选择之债的不同在于，在选择之债，债的给付在当事人行使选择权之前是不确定的；而在任意之债，债的给付自始确定，只不过是赋予了一方变更债的给付的权利。因此，选择之债产生选择权，而任意之债产生变更权。① 有学者认为，以物抵债协议虽然意思表示一致即可成立，但并没有即刻让债务人负担新债，产生的只是一个给予债务人替代权的任意之债，债务人可以自由选择行使与否，在债务人行使替代权之前，他种给付请求不受原债关系约束。② 笔者不赞同这种观点。

其一，从通常的交易模型看，当事人达成以物抵债协议的，意味着双方协商一致对债的给付作出了变更，债务人应当首先履行新给付，债权人也应当首先从新给付受偿，以物抵债协议并没有赋予一方当事人单方变更权。其二，任意之债中，原定给付因不可归责于债务人原因不能履行的，债务人免责。但是，在以物抵债中，因债务人迟延履行在先，纵使原定给付嗣后因客观原因履行不能，债务人亦不能免责。若简单套用任意之债原理处理以物抵债中的问题，可能使违约的债务人反而获利，对债务人过于宽宥，也违反了公平与诚实信用原则。其三，以物抵债以保护债权受偿为主要目的，债权人利益应置于优先保护的地位。认为以物抵债协议赋予了债务人单方变更权，实质上是传统民法将债务人作为弱势一方思维的延续。有学者认为，以物抵债协议达成后，履行新的给付对债务人而言显然更为有利，其在签订以物抵债协议后又反悔而履行旧债务的，实质上是放弃了对自己有利的债务履行方式；而债务人履行旧债务，对债权人而言一般更为有利，或者至少是符合债权人在与债务人之间成立旧债务时的预期。因此，债务人受到以物抵债协议的拘束应当有所限制，即债务人即使

① 王家福主编：《民法债权》，中国社会科学出版社2015年版，第71页。

② 肖俊：《代物清偿中的合意基础与清偿效果研究》，载《中外法学》2015年第1期；庄加园：《“买卖型担保”与流押条款的效力——〈民间借贷规定〉第24条的解读》，载《清华法学》2016年第3期。

在以物抵债协议成立并生效后，也可以随时反悔而选择履行旧债务。① 实质上，履行新给付是否对债务人有利和对债权人不利不能一概而论，债务人选择履行通常会陷债权人于不利地位，并有可能打乱债权人基于以物抵债协议而作出的其他事务安排。因此，不能赋予债务人选择履行的权利。

达成以物抵债协议以后，当事人必须首先履行新给付，而不能请求原定给付。但是，债权人不能从他种给付获得清偿的，仍然可以请求原定给付，这是否意味着以物抵债协议将原债关系变成了债权人有单方变更权的任意之债？笔者亦不以为然。第一，在任意之债，债权人行使单方变更权不以原定给付不能履行为前提；但在以物抵债中，债权人请求履行原定给付须以他种给付不履行或存在瑕疵为前提。第二，在任意之债中，债权人请求他种给付的，实质上是行使单方变更权；但在以物抵债中，他种给付与原定给付都是债权债务关系的内容，债权人请求新给付未果转而请求原定给付的，是以物抵债中两种给付的特殊构造使然，并不是行使单方变更权。第三，任意之债中，在债权人行使单方变更权之前，原定给付因不可归则于债务人的客观原因发生履行不能的，债权债务关系消灭，债权人不得请求他种给付。但在以物抵债中，若新给付嗣后因客观原因履行不能的，从债权受偿目的角度来讲，应允许债权人继续请求原定给付。第四，在任意之债，债权人主张原定给付的，意味着放弃了变更权限，任意之债转为了特定之债；债权人主张他种给付的，意味着已经行使变更权，任意之债也同样转为特定之债。也就是说，只要债权人主张任何一项给付，另外一项给付都无可逆转地归于消灭，任意之债都转为特定之债，纵使债权人不能从该给付中获得清偿，也只能通过主张债务不履行责任寻求救济，而不能再请求他种给付。但是，在以物抵债中，债权人请求新给付不能获得完满清偿的，可以继续请求原定给付。

（五）以物抵债中新旧给付关系轮廓之勾勒

以物抵债协议虽然造成了债的变更，但以物抵债既不是由此达彼，不是简单的“新债成立、旧债消灭”，也与选择之债、任意之债构成了鲜明对比，在新给付和原定给付之间形成了一种特别结合关系。以物抵债所型

---

① 司伟：《债务清偿期届满后以物抵债协议的性质与履行》，载《人民司法·案例》2018 年第 2 期。

塑的图景可以这样描绘：当事人达成以物抵债协议的，只能履行或请求履行新给付。在新给付履行前，原定给付不消灭，而是处于休眠状态，虽然隐而不显，但对债务人构成潜在的压力。当新给付履行后，原债获得满足，原定给付也随之消灭。当债权人不能从新给付获得清偿时，债权人可以转而请求原定给付，原定给付始得从幕后转向前台重新发挥作用。[①] 债权人请求原定给付的，从债务人处获得的有瑕疵的他种给付，应当予以返还。在这里，新给付与原定给付构成了一种相互依存、彼此协力的特别结合关系。无论是代物清偿中“以他种给付代替原定给付”的界定，还是新债清偿中将新给付作为“履行旧债的方法”，都不能揭示原定给付与新给付之间的复杂关系。以物抵债创造了一种新型的债权债务关系。

四、第三人以物抵债的性质与法律关系构造

依传统民法观点，代物清偿亦可由第三人为之，但对于第三人代物清偿之性质，却多未尽阐释。晚近以来，关于第三人代物清偿之性质，学界有不同认识。

（一）特殊债务变更说

持变更契约说的学者多认为，第三人代物清偿，既为代物清偿之一种，在性质上应与一般之代物清偿并无不同。特殊债务变更说面临的问题是，第三人不是债权债务关系人，如何可得对他人之债权债务关系作出变更。对此，特殊债务变更说的解释是，第三人代物清偿所变更者，仅为给付的标的，与债务人利益无涉，仅涉及债权人利益，如果债权人同意代物清偿并受领，应无否认债之关系因第三人代物清偿而消灭之理。由于债的同一性不因变更契约而改变，因此，第三人应根据基础关系对他种给付承担瑕疵担保责任。债务人因不负有他种给付义务，因此，对他种给付之瑕

---

① 本文认为，债权人不能从新给付获得清偿的，既可以申请强制执行新给付，也可以请求原定给付，但请求原定给付须具备一定条件，亦即债务人不履行新给付达到了接近根本违约的程度，但从保护债权受偿的目的出发，请求原定给付的条件应低于根本违约标准，笔者将其称为“克减的根本违约标准”。限于篇幅，此处不展开论述。

疵不承担责任，但仍负有原定给付之义务。①

依特殊债务变更说，他种给付存在瑕疵的，债权人既可以要求第三人承担瑕疵担保责任，亦可以要求债务人履行原定给付，对债权人较为有利，但在解释上未免过于牵强，解释过程和解释结果未尽妥适。第一，债的变更为处分行为，只有债的关系主体方得有效成立债务变更契约。第三人非债权债务关系当事人，未经债务人同意，无法变更债的标的。虽然变更债的标的无损债务人利益，但第三人擅自处分他人之事务，于理不合，也有违债的变更理论。第二，依特殊债务变更说，第三人代物清偿的，债的关系不失同一性，固无问题，但不能由此得出第三人须对他种给付承担瑕疵担保责任的结论。第三人依原定给付代替清偿的，债的关系亦不失同一性，但第三人不承担瑕疵担保责任，为何却要对他种给付承担瑕疵担保责任？第三人并无债务加入之意思，却要求其承担如同债务人的责任，对第三人未免过于苛刻。出现这种疑惑的原因，就是这种解释实质上认为债务人与第三人负共同清偿义务，解释的结果无异于并存的债务承担，这就违背了第三人代物清偿的本意。

（二）清偿契约说

陈自强教授是特殊债务变更说的力倡者，但对于第三人代物清偿，陈自强教授却持清偿契约说。陈自强教授认为，第三人代物清偿，无法发生给付标的变更的效果，应接近于第三人清偿，而非一般之代物清偿。第三人系以清偿为目的而提出他种给付，债权人同意受领他种给付以代原定给付，债之关系因债权人与第三人为给付目的的约定（清偿约定）而消灭。关于给付目的约定之解释上，可认为当事人皆有以取得无瑕疵之物为债的关系消灭之要件之意思，标的物有瑕疵时，债权人未能获得其于代物清偿所欲受领之物，故债之关系并未消灭，债权人得主张原定债权，请求原定给付，其所受领之他种给付，应以不当得利返还于清偿人。②

清偿契约说使第三人免于承担瑕疵担保责任，且债务人在第三人代物清偿不符合债之本旨时仍负担原定给付义务，较好地平衡了各方当事人利益。但清偿契约说在解释上也并非毫无破绽。既然认定第三人与债权人有

---

① 参见陈自强：《无因债权契约论》，中国政法大学出版社2002年版，第306页。

② 陈自强：《无因债权契约论》，中国政法大学出版社2002年版，第307~308页。

清偿契约之发生，则清偿契约的内容是什么？第三人是否负有以他种给付清偿原定债务之义务？或曰，第三人是否因清偿契约而负担清偿义务？既然负担清偿义务，当依债之本旨负瑕疵担保责任，为何却反而得出第三人不承担瑕疵担保责任的结论？诚如论者所言，依清偿契约说，当事人均有以无瑕疵之他种给付消灭债之关系的意思，但同样以此推定为基础，债务人代物清偿与第三人代物清偿却导向了截然不同的解释后果，即在债务人代物清偿，债务人应对新给付承担瑕疵担保责任，而第三人却免于承担瑕疵担保责任，依据何在？第三人既然有以无瑕疵之他种给付消灭债之关系的意思，则在他种给付存在瑕疵时，应成立债务不履行行为，对此第三人应承担何种责任？这些问题均非不言自明。

（三）债务承担说

债务承担说不是独立学说，是为解决特殊债务变更说存在的问题而发展出来的学说，目的是使得特殊债务变更说的解释更为圆洽。依特殊债务变更说，第三人代物清偿系债的标的发生变更，但第三人不是债之关系当事人，未经债务人同意擅自变更他人债之关系，于理有违，于是不得不拟制出第三人有债务加入的意思。[①] 第三人债务加入后，其已成为债务人，故其与债权人订立的代物清偿契约是对自己债之关系的变更，与债务人无涉。债务承担尚分为免责的债务承担与并存的债务承担，在当事人意思不明时，应推定成立并存的债务承担。[②] 第三人代物清偿的，债务承担的意思既然为法律所拟制，依当事人意思构成何种债务承担更是难以判明，从有利于债权实现和减轻第三人责任角度，应认为构成并存的债务承担。他种给付有瑕疵的，第三人应依原债之关系承担瑕疵担保责任，债务人仍应负担原定给付义务。

债务承担说与特殊债务变更说解释效果相同，第三人对他种给付承担瑕疵担保责任，债务人仍须承担原定给付义务，对债权人较为有利，但在解释路径上亦不无商榷余地。依传统民法，第三人清偿的，债权人原则上不得拒绝受领，亦即在一般的第三人清偿中，债权人与第三人不成立清偿合意。但因以物抵债必须经过债权人同意，债权人完全可以通过拒绝以物

---

① 参见陈自强：《无因债权契约论》，中国政法大学出版社2002年版，第306页。
② 史尚宽：《债法总论》，中国政法大学出版社2000年版，第754页。

抵债以达拒绝第三人清偿的效果。也就是说，第三人以物抵债为债权人拒绝第三人清偿提供了绝佳机会，或者说第三人以物抵债实质上为债权人创设了第三人清偿之同意权。但在第三人方面，或无成立清偿合意之意思，认为第三人有债务承担之意思，在解释上过于牵强。① 与特殊债务变更说一样，让第三人承担瑕疵担保责任，于第三人失之于苛刻。

（四）本文的观点

在讨论第三人代物清偿的性质前，对清偿、代物清偿、第三人清偿等制度目的和实践需求进行认真梳理和贯通把握，对于问题的讨论或许更具启发意义。

债务应按约定清偿，乃当然之理。关于清偿的性质，理论上有法律行为说、非法律行为说、折中说等不同观点，但通说为非法律行为说。② 实质上，是否认为当事人之间有清偿合意，无可无不可，关键应当看实践有无此种需求。在一般债的清偿中，债务人按照债之约定清偿债务的，债的关系消灭；债务履行不符合约定的，债务人承担债务不履行责任，此皆由原债之关系所前定。认为当事人之间有清偿之合意，实无裨益。

债务人非按债的本旨提出异于原定给付之他种给付，债权人有权拒绝受领，亦无疑问。但若债权人同意受领他种给付以消灭债之关系的，自应尊重债权人之意思。至此，仍无抽象出代物清偿合意的制度需求。但是，若债务人受领之他种给付存在瑕疵，如何补救，不无疑问。因他种给付不是债之给付，若债权人欲保留他种给付而要求债务人承担瑕疵担保责任，于法于约无据，只能以他种给付不符合债之本旨为由返还他种给付，并请求原定给付。如此，即便他种给付存在轻微瑕疵，债权人亦动辄要求退回他种给付而请求原定给付，有违诚信原则，也不利于债务人利益和社会秩序稳定。于此，理论上不得不抽象出代物清偿合意，为他种给付瑕疵寻求请求权基础。无论是传统民法之有偿契约说，抑或晚近之清偿契约说和变更契约说，其目的一言以蔽之，均是为他种给付之瑕疵请求权寻求妥当之解释，只是解释路径不同而已。

---

① 陈自强：《无因债权契约论》，中国政法大学出版社2002年版，第306页。

② 史尚宽：《债法总论》，中国政法大学出版社2000年版，第766~768页；王利明：《债法总则研究》，中国人民大学出版社2015年版，第701页。

根据普遍的认识，债务可由第三人清偿。通常情况下，第三人清偿于债权人和债务人均无不利，故各国各地区民法多规定，第三人清偿的，债权人不得拒绝受领，亦即第三人清偿无须经过债权人同意。[①] 可见，第三人清偿的，在债权人与第三人之间并未成立清偿之合意，第三人清偿为非法律行为，从而与债务人清偿在性质上保持了一致。但是，第三人清偿有可能违背债权人意愿，在有的场合亦可能于债权人不利，故在第三人清偿不符合原债之约定时，应作有利于债权人的解释，即债权人可拒绝受领，已经受领的可直接返还，并请求债务人清偿，而无需第三人瑕疵担保责任之保护。同时，第三人非债务人，在他种给付存在瑕疵时要求其承担瑕疵担保责任，对第三人过于苛刻，于理有违。因此，第三人给付之标的物存在瑕疵的，债权人可拒绝受领或者返还第三人之他种给付，而要求债务人履行原定给付，此种方案于各方均为最有利选择，故法律上没有抽象出清偿合意的制度需求。

同理，在第三人代物清偿的情况下，因第三人没有债务加入的明确意思，第三人无论如何不对他种给付承担瑕疵担保责任，且无论他种给付是否存在瑕疵，债权人均可以第三人之他种给付不符合债之本旨为由而拒绝受领或者退回，并要求债务人履行原定给付。故在第三人代物清偿的情况下，仍无抽象出代物清偿合意的制度需求，适用第三人清偿的制度规则即可。若果如此，第三人代物清偿不构成契约，以上诸种学说均有过度解释之嫌，于实践无所裨益，应予否弃。第三人代物清偿的，若债权人接受，债的关系消灭。若他种给付存在瑕疵，债权因未按约定受偿，债之关系不消灭，债权人仍得请求债务人为原定给付，其受领的第三人之他种给付应依不当得利返还。判

（本文仅代表作者个人观点）

① 史尚宽：《债法总论》，中国政法大学出版社2000年版，第779页。

网络司法拍卖制度的实践检视和路径优化

周　圣*

网络司法拍卖（以下简称网拍）作为一种融合新兴互联网技术的司法拍卖方式，其流程见下图1、图2。与原来的委托司法拍卖相比，网拍具有流转快、受众广、零佣金、非地域限制、公开透明性高等优势。然而，从当前实践效果看，网拍存在成交率、溢价率不高，法院工作负担加重，部分操作规则不合理，风险隐患多等问题。对于如何完善网拍相关法律规范，如何应对案多人少现状和自主拍卖后法院工作量增长之间的矛盾，如何在佣金降低前提下激发辅助机构的积极性，如何合理划定买受人、被执行人间的税费负担，如何科学调整网拍相关主体工作职责提高质量、效率等，均有待深入研究。本文从对上海网拍的实践检视出发，对上海网拍实践的深层次缘由进行分析，并提出路径优化建议，希望对网拍实务有所裨益。

* 上海财经大学宪法与行政法学博士研究生、上海市杨浦区人民法院审判员。

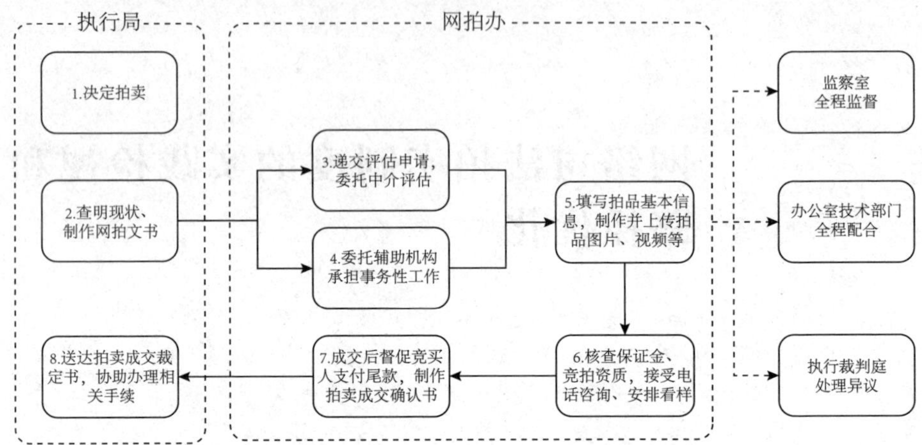

图1 法院网络司法拍卖流程图

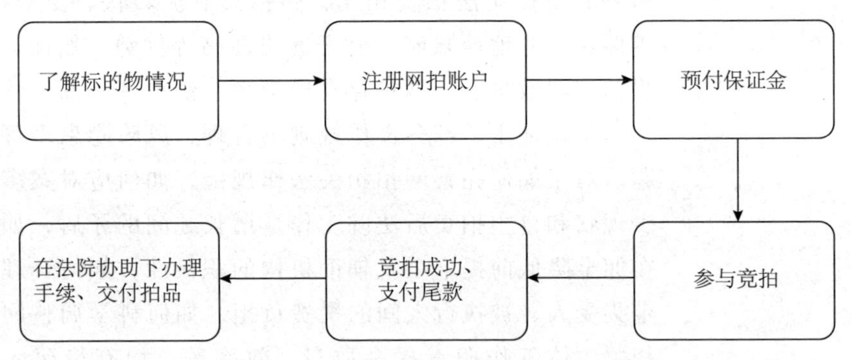

图2 竞买人网络司法拍卖流程图

一、实践检视：摸索中推进的网络司法拍卖

自《最高人民法院关于人民法院网络司法拍卖若干问题的规定》（以下简称《网拍规定》）2017年施行至今，信息技术更新的日新月异、法律规范预留的操作空间、司法体制综合配套改革的背景和决战“基本解决执行难”的时势，令网拍工作的推进呈现顺势而为和不得不为的双重特性，

阶段性的阻碍和不适应不可避免。

（一）效果有待加强

1. 成交率和溢价率低

司法拍卖以变现偿付被执行人债务为目标，成交率（拍卖成交案件数/拍卖案件数）和溢价率直接决定其实施效果。网拍施行至今，成交率和溢价率却并非在各地均理想。以上海法院为例，自2017年3月网拍正式启动至2018年3月，自主网拍2594件，涉及公拍网2248件、淘宝网271件、京东网74件、人民法院诉讼资产网1件，一拍成交率为79%、二拍成交率仅14%，溢价率［（成交价－评估价）/评估价］为－8.96%，① 而2017年全国法院网拍溢价率为52%。②

2. 财产变现效果有限

不同于《最高人民法院关于人民法院民事执行中拍卖、变卖财产的规定》（以下简称《拍卖变卖规定》）第8条规定的第二次拍卖起拍价最低可为评估价或市价的64%（80%×80%），《网拍规定》第10条、第26条将其降至56%（70%×80%），可更低的起拍价格预期，令一拍观望、二拍出手的现象增多，网拍用时增加、变现价值减少显然不利于被执行人的权利保护和债权人实现债权。

（二）操作引发争议

1. 税费负担问题

网拍涉及的税费主要包括标的物所有权转移产生的个人所得税、契税等税负和标的物自身欠缴的水电煤、物业、罚单、滞纳金等费用。当前网拍公告中大多规定："……所涉及的应由原权利人、涉案当事人及买受人承担的一切税收和费用（包括但不限于营业税及附加、土地增值税、土地出让金、契税、印花税、交易手续费、权证工本费、个人或企业所得税、房产税和其他相关费用）全部由买受人承担。标的可能存在的水、电、煤、物业管理费、车位管理费等所有欠费均由买受人承担……"在拍卖成

① 参见上海法院内网情况通报：《上海法院网络司法拍卖情况通报（2018年第一季度）》，2018年4月20日。

② 参见周强：《最高人民法院工作报告》，载《人民日报》2018年3月26日。

交前，相关税、费的具体数额难以明细化，潜在未知的风险与司法拍卖的价格优势形成对冲，损害了公众参与网拍的积极性。例如，在2017年，河南法院网拍房屋巨额个税事件引发了关于网拍税费负担方式的争论。①

2. 尾款支付难题

房屋、大型设备等大宗物品网拍成交后，需一次性支付巨额尾款，而在司法变卖过程中，甚至必须提前支付全款，② 显然提高了竞买的准入门槛，随之而生的是无力支付尾款导致悔拍，使得执行财产变现陷入僵局。

（三）风险较难防范

1. 互联网风险难测

网拍时代，资格认证程序、网络安全保密、沟通协作模式、资金流转管控等都是法院需直面的新课题，任一处出现纰漏都将影响网拍的最终效果。以阿里司法拍卖（淘宝网）为例，其支付工具支付宝已经是一个集储蓄、投融资、社交、娱乐等为一体的综合性平台，服务器的安全和保密尤为重要。随着大标的额网拍的逐步推开，商业逐利本性下，各类木马软件、黑客技术、蠕虫病毒等一旦将视角聚焦于网拍业务，风险性不言而喻。

2. 标的物隐性瑕疵难查

网拍标的物的来源和现状、保管和交付等，难以通过虚拟空间的图片或视频全部展示，“隔空”竞买，往往难以获悉标的物隐性瑕疵。遭遇违规网拍或标的物瑕疵后诉诸司法维权又耗时费力、举证艰难，且大额资金沉淀在网拍账户中带来的贬值和利息损失更是无从补偿。

3. 网拍成交后难交付

网拍成交后的交付可能需要工商、房管、税务、公安等行政机关或银行、证券公司等企事业单位的配合，任何一个环节卡壳都可能导致前功尽弃，其中的典型如网拍房产与限购政策的冲突。自网拍在全国推开以来，对于司法拍卖房屋是否应受各地限购政策限制始终存在争论。2017年《江

---

① 孙煊哲、李丛丛：《喜：230万拍房！惊：46万个税?》，载《大河报》2017年11月16日。

② 《最高人民法院关于认真做好网络司法拍卖与网络司法变卖衔接工作的通知》第5条规定：“……竞买人交齐变卖价全款后，取得竞买资格……”

苏省高级人民法院关于司法拍卖涉住房限购政策有关问题的通知》与《南京市房地产市场综合执法办公室关于明确〈关于进一步加强房地产市场调控的通知〉操作有关事项的通知》即为同时期内观点截然相反的两份文件，法院强调司法拍卖强制力，房管部门回应必须遵守地方限购政策，一时间纷争频起。①

二、缘由透析：制约网络司法拍卖实效的因素

网拍改革中遇到的问题，既有法律规范、顶层指引等制度层面的因素，也涉及外部既得利益团体的阻力，甚至与法院内部分工配合和对外协同互助息息相关。

（一）法律规范有待完善

作为网拍改革核心指导文件的《网拍规定》，既未创设新的执行理论体系，也难以提前预设所有问题的解决方案，其效力位阶和形式内容均有可商榷之处。

1. 法律框架有待改进

网拍改革在全国范围内推行肇始于《网拍规定》的施行，结合原有的《民事诉讼法》及其司法解释、《拍卖变卖规定》《最高人民法院关于人民法院委托评估、拍卖工作的若干规定》等司法解释，加上各地法院制定的实施细则或操作办法，构成了网拍法律规范群。这些规范数量不少，却留白较多；虽有利于网拍实务的改革创新，但一些涉及网拍根本的问题仍然难有定论。例如，关于网拍标的物的范围。《网拍规定》第 12 条规定网拍标的物包括动产、不动产和其他财产权，但“财产”并非逻辑严谨、内涵明确的法学概念，且难以契合互联网时代的财富发展趋势。一方面，网拍标的物的多元和无序冲击了既有法理体系。查阿里司法拍卖，标的物除传统的土地房产、轮船汽车、矿权林权、知识产权外，还有网店、公众号、手机号码、VIP 会员、网络游戏装备等大量新型价值载体。如何评估此类“财产”价格并据以确定起拍价，实际使用价值应否为衡量网拍标的物的标准，尚无定论。另一方面，部分处于合法与违法间灰色地带的标的物给

① 李超、蒋丰蔓：《住房限购政策是否适用于“司法拍卖房”》，载《中国青年报》2017 年 7 月 27 日。

网拍带来负面影响。典型如文物赝品、假冒奢侈品，[①] 若作为商品出售须承担瑕疵担保责任，但通过公权力属性的网拍方式转移时是否仍应遵守消费者权益保护相关法律规范，法院尽到告知义务是否可免责，值得商讨。再如，《网拍规定》不予预设税费分担和尾款一次性付清的规定，是否符合法理精神、契合金融发展趋势，需要深思。

2. 法律规定不尽合理

《网拍规定》第 14 条规定："实施网络司法拍卖的，人民法院应当在拍卖公告发布当日通过网络司法拍卖平台对下列事项予以特别提示：……（五）竞买人决定参与竞买的，视为对拍卖财产完全了解，并接受拍卖财产一切已知和未知瑕疵……"该规定大大降低了法院对网拍标的物的瑕疵担保责任，导致实务操作中网拍公告对隐性瑕疵有意无意的"忽视"和意向竞买人查验标的物成本的增加。例如房产网拍中，有三类不会在拍卖公告中明示的瑕疵信息对竞买人的竞买意向影响较大。一是"唯一住房"问题。被执行人名下唯一住房的执行，一直是各地法院备受困扰的行业难题，一旦竞拍所得的房屋系被执行人唯一住房，清场和交付都存在很大的不确定。二是租约问题。存在有效租约的现象在不动产司法拍卖中大量存在，按照"买卖不破租赁"原则，所有权人须承认承租人对房屋的合法占有和使用，这将极大削弱潜在竞买人的竞买意向，基于租约难以查清真伪等原因，拍卖公告中一般不会注明。三是户口问题。户口虽不直接限制房屋转让登记，但其对征收补偿、就近上学等的影响直接关系到房屋价值，要调查掌握户口真实情况增加了参与网拍的隐性成本。

3. 法律条文有待细化

网拍实务中牵涉执行当事人、法院、评估机构、辅助机构、网络平台、竞买人等各类主体，但相互间的法律关系并不明晰。从网拍的公权力自主拍卖性质看，拍卖法律关系的双方应为法院和竞买人，但网拍财产的实际所有人应为被执行人，公法拍卖中的法院应承担何种义务？网络平台仅"无偿"提供交易渠道和技术协助，苛求其承担各类责任似乎并无道理，而竞买人在注册网拍账号时与网络平台签订的服务协议属于何种性质？法院对于网络平台的尽职要求的合理底线在何处？评估机构、辅助机

---

① 参见张雅：《假 LV 包何以成司法拍卖物?》，载《北京青年报》2016 年 12 月 21 日。

构都是受法院委托办理网拍相关事务，竞买人因受托单位行为权益受损是否可要求法院承担责任？因服务器系统故障、互联网恶意攻击等导致竞买失败或竞买人身份信息泄露等问题，法律责任由谁承担？可见，明确各主体间的法律关系直接影响到救济方式的享有和选择，否则，司法规制和相互监督制约无从谈起。

（二）统计报表设计不合理

为掌握全国法院网拍情况，最高人民法院发放报表要求各级法院填报网拍相关数据，客观上成为了各地法院开展网拍工作的指标指引，但现有报表在内容和参数的设计上有待优化。

1. 一些术语定义不尽合理

如溢价率，当前最高人民法院的计算公式为［（成交价－起拍价）/起拍价］，因拍卖成交只能加价不能减，故而数值永为正数，但起拍价最低可能为评估价或市价的56%。换言之，实践中即使成交价不到标的物的正常价格的6成，统计出的溢价率数值仍然很高——数字上“漂亮”了，却无法真实反映是否获得超越标的物原本价值的“溢价”情况。

2. 唯数据论可能产生错位导向

在大力推行网拍的当下，网拍率自然是越高越能彰显执行效果，可网拍率的计算公式是：网拍案件数/执行案件数，实践中却非所有执行案件终结都需通过拍卖程序变现财产，债务人清偿、执行和解、各种程序性因素导致执行终结等都无需经过拍卖程序。在分母难以改变的情况下，各地只能从分子想办法，将各类执行案件均导入网拍程序，以小标的额网拍增加网拍案件数，提高网拍率，“1元水性笔拍卖”事件的初衷很可能就在于此。标的额小，网拍的各项事务性工作却并不会减少，让法官疲于应付的同时，民众的获得感却并没有增加，最终的数字也难以真实反映网拍效果。

（三）规则革新遭受外部阻力

在利润驱使、行业惯例等的影响下，评估、辅助机构有时不仅无法发挥助推功能，反而可能产生负面阻力。

1. 评估价过高令流拍率居高

评估价对起拍价起直接决定作用。尽管《网拍规定》规定起拍价最低可至评估价或市价的56%，但实务中，法院确定起拍价时多以征询申请执行人、被执行人等当事人意见为准，执行当事人为自身利益最大化，大多不愿降价拍卖，导致很多网拍的起拍价即为评估价。“评估机构通常按评估值累退费率收取评估费，评估值高收费就多。评估机构为了多收费，往往低值高估，有的甚至高于市场价格，导致拍卖保留价相应虚高，造成流拍或流标。”①

2. 拍卖公司积极性下降影响网拍成效

法院委托拍卖一直是拍卖公司的主要收入来源。法院自主网拍后，出于专业性等方面的考虑，原来的拍卖公司大多成为辅助机构。例如，上海市高级人民法院确定的网拍服务机构名单库仅包括之前委托拍卖模式下法院对接的44家拍卖公司。

网拍优先原则的确立，使得委托司法拍卖模式逐渐退出历史舞台，拍卖行业平台不得不站到一线与淘宝网、京东网等成熟网络交易平台“拼刺刀”。最高人民法院纳入网络平台名单库的5家网络平台中，中国拍卖行业协会网、公拍网分别由全国、上海拍卖行业协会设立。表面看来，拍卖行业在5家平台中占据2席，权重颇大，但查阅平台网拍业务量不难发现，中国拍卖行业协会网除新疆和天津法院的网拍量较多，其他各省市大多以个位计，而公拍网更是几乎仅有上海法院业务，传统拍卖行业于网拍中之式微可见一斑。② 与业务量减少相伴随的，是网拍模式下拍卖公司作为辅助机构仅承担部分网拍业务，③ 佣金减少。如上海法院明确辅助机构可以服务费方式收取原来佣金60%的费用，且须以拍卖成交为前提。无论业务量的减少还是利润的下降，都大大打击了拍卖公司参与司法拍卖的积极性，网拍甫一面世就遭到拍卖行业的抵制其来有自。

① 褚红军、唐志容：《司法网络拍卖的理论与实践》，载《人民司法·应用》2015年第7期。

② 中国排名行业协会网各法院司法拍卖情况详见该网网址：http：//sf.caa123.org.cn/pages/court.html；公拍网各法院司法拍卖情况详见该网网址：http：//www.gpai.net/sf/courtList.do。网络平台业务量查阅时间均为2018年6月30日。

③ 辅助机构的业务量情况，参见苏福、郑荣聪：《论网络司法拍卖辅助工作机构的定位及管理》，载《法律适用》2017年第21期。

（四）内外协调配合机制亟待优化

1. 法院内部各部门分工配合机制未健全

按照《上海细则》第 8 条、第 9 条、第 10 条，网拍工作由各个法院的网拍工作领导小组统一领导，执行局和网拍工作办公室（以下简称网拍办）分权实施网拍各项事务。原则上，由执行局实施与执行案件相关的决定拍卖权以及裁定书、协助执行通知书、房屋清场等事项，由网拍办实施与评估机构、网络平台、辅助机构、竞买人等对外联系的各类事项，实现执拍分离。但实践操作中，当事人身份和去向、共有权人和优先权人情况、标的物现状和瑕疵、裁定书和协助执行通知书等法律文书送达、起拍价确定、协助拍品交付等，都须由执行局实施或出面征询相关人员意见，网拍办难以独自发挥功用。在实际竞拍环节已经完全网络化之后，拍卖过程需要做的工作相较于之前选择委托、现场举牌控场等已经大为减少，此时一味要求执拍分离、强调网拍办的司法拍卖中心地位，客观上既难以实现也不符合法院工作规律。而按照《上海细则》，在法院内部，除执行局和立案庭（网拍办设在立案庭）外，监察室、行装处、信息处也要参与或监督网拍工作，这就至少将 5 个职能部门纳入了网拍范畴。目前而言，法院各部门之间，各部门法官或司法辅助人员、司法行政人员之间，如何分工负责、如何整合工作内容提高网拍效率，均缺乏相应的细则性规定，工作机制的不够健全很大程度上制约了网拍效率。

2. 法院与外部沟通和共识不足

实践中，行政机关注重对上负责，不同政务条线政令的实施力度往往要强于外来商函或协调，加之客观存在的部门利益冲突，令法院与网拍相涉行政机关的观点做法和业务衔接多有龃龉，法院的强制执行因此有时候难以落实。如前述的限购网拍房产过户困局即源于此：网拍成交裁定无法得到按照条线规定办事的房管部门认可。

三、路径优化：实现和提升网络司法拍卖功能的对策建议

发挥网拍优势，推进网拍改革，提高网拍质效，必须从理论和实践、立法和司法、权力和利益、分权和制约等多个层面作出探索。

（一）循序渐进的立法进路：经验汇集与规则探索

1. 经验积累基础上的立法路径

从当前来看，不断发展中的虚拟空间，其内的行为原则、规则和禁制仍处于摸索阶段，而《网拍规定》的部分留白，为各地法院网拍探索提供了较为自由的空间。应当允许实施和参与网拍工作的各类主体在现有法律规范范围内大胆创新和试错，之后再将有益的经验和做法上升为全国性的法律规范，推动全国网拍工作同步发展。例如，关于网拍标的物范围，目前虽有乱象，却未引发严重后果，且客观上促进了民众对网拍的知悉和参与。因此，对但凡不属于法律禁止交易（如文物、枪支弹药等）且具有交换价值（有人愿意买）的标的物，法院应允许其通过网拍变现，但须尽明示告知义务，此举既能实现执行目的，也是对网络虚拟财产等尚未为法律明确权利属性的“物”的法理逻辑边界的试探。待网拍市场成熟，优胜劣汰机制形成，各方达成共识后，再通过国家层面立法明确网拍标的物范围。

从长远来看，司法解释性质的《网拍规定》虽在法院系统内已经足够令行禁止，但网拍还涉及互联网产业、拍卖行业、房地产发展、金融信贷、工商、税务、户籍管理等各领域和各类外部主体，若要顺利长久推行，势必须调和各个行政管理部门、企事业实体与法院的关系，司法解释的位阶和效力此时便力有不逮。因此，时机成熟时，应由全国人大或其常委会制定单独的体系完整的网拍法律，或将网拍规范与现行商业《拍卖法》合二为一、共同入律。

2. 互联网时代的执行规则探索

《最高人民法院关于适用〈中华人民共和国民事诉讼法〉的解释》第493条和《网拍规定》第20条均明确规定，司法拍卖标的物所有权的转移以拍卖成交裁定书送达为准。可见，按照现行司法解释，司法拍卖房产所有权的转移以拍卖成交裁定书送达为准，房地产管理部门的过户登记只是物权公示的方式，对所有权归属不具有决定意义。因此，无论房地产管理部门作为产权登记单位是否配合办理过户，竞买人的房产所有权事实上已经通过拍卖成交裁定书予以确认。

至于2017年江苏省高级人民法院与南京房管部门就司法拍卖房屋是否

限购各执一词的现象，系地方政府的规范性文件与国家司法解释的法律冲突所致。按照基本法理，司法解释的法律位阶显然高于地方政府的规范性文件，二者冲突时应以高位阶法律规范为准。所有权已经获得却无法办理产证的现象，与其说是政出多门、权力相争，不如说是政策滞后于法律规定之嫌。限购政策主要调整自主交易行为、控制楼市无限上涨，而司法拍卖是公权力强制执行行为，目的在于兑现胜诉权益，二者的目的和强制力本就不同，事实上不存在根本性的冲突。而且，目前一线城市中，上海迄今未出台限购司法拍卖房屋政策，也未出现因此导致房价飞涨的声音。在今后的立法或司法解释中，应当进一步明确司法拍卖房产不受限购政策限制，更好地维护竞买人的合法权益。

标的物隐性瑕疵处理——以房产网拍为例。首先，关于“唯一住房”。《最高人民法院关于人民法院办理执行异议和复议案件若干问题的规定》第 20 条明确，如果被执行人名下的唯一住房超出了被执行人及其所扶养家属生活必需的范围，法院可以执行。因此，并非“唯一住房”均不能执行。上海法院施行网拍制度后，要求房屋必须清场后才能进入网拍流程，大大降低了买受“唯一住房”无法交付的风险。其次，关于租赁合同。如果租赁合同有效，按照“买卖不破租赁”原则，竞买人仅有收取租金的权利，不能擅自毁约，否则将承担违约责任，但要审查是否存在虚构租赁合同逃避执行的情况。[①] 最后，关于户口。户口迁出曾是处理无门、矛盾重重的问题，法院碍于其归属公安机关管理一般不在裁判中涉及。但 2018 年 5 月 1 日施行的《上海市常住户口管理规定》作出了突破，其第 32 条规定：“房屋所有权或者公有居住房屋承租权因交易已发生转移，现权利人或者承租人申请将房屋内原有户口迁出的，房屋所在地公安派出所应当通知原有户口人员迁出，对拒不迁出或者无法通知的，可以直接将其户口迁至社区公共户。”此为户口强制迁出提供了依据，如若派出所不予配合办理，申请人可提起相关行政诉讼。

（二）架构科学的指标进路：标准统一与正面引导

为加强各地法院网拍工作的跟踪问效和标准化管理，应当明确和统一

① 参见福建省龙岩市新罗区人民法院（2017）闽 0802 执异 4 号执行裁定书、江苏省高级人民法院（2017）苏执复 29 号执行裁定书。

网拍涉及的各类术语、报表参数内涵，科学确定数据的统计口径，堵塞可供数据造假的漏洞。具体而言：溢价率，可借鉴上海法院的计算公式，改为：(成交价－评估价或市价)/评估价或市价，用以反映成交价与标的物真实价值的对比情况；网拍率，根据执行工作规律，其计算分母、分子应分别为“需要财产变现的案件数”“实际网拍案件数”为宜，用以反映网拍案件数与委托拍卖案件数、其他方式变现案件数的对比情况，由此也能减少因网拍案件数相较执行案件总数差异过大、数据难看，而“制造”大批量小标的额网拍案件的情况；委托数，当前是按照案件数进行统计，但一个案件可能有多件标的物网拍，工作量巨大，却仅被统计为数字1，不能代表真实工作付出，建议改为按照“网拍标的物数”统计。

为避免“1元水性笔拍卖”等浪费司法资源、有违网拍初衷的事件再发，可参考上海法院实际价值明显低于1000元的财产不适用网拍程序变现的规定，① 设置标的物价值底线，节约司法资源。

（三）公平合理的资管进路：质效提升与经济考量

1. 改革评估收费制度

要彻底解决当前委托评估程序繁、耗时久、收费高的问题，必须改变现有评估费计算方式。2018年9月1日施行的《最高人民法院关于人民法院确定财产处置参考价若干问题的规定》对委托评估条件、评估收费制度等作出了调整。该规定摈弃之前司法拍卖以评估为必经程序的做法，规定应当按照当事人议价、定向询价、网络询价、委托评估的先后顺位确定财产处置参考价格，从而将委托评估从第一顺位调整至最后。关于评估收费标准，该规定第32条确定了就低不就高的原则：“……财产处置未成交的，按照评估机构合理的实际支出计付费用；财产处置成交价高于评估价的，以评估价为基准计付费用；财产处置成交价低于评估价的，以财产处

---

① 参见《关于加强网络司法拍卖管理的通知》(沪高法执〔2018〕22号)：“1. 执行局在执行过程中，查控到相关需要依法变现的财产，应综合考量案件标的、司法成本、执行效果以及案件其他实际情况，决定是否通过网络司法拍卖程序予以处置。对于实际价值明显低于1000元的财产，执行局原则上不应通过网拍程序进行处置，但根据案件实际情况，确需通过网络司法拍卖处置财产的，应当组成合议庭进行评议，并层报分管院领导审批……”

置成交价为基准计付费用”，其合理性值得肯定。

2. 科学核定辅助机构“必要费用”

《网拍规定》第7条规定，辅助机构承担网络司法拍卖辅助工作所支出的必要费用由被执行人承担。既然名为“必要费用”，应以最低为限，且须平衡激发辅助机构工作积极性与变相垒高网拍成本之间的矛盾。应当科学核算辅助机构拍摄照片、制作视频、推介拍品、带客看样等事务性工作的平均工作强度和技术含量，确定合理的费用区间，构建奖惩激励机制。如果拍卖公司的辅助工作无法达到法院要求，应当在网拍辅助机构名单库中引入其他类型的社会机构或组织，发挥“鲶鱼效应”，激发网拍辅助机构行业活力。

3. 合理确定网拍税费负担

首先，关于网拍中税的负担，可借鉴二手房买卖中税费的负担方式，由买卖双方承担各自相应的税负。以房产为例，由被执行人缴纳个人所得税、营业税、增值税、土地增值税，由竞买人缴纳契税、产权转移登记税，双方共同负担交易服务税、印花税。被执行人应当负担的部分可从拍卖成交款中扣除。

其次，关于网拍标的物自身未清的费用，需要考虑其多元性分别分析。房产的水电煤、物业费系履行供用水电煤服务合同或物业服务合同产生，手机号码欠费系履行电信服务合同产生，按照合同相对性，此类费用应由水电煤实际使用人、物业服务享受人或手机号码原主人负担；汽车违章罚款系行政机关对汽车驾驶人的行政处罚，理应由行政相对人负担。因此，各类基于民事合同或行政行为产生的费用，应当由合同相对人或行政相对人、即由被执行人负担，可在拍卖成交款中相应扣除。

4. 创新网拍款项支付方式

既有网拍实践已经逐步引入了按揭贷款制度，有效解决了大标的额网拍的资金瓶颈。可具体操作过程中，网拍须待竞买人付清尾款才能制发拍卖成交裁定书交付标的物，而银行按揭贷款须先拥有所有权办理抵押登记才能发放贷款，质言之，法院要求先交钱才能转移所有权，银行要求先获得所有权才能发放贷款，二者存在时间节点上的冲突。对此，可采取保险公司承保、担保公司保证、转移预告登记和抵押权预告登记的方式解决。① 例如，阿里司法拍卖界面有一键按揭贷款服务链接，并可由担保公司提供担保。

（四）各司其能的配合进路：分权制衡与质效提升

1. 分割网拍各项权能

可将司法拍卖权依其内在要素分解为网拍决定权、委托权、评估权、实施权和监督权等，实践中不断探索各项权的边界和协作模式。以《上海细则》为例，网拍决定权在执行局，委托评估、辅助机构的权力在网拍办，网拍具体事务实施权由执行局、网拍办、技术部门和网络平台共担，网拍办和执行局对网络平台、竞买人等实施业务监督，纪检监察部门全程行使网拍纪检监督权。

2. 明确参与网拍各主体间的责任配置

首先，因法院原因未履行告知拍卖信息义务或监管职责导致网拍成交被撤销，造成竞买人、案外人受损的，法院应在职责范围内承担责任，受害方可申请国家赔偿。其次，网络平台根据与法院的合作协议提供拍卖媒介和技术，应承担一定危险防范和排除、救助义务，并对其提供的服务质量承担担保责任。最后，按照《网拍规定》第31条、第32条、第33条、第36条，竞买人根据不同情形可分别申请撤销网拍、提起诉讼、申请国家赔偿或提出执行异议。

3. 构筑内外衔接的网拍协作体系

首先，要构建法院与各行政机关的资源共享机制。在数字时代，技术壁垒已经基本清除，为更好实现各类国家机关功能，应当构筑包括法院在内的各公权力单位的信息共享平台，制定信息录入标准，将各类信息汇集到同一个数据库中，便利查阅和使用，最终提升包括网拍在内的各项公权力行为的效率。

其次，要加强法院与相涉主体的沟通协商。应当建立联席会议制度，定期就网拍中涉及多方的问题碰头协商、凝聚共识，及时化解争议；建立就具体问题达成共识的备忘录制度，记录磋商过程，汇总解决方案，提示

① 唐学兵：《房屋网络司法拍卖的按揭贷款问题探析》，载《人民法院报》2016年12月14日。

风险隐患，形成共同推进网拍工作的长效机制。

最后，要打破各网拍平台的分割隔阂。目前最高人民法院指定的5个网络平台，相互间信息缺少沟通，收费标准、操作流程等规定各异，令竞买人无所适从。因此，可探索打通各网络平台间的拍卖信息渠道，形成基于用户使用体验的优胜劣汰机制，实现成本最低、效率最高。

四、结语

财产变现是决战“基本解决执行难”的一个重要环节。网拍制度的推行，绝不是简单的拍卖上网，而是事关法律规范调整更新、司法权能分割架构、拍卖行业生存发展、司改成果民众享有等的一场影响深远的变革。面对当前部分地区存在的网拍效果不彰、负担加重、规则失衡、隐患增多等问题，须从法律规范完善、顶层设计改革、费用负担核算、分权制衡监督等方面作出积极应对。唯如此，司法裁判才不会成为一纸空文，法律权威和公信力才能真正树立，司法公正性和民众获得感才能稳步提升。判

（本文仅代表作者个人观点）

择善而从：虚实身份分离下的利益衡平

——论农村集体经济组织成员权的属性定位及救济路径

朱森蛟[*]　丁海英[**]

随着城乡建设发展步伐的加快，农村征地频繁发生，征地补偿款和收益分配问题凸显。户籍政策的调整和变动，促使农村人口流动增大、农民进城务工，逐渐脱离原集体经济组织。加上男娶女嫁、考学、参军及户口投靠、回迁等原因，农村村民的组成结构逐渐复杂，这给农村集体经济组织成员的身份确认带来许多困难，而由此引发的涉“外嫁女”“户籍回迁”“农转非”等特殊人群的补偿款和收益分配纠纷案件数量多、矛盾争议大，已经成为法院审判工作中的热点难点问题，直接影响到当前“三农”问题的解决与农村和谐稳定。目前，上述纠纷案件的焦点主要聚集在如何确定集体经济组织成员资格的问题上。由于我国目前欠缺直接规范农村集体经济组织成员权取得和行使的法律法规，司法实

* 浙江省新昌县人民法院党组书记、院长。
** 浙江省新昌县人民法院审判委员会专职委员。

践中常以户籍作为集体经济组织成员权主体确认的主导标准。然而，户籍改革背景下人口的流动正给户籍标准带来挑战，户籍改革本身也要求不能再以户籍来分配权利义务。① 因此，成员权问题已成为农村法律制度中新的核心问题。从制度理念、法律性质、权利内容等方面深入认识农村集体经济组织成员权，是有效保障农民集体成员权实现的前提；以民法典修订为契机，明确农村集体经济组织成员权的法律地位、具体内容及救济途径，实属必要和迫切。

引子：虚实身份分离的实证分析

案例一：原告王某出生于被告新昌县某村，从出生至今户籍一直登记在该村。2001 年 11 月王某与徐某登记结婚，婚后户籍未迁出。徐某原系嵊州市某村居民，后由于在嵊州城关镇购买房屋，同时为子女读书需要，于 2009 年 6 月将户口迁入嵊州城关镇，并转为城镇非农居民。婚后，王某工作、生活均在嵊州城关镇，近几年在嵊州城关镇个体企业打工。因被告村土地被征用，被告于 2017 年 1 月向每位村民分配土地征用补偿款 5 万元，但以原告系出嫁女为由未将原告列入分配范围。原告为此提起诉讼。法院经审理认为，王某生产生活已实际脱离户籍所在地，不具有被告村集体经济组织成员资格，并据此判决驳回王某全部诉讼请求。

案例二：原告李某出生于被告村，其户籍通过出生申报登记在被告村。1985 年因工作需要，原告的户籍性质从农业家庭户转为非农业家庭户，并从被告村迁出。2011 年原告从事业单位退休后，已在享受养老保险待遇。2018 年 12 月，根据有关户籍政策规定，原告将其户籍迁回被告村落户。2018 年 11 月，被告向每位村民发放村级留用地拍卖所得收益 33800 元。根据村委会决议，2017 年 1 月 1 日至 2018 年 12 月 31 日户籍在被告村的村民（含死亡人员和户籍回迁人员）对该笔款项享有分配权。因被告未向原告分配该笔款项，原告为此向法院提起诉讼。法院经审理认为，2018 年 11 月被告向村民分配的款项系村级留用地拍卖后形成，其性质属于被告村集体经济收益。原告要求被告支付该款项的前提和实质为确认其在被告

---

① 参见张安毅：《论农民集体经济组织成员权救济的立法完善》，载《广西警察学院学报》2017 年第 6 期。

村的集体经济组织成员资格，由于集体经济组织成员资格确认属于村集体经济组织自治管理范畴，不属于法院受理民事诉讼的范围，故裁定驳回原告起诉。

案例三：原告刘某系被告村村民，自出生起一直在该村居住生活，2001年根据政府相关政策文件规定，农村居民为子女读书需要可以将户口迁到城关镇落户。原告为此于同年11月将户口迁入城关镇，但在被告村仍然享有承包土地，并自2009年开始停止缴纳社会保险费用。2016年12月，被告村土地因建设需要被征用，被告为此向本村每位村民发放土地征用补偿款7万元，但却以原告户口已转为非农为由拒绝向原告发放。原告为此提起诉讼。被告抗辩认为，村民代表会议已形成决议，外嫁女及非农户口一律不享受土地补偿款分配。法院经审理认为，原告虽经批准在小城镇落户，但并未明确表示放弃承包土地经营权，其承包土地经营权并未因户口迁移而受影响。因此，作为获得承包土地经营权前提条件的集体经济组织成员资格亦不因此受影响。并且，原告也未纳入城镇企业职工社会保障体系，故仍然具有被告村集体经济组织成员资格。为此，判决被告支付原告土地征用补偿款7万元。

前述三案件虽然裁判结果不同，但处理的核心问题主要涉及两个：一是原告是否具有被告村集体经济组织成员资格；二是集体经济组织经法定程序形成的分配决议是否具有法律效力。

一、问题聚焦：虚实身份分离引发的司法困境

身份是资格，也是通行证。实践中，“外嫁女”“户口回迁”“农转非”等特殊人群存在户籍登记与实际身份分离的情形较为普遍，对于主张收益分配权的主题，首先应对其是否具备集体经济组织成员资格作出确认。现行法律对该类纠纷处理的依据规定不明确，导致审判实践在审理中面临诸多困扰。

（一）户籍制度衍生乱象

自2014年7月24日《国务院关于进一步推进户籍制度改革的意见》公布及实施以来，全国各地省、市、县各级政府相继出台了调整完善户口迁移的相关政策。现行的户籍制度以经常居住地登记、人户一致为基本原

则，以具有合法稳定住所或合法稳定就业为基本条件，允许公民户口自由落户和迁移。夫妻任何一方可以将户口迁移至有合法稳定住所的配偶处，出嫁女可以自主决定户口是否迁出，未成年子女可以将户口迁移至有合法稳定住所的父母处，市外大中专院校毕业生及被征地农民可以将户口回迁至原户籍所在地等。在此户籍政策主导下，城乡接合部农村的“外嫁女”结婚后不肯迁出户口，入赘婿增多，大量的外出求学毕业的大学生、土地征用工以及离退休人员将户籍迁回原户籍地，造成一些集体经济组织人口畸形膨胀，存在大量的“空挂户”现象。为了能在征地拆迁补偿这个“奶酪”上分一杯羹，不惜使出各种伎俩，有的甚至采取假结婚、假收养、办假出生证等方式登记户口。这些特殊人群以户籍登记作为依据，起诉要求分配征地补偿款和其他集体经济收益，因其真实身份与户籍登记分离，法院在认定其集体组织成员资格时经常产生困惑。

（二）司法裁判标准有待统一

1. 裁判受案范围不一

农村集体土地被征收、留用地被拍卖、集体营业房出租他人经营，对于由此产生的土地征用补偿款及集体经济收益，集体经济组织成员有权主张分配。若村民对所在村集体的补偿分配不满，其诉讼请求主要有以下几种：仅起诉要求支付分配款项；仅起诉要求确认集体成员资格；以确认成员资格作为诉求之一，同时要求支付分配款项。各地法院对于受理范围的认定做法不一。有的法院以“土地征收补偿款及集体经济收益的使用、分配涉及集体经济组织成员资格认定，属村集体经济组织自主决定范畴，不属于平等主体之间的民事诉讼”为由驳回当事人起诉，有的则将当事人起诉要求支付补偿款机械等同于“就用于分配的土地补偿款数额提起民事诉讼”，为此驳回当事人的起诉。有的法院则经历了由不受理到受理，或再到部分受理的反复过程。就笔者所在行政地区而言，六个基层法院仅有两个法院对此类案件予以受理解决，其余法院均不受理，且上级法院亦未明确统一受案范围，基本尊重了各地区的司法实践惯例。

2. 裁判处理方式各异

对于案件受理以后的处理方式，有的法院以“土地征收补偿款及集体经济收益的使用、分配系应由本集体经济组织成员经法定程序决定的事项”或“村委会及村民代表会议制定的分配方案侵犯村民合法权益，依照法律规定应由所在镇人民政府责令改正”等为由驳回当事人的诉讼请求；有的法院则通过对村集体形成的补偿分配方案的合法性的审查，并在当事人是否具有集体经济组织成员资格进行认定的基础上，对案件依法作出相应的裁判。

（三）纠纷解决依据阙如

对“外嫁女”“户口回迁”“农转非”等存在虚实身份分离可能的特殊人群进行利益保护，成员资格认定是基础和前提。然而截至目前，我国还没有一部全国统一的法律、行政法规、部门规章或相关司法解释对农村集体经济组织成员资格认定问题作出具体规定。一些省级人民政府，如浙江、广东、湖北、天津、辽宁等，结合本地实际，制定了本辖区的认定办法，这些办法确立的认定成员资格的标准大都以户籍为基础，但也不尽统一。目前，法院审理侵害集体经济组织成员权益纠纷案件，主要的裁判依据是《农村土地承包法》《土地管理法》和《最高人民法院关于审理涉及农村土地承包纠纷案件适用法律问题的解释》（法释〔2005〕6号，以下简称《农村土地承包解释》）。前两部法律虽然出现了集体经济组织的概念，但都没有对其进行具体定义，也没有提及农村集体经济组织成员资格标准。《农村土地承包解释》第24条虽然规定“征地补偿安置方案确定时已经具有本集体经济组织成员资格的人，请求支付相应份额的，应予支持”，但也没有提及集体经济组织成员资格认定的具体标准问题，而最高人民法院在《农村土地承包解释》的新闻发布会上更明确指出，农村集体经济组织成员资格认定属于《立法法》第45条第1款所规定的情形，司法解释对此不宜进行规定。①

（四）司法审查权限不明

国家统一立法的迟滞并不能使农村集体经济组织成员权益纠纷自然消化，来自农村社会实践的巨大压力迫使各方主体“各显神通”。其中在农村基层自治组织层面，通过制定分配方案或村规民约来确定农村集体经济

① 参见李建平、李际鹏：《农村集体经济组织成员资格研究》，载《生产力研究》2018第5期。

组织成员资格的认定标准极为普遍。因此，村规民约或分配方案的合法性及合理性也是处理该类纠纷的核心问题。[①] 而村规民约的特殊性就在于由村集体制定且带有一定的自治属性。《村民委员会组织法》第 24 条规定，从集体经济所得收益的使用；征地补偿费的使用、分配方案应当经村民会议讨论方可执行。由此赋予了村民会议决定收益分配方案的自治权利。而对该自治事项司法机关是否有权干涉或者该自治事项可否成为民事裁判的对象，仍是现有司法实践未解决的难题。实务中，村民将村委会或集体经济组织诉至法院，往往是因为村集体制定的村规民约或分配方案认定的分配对象、分配数额未能达到村民预期甚至与法律相违背，或请求确认分配决议无效，或直接要求按照特定数额支付。因此，除可诉性外，对于司法机关可否对村规民约或分配方案的合法性和合理性进行审查、是否仅得依当事人的明确请求展开审查或者只要内容涉及便可主动审查、司法机关认定分配方案合法性和合理性的标准应如何确定等问题均亟需统一。

（五）裁判执行陷入尴尬

司法实践中对于“外嫁女”案件裁判生效后的执行困难重重。一方面，法院的裁判结果得不到当事人的理解，因为该类案件往往牵涉到多数村民的切身利益，极易导致村民、村级组织的情绪对立。例如，有些“外嫁女”结婚时间长久，有的甚至已长达数十年，并且已纳入城镇企业职工社会保障体系，由于登记结婚时其丈夫系城镇非农居民，故户籍仍然保留在原所在村，法院据此判决其仍然享有相应的收益分配权。村级组织及其他村民对此完全难以理解和接受，认为其真实身份早已脱离本集体经济组织。因此，无论是调解还是判决，有的村级组织不愿主动履行，对法院的强制执行也不配合。另一方面，由于分配方案确定后，相应的款项实际已经全部分配，未对争议对象进行预留，因此在生效判决难以付诸实际执行。

二、根源追溯：司法实践遭遇困境的原因剖析

司法实践中，提起要求支付补偿款或集体经济收益诉讼的主体基本均

---

① 参见陈小君、汪君：《农村集体土地征收补偿款分配纠纷民事司法困境及其进路》，载《学术研究》2018 第 4 期。

为“外嫁女”“户口回迁”等特殊人群，案由统一定性为侵害集体经济组织成员权益纠纷。司法实践遭遇前述困境的原因主要有以下几方面：

（一）法律规则滞后缺位

司法裁判的大前提为法律规范，一旦法律依据缺失，司法裁判就会成为无源之水。目前，有关农村集体经济组织成员权益的规定主要散见于《民法总则》《物权法》《村民委员会组织法》《农村土地承包法》《土地管理法》以及《农村土地承包解释》中。如前所述，法律及司法解释虽然都有提及集体经济组织及成员的概念，但均未明确认定集体经济组织成员的标准，以及作为成员具体享有的权利内容。如修订前的《农村土地承包法》第26条规定：“承包方全家迁入小城镇落户的，应当按照承包方的意愿，保留其土地承包经营权或者允许其依法进行土地承包经营权流转。”该条在实践中被作为认定部分农转非人员是否享有成员资格的参考依据。该法第30条又规定：“承包期内，妇女结婚，在新居住地未取得承包地的，发包方不得收回其原承包地；妇女离婚或者丧偶，仍在原居住地生活或者不在原居住地生活但在新居住地未取得承包地的，发包方不得收回其原承包地。”该条通常被作为认定外嫁女、离婚、丧偶媳妇是否享有成员资格的参考依据。这些对于成员资格的规定是零散和间接的，更多是在法院司法裁判时被采用，但在村民自治实践中难以被自觉熟知和适用，这也是导致村规民约与法律法规之间常有冲突的重要原因。①

2007年实施的《物权法》首次使用了“集体成员合法权益”的概念，该法第59条明确“农民集体所有的不动产和动产属于本集体成员集体所有”，提出了“成员集体所有”的概念，但对集体经济组织成员权的法律性质和内涵等未作界定和明确。② 2017年开始施行的《民法总则》赋予农村集体经济组织特别法人资格，这是我国民事主体制度立法的一大创举。但由于立法过程中各界对于如何拟定农村集体经济组织的成员资格认定标准存在巨大分歧，致使在农村集体经济组织成员资格认定规则方面又留下

① 参见郑雄英：《农村集体经济组织成员资格界定的现状及规范》，载《海峡法学》2018年第4期。

② 参见陈小君：《我国涉农民事权利入民法典物权编之思考》，载《广东社会科学》2018年第1期。

空白。①

（二）司法规则在不同时期有变动

在法律及行政法规对农村集体经济组织成员资格认定没有定论之时，司法实践的态度也不明确。《农村土地承包解释》是对农村集体土地征收补偿款纠纷的可诉性作出明确安排的权威性文件。在该司法解释颁布之前，对于该类纠纷的可诉性自2001年至2004年间经历了从可诉到不可诉的转变。从最高人民法院给地方法院所作的相关“答复”“批复”可以看出其态度的变化。2001年最高人民法院研究室回复广东省高级人民法院《关于人民法院对农村集体经济所得收益分配纠纷是否应予受理问题的答复》（法研〔2001〕51号）曾明确：对于农村集体经济组织与其成员因收益分配所产生之纠纷，属于平等主体之间之纠纷，人民法院应当受理。最高人民法院研究室同年答复陕西省高级人民法院《关于村民因土地补偿费、安置补助费问题与村民委员发生纠纷人民法院应否受理问题的答复》（法研〔2001〕116号），亦明确此类案件可参照上述法研〔2001〕51号办理。但至2002年其答复浙江省高级人民法院《关于徐志君等十一人诉龙泉市龙渊镇第八村村委会土地征用补偿费分配纠纷一案的批复》（〔2002〕民立他字第4号），虽然肯定涉及安置补偿费以及地上附着物和青苗补偿费的分配纠纷，人民法院应当受理，但对于土地补偿费，却以农村集体经济组织与其成员所产生之纠纷不属于平等主体之间的民事法律关系为由，推翻了法研〔2001〕51号批复的观点。2004年答复河北省高级人民法院《关于村民请求分配征地补偿款纠纷法院应否受理的请求的答复》（〔2004〕民立他字第33号）亦主张因土地征收补偿费分配所产生的纠纷不属于法院受案范围。至法释〔2005〕6号司法解释出台，终于以司法解释形式明确肯定此类纠纷的可诉性。但此后，各地司法机关对于农村集体土地征收补偿款及其他集体经济收益分配纠纷仍存在不同意见。

（三）户籍改革行速匆匆

现行户籍制度改革对于消除传统的城乡二元户籍制度，建立城乡统一

---

① 参见高飞：《农村集体经济组织成员资格认定的立法选择》，载《苏州大学学报（哲学社会科学版）》2019年第2期。

的户口登记制度意义重大，改革的初衷之一就是为了解决人口大量流动时代所存在的“人户分离”以及农村“空壳”现象。但当前的农村已经今非昔比，不但美丽并且富裕。一些人为谋取征地拆迁带来的巨大利益，想方设法不肯从农村迁出户口，原先的城镇居民也要将户籍迁回农村。因此，“人户分离”以及农村“空壳”现象并未因现行户籍制度政策而改变，反而导致城乡接合部一些富裕集体经济组织户口投靠及回迁人员明显增加，加大该区域内人口与资源的“负压差”问题。本次户籍制度改革是在农村股份制改造已经全部完成的前提下推进实施的，理由是股改之后户籍与收益分配已经不存在联系。但实践中，一方面，农村股改的精神尚未真正落到实处；另一方面，司法实践对于集体经济收益分配纠纷案件中的成员资格认定，仍主要采取以户籍作为主体确认的主导标准。① 从而导致“外嫁女”、户口投靠及回迁等特殊人群以户籍为依据主张成员资格及收益分配的纠纷大量发生。自2019年1月以来，笔者所在法院共已受理该类诉讼案件91件。该类主体很多不在户籍地实际生产、生活，并且有稳定就业或社会保障，最为典型的就是已正常就业的大学生及退休职工等。由于当前认定集体经济组织成员资格的标准不明确，给法院裁判和维稳带来难度。

（四）农村股改落地缓慢

自2014年开始全面推进的农村集体资产股份合作制改革，以理顺村级集体经济分配关系为基础，以创新村级集体经济管理体制和运行机制为重点，以明晰村级集体资产的产权主体和保障成员权益为核心，实现社员对集体资产产权长久化、定量化享有，建立起“确权到人（户），权跟人（户）走”的农村集体资产产权体系。如前所述，相关户籍制度政策的调整和出台是在对各地农村股份制改造情况进行全面调研，基于农村股份制改造已全部完成的前提下实施的。但目前农村股份制改造的实际情况与调研时各地上报的情况并不完全相符。有部分村实际尚未真正改造完成，有的村改造虽已基本完成，但股权证尚未下发到村民手中，有的村虽然已下发股权证，但对于村集体经济收益仍未严格按照股权证进行分配，依然采取传统按人头分配的原则。由此，户籍制度改革后，前述特殊群体仍可能

---

① 参见张安毅：《论农民集体经济组织成员权救济的立法完善》，载《广西警察学院学报》2017年第6期。

基于户籍而主张集体经济组织成员的相关权益。

三、法律归位：农村集体经济组织成员权“物权化”的法律探讨

关于成员权的性质，学界争议主要集中在成员权是属于现行民法所规定的民事权利类型，还是现行民法所规定的民事权利类型以外的独立的民事权利类型，换言之，即成员权是不是一种独立的民事权利的问题。① 笔者认为，农村集体经济组织成员权的核心是土地权益问题，是建立在农民集体所有权制度上的综合性权利。将农村集体经济组织成员权界定为物权，是保障农民权利、深化农村土地制度改革以及规范并统一司法裁判的理性之选。农村集体经济组织成员权益“物权化”的法理基础主要有以下两方面。

（一）立法基础

对于农村集体经济组织成员权的概念及权利内容，现行法律虽然没有进行明确和集中规定，但在《农村土地承包法》《土地管理法》《物权法》等法律中均有所提及。《民法总则》虽然未将农村集体经济组织成员权列为与财产权和人身权并列的公民基本权利范畴，但其第 55 条规定“农村集体经济组织的成员依法取得农村土地承包经营权”，第 99 条规定“农村集体经济组织依法取得法人资格。据此使得农村集体经济组织与其成员关系已经具备私法的框架”。《物权法》第 58 条、第 59 条已经明确农民集体享有所有权的动产及不动产范围，并强调农民集体所有的不动产和动产属于本集体成员集体所有。虽然未明确提及个体成员权的概念，但对于成员权的相关内容实际已有包含规定。《物权法》规定的集体所有权所指向的客体实际就是农村集体经济组织所有的财产。从财产来源看，集体所有的财产实际系由集体经济组织成员创造和积累，从集体组织的历史发展来看，亦是农民入社才有了集体。可见，集体财产和成员个人创造，集体权利和成员权利密不可分。农村集体经济组织成员的成员权利究其根本而言系基于财产集体所有制而形成，如土地承包经营权、宅基地使用权，而该

① 参见王兴忠：《农村集体经济组织成员权研究》，山东大学 2017 年硕士学位论文，第 3 页。

两项成员权利的属性已在物权法中予以明确。

另外，基于成员身份而享有的对于集体财产的管理权、表决权、知情权、监督权、救济权等在《物权法》中也已经有所涉及，如其第59条规定“下列事项应当依照法定程序经本集体成员决定”，体现了集体经济组织成员的集体事项管理权和决策权；第62条规定“集体经济组织或者村民委员会、村民小组应当依照法律、行政法规以及章程、村规民约向本集体成员公布集体资产的状况”，体现了集体经济组织成员的知情权和监督权。虽然《物权法》未认定集体经济收益分配等权利为物权，但应当指出，农民成员享有经济收益的前提同样源自于财产集体所有制。在集体所有权属性为物权的基础上，各成员权利亦不可能因“集体所有”抑或“共同共有”“按份所有”等份额或形式上的法律规制造成权利性质的根本改变。另外，从法律允许集体经济组织内的成员相互转让宅基地使用权、土地承包经营权等成员权益的角度来看，显然是在很大程度上尊重了成员权的“物权化”属性。

（二）理论基础

民事权利依据其内容和性质，分为财产权、人身权和综合性权利三种。[①] 人身权没有直接财产内容，是与民事主体的人格利益和身份利益不可分离的民事权利。人身权又包括人格权和身份权。我国《民法总则》第109条至第112条主要规定人格权、身份权立法的具体内容、行使规则和保护措施。综合性权利是兼具财产权和人身权内容而形成的民事权利，既包括人身利益又包括财产利益，典型的综合性权利主要包括股东权、社员权和继承权。农村集体经济组织成员权是农村集体经济组织成员基于其成员身份，依据组织章程和法律在该组织内部所享有的各种权利的总和，其实质是基于集体经济组织成员资格取得的身份和财产同时存在且不可分的特殊的复合性民事权利，[②] 因此属于典型的社员权。

从权利行使的目的来看，农村集体经济组织成员权产生的根本原因是基于获取财产利益的根本目的，其实质内容也是围绕着财产而产生的财产

---

① 参见王利明：《民法总则研究》，中国人民大学出版社2012年版，第424页。

② 参见刘大海、宁新海、李白平：《集体经济组织成员权利的司法保护》，载《人民司法·应用》2017年第28期。

权利，身份以及依据身份产生的身份权不是目的，只是一种手段，是为实现财产权的根本目的而服务的一种权利。成员身份是成员权的特征之一，而不是根本属性。① 从权利行使方式来看，集体所有权与农民成员权在很多方面具有同步性，基于集体成员权而产生的个人意志在一定条件下即转化成集体意志，决定所有权项下集体财产具体的决策和处分行为。《物权法》明确有关动产和不动产为集体成员集体所有，一定程度而言也是为了集合组织中的集体意志，充分尊重和保障成员个体的财产处置意见，显然是对成员绝对权即排他性权利的一种绝对保障，而这种“排他”属性乃物权专有。可见农民成员权在现行立法和实践过程中已经一定程度上出现“物权化”现象。既然土地承包经营权、宅基地使用权等成员权利已经列入现行《物权法》保护范畴，那么，对于以财产集体所有为基础而形成的集体收益分配请求权也可以在物权法中予以界定和明确。综上，笔者认为，《物权法》规定的“集体所有”并非否定各集体成员的所有权，而是明确了成员所有权的形式。财产所有权乃法定物权。因此，农村集体经济组织成员权的基础与属性自然亦应为物权。故在农民成员权部分权益已经物权化的基础上，将表决权、收益分配权等其余权利理解为基于物权而形成的其他衍生性财产和人身权利在当前制度框架下更具有实际意义。

四、择善而从：农村集体经济组织成员权法律救济的进路设计

法谚云：“无救济即无权利”，立法的缺失本身就是对权利的践踏，而缺乏救济制度的权利更加注定是虚幻的权利。民法的本质是权利法，其最基本的职能在于对民事权利的确认和保护。因此，通过民法的方法提供司法救济是对农村集体经济组织成员权进行确认的重要手段。对于农村集体经济组织成员权进行法律救济的未来进路，笔者认为从立法层面考虑，可以从以下几方面予以构建。

（一）通过物权法分编明确成员权法律地位

《民法总则》未将成员权列为与财产权、人身权并列的基本权利范畴，

---

① 参见王兴忠：《农村集体经济组织成员权研究》，山东大学 2017 年硕士学位论文，第 4 页。

亦未规定成员权的一般问题，使得农村集体经济组织成员权无法参照成员权的一般规则加以规制。① 对于同样具有综合性权利属性的继承权和股东权已经在《民法总则》第124条、第125条分别作了相应的原则性规定和指引，但独独对于成员权，《民法总则》未作任何规定和涉及，给立法留下空白和遗憾，也给司法带来困扰和挑战。况且，《民法总则》已经将农村集体经济组织作为民事主体中的特别法人予以确认，而其成员又不能完全等同于公司股东，相应的权利义务不受《公司法》调整。如前所述，鉴于农村集体经济组织成员权体现出的“物权化”属性，笔者认为，在目前成员权亟需立法，而《民法总则》又将其缺失的情况下，将农村集体经济组织成员权制度置于农民集体所有权中展开是最优选择。具体而言，可以在《物权法》“所有权”章节增设集体经济组织成员权的指引性规定。具体设置可作如下两种安排：（1）增加成员权受法律保护的原则性条款。条款内容可以规定为：“自然人具体有农村集体经济组织成员资格的，依法享有本集体经济组织成员权。”至于相应的身份权内容可以通过单独制定《农村集体经济组织法》特别加以规范和指引，对于身份权中的选举权和被选举权可在《村民委员会选举法》中予以明确和完善。至于财产权内容以及与财产权行使密切相关的身份权则通过物权法分编“所有权”章节的具体条文予以规范。（2）在《物权法》第59条中增加农村集体经济组织成员享有成员权的规定，将该条修改为“农村集体经济组织成员依法享有本集体经济组织成员权利。农民集体所有的不动产和动产，属于本集体成员集体所有，依照法律、行政法规的规定由本集体成员共同享有占有、管理、使用、收益和处分的权利”。

（二）通过物权法分编完善财产权内容

理论界很多学者认为，从权利形态上分析，农村集体经济组织成员权的具体内容可以分为共益权和自益权。② 其中的公益权指的是非财产性权

---

① 参见陈小君：《我国涉农民事权利入民法典物权编之思考》，载《广东社会科学》2018年第1期。

② 参见孙远方：《农村集体经济组织成员权法律保障研究》，安徽大学2015年硕士学位论文，第9页。

利即身份权方面的内容，主要包括知情权、监督权、经营管理和决策权以及选举权和被选举权等；自益权指的就是财产性权利，内容主要包括土地承包经营权、宅基地使用权、收益分配权等。作为规范财产关系的基本法律，《物权法》在第二编“所有权”的章节中多处条文提及“集体经济组织”和“集体成员”的概念。可见，《物权法》试图通过引入成员权概念来明确集体所有权的主体。该法第 59 条规定的“本集体成员集体所有”已经显现此种权利的雏形。如前所述，该法在“用益物权”章节中规定的土地承包经营权、宅基地使用权实际就是农村集体经济组织成员权的内容。因此，笔者认为，为了使成员权的财产性权利内容更加完整和规范，可以在物权法分编修订之时，进一步将相关内容进行修整和完善。

具体而言，可作如下安排：（1）在“所有权”章节中赋予农民集体所有权的完整权能，增设农民集体所有财产的处分权和受益权。如增加原则性条文规定：“农民集体所有的不动产和动产，依照法律、行政法规的规定由本集体成员共同享有占有、使用、收益和处分的权利”，或者在第 59 条增加相应规定：“农民集体所有的不动产和动产，属于本集体成员集体所有，依照法律、行政法规的规定由本集体成员共同享有占有、使用、收益和处分的权利”。在接下来的集体成员决定事项中，增加列举性事项：因管理经营集体财产产生的集体经济收益款的使用、分配方案。（2）明确用益物权的主体范围。在“土地承包经营权”章节中，将第 124 条修改为：农民集体所有和国家所有由农民集体使用的耕地、林地、草地以及其他用于农业的土地，依法实行土地承包经营制度。农村集体经济组织成员依法享有土地承包经营权。在“宅基地使用权”章节中增加原则性规定：农村集体经济组织成员依法在本集体经济组织内享有宅基地使用权。

（三）通过立法解释和司法助推统一资格确认具体标准

农村集体经济组织成员权作为一项资格性权利，取得的基础和前提是成员资格的确认问题。理论界和实务界一直呼吁最高人民法院就农村集体经济组织成员资格标准的确认问题出台相应的司法解释，对成员资格的确认标准进行明确，但最高人民法院认为因农村集体经济组织成员资格问题事关重大，关乎农民生存的基本权利，应由全国人大常委会作出立法解释或相关规定。但截至目前，全国人大常委会仍未对此作出相关法律解释。

因此，全国人大常委会要加快法律解释的步伐，统一相应的概念和具体认定标准；在未出台相关法律和立法解释之前，司法实践特别是各地区高级人民法院应当比照相关法律条款、当地地方性法规或政府部门文件及已经形成的共识予以确认，统一本辖区的裁判尺度。

现行的实践标准主要有户籍标准、权利义务关系标准、生活来源标准、户籍与其他条件相结合的复合标准四种。户籍是国家进行人口行政管理的重要手段和依据，作为处理地方行政管理事务标准并无不当，但作为集体经济组织成员资格的认定标准并不科学。单一的户籍标准虽然操作简单，但过于机械，难以适应目前人口流动性带来的问题，难以克服趋利动机带来的农村人口的非正常膨胀，难以解决实践中的“空挂户”问题。权利义务关系标准和生活来源标准，由于判断依据模糊，在司法实践中的操作性较差。因此，笔者依据审判实践体会认为，农村集体经济组织成员资格认定的一般标准拟采用“户籍（形式要件）+生产生活（基本要件）+基本生活保障（实质要件）”的系统分析标准，即将户籍，长期稳定的生产、生活关系，基本生活保障作为农村集体经济组织成员资格认定的主要参考因素。其中前两个因素作为认定集体成员资格的形式标准，后一个因素作为认定的实质标准。在认定集体成员资格时，先参考形式标准，当两者发生冲突时，以实质标准为准。具体适用过程中可作如下把握：如果当事人具备户籍（如外嫁女），一般情况下应认定其具备相应的集体经济组织成员资格，如果否定，则应提交充分证据证明该主体已经实际脱离户籍所在地生产生活或取得公务员、事业单位、城镇企业等国家财政和社会保障；如果当事人不具备户籍（如农转非人员），一般情况下不应认定其相应的集体经济组织成员资格，如果肯定，则应提交其依然依赖集体经济组织给予基本生活保障等事实。这样既体现了集体土地对其成员的保障功能，又兼顾考虑到了户籍管理制度的作用，并且能够有效避免“空挂户”等投机者提出不合理的分配要求。

同时，在采用前述一般标准的同时，也要考虑平等中的个体差异，如“外嫁女”群体中的“农嫁农”和“农嫁居”的区别，前者系由于主观原因造成户籍未迁出，后者系由于特定的政策性原因造成未迁出，在认定资格时两者应当有所区别；“户口回迁人员”中的退休职工和大学生的区别，前者系纯粹为挂靠户口而迁入，后者系由于就学毕业而迁回，两者亦应区别对待。

（四）通过司法终审权赋予资格确认救济渠道

在司法实践中，法院对于农民个体单独以确认其农村集体经济组织成员资格为由提起的民事诉讼一般均不予受理。如前所述，理由主要是认为成员身份确认属于村民自治范围，或成员身份确认属于行政机关先行处理事项等。法院此种做法也是由于目前法律没有对农村集体经济组织成员的确认问题作出明确规定，因而没有裁判依据。但根据《农村土地承包解释》第1条规定，对于因承包地征收补偿费用分配引发的纠纷，人民法院享有管辖权。成员资格的确认问题在审理土地征收补偿费分配纠纷案件时是不可避免的，应当认定人民法院对于农村集体经济组织成员资格确认这一核心问题亦享有裁判权，有必要将农村集体经济组织成员资格认定引入司法程序，确认其终审权。最高人民法院应出台具体的指导意见，明确将农村集体经济组织成员资格确认纠纷纳入人民法院的民事诉讼范围。人民法院有权依据事实和法律对农村集体经济组织成员资格进行确认，将诉讼程序作为农村集体经济组织成员资格确认纠纷的合法救济途径。同时，《物权法》第63条规定："集体经济组织、村民委员会或者其负责人作出的决定侵害集体经济组织成员合法权益的，受侵害的集体经济组织成员可以行使撤销权，向人民法院提起诉讼。"因此，当农村集体经济组织的其他成员认为农村集体经济组织关于成员资格的确认损害其正当利益的，可以依法向人民法院请求撤销。

五、结论

法律是治国之重器，良法是善治之前提。随着《民法总则》的颁布和实施，民法典的立法工作重点开始转向各种民事单行法的修订整合。民法典分编内容复杂、涉及面广，在社会生活中作用巨大，因此，需要全面规划，科学设计，集思广益。① 农村集体经济组织成员权作为一种新型的民事权利，是我国亿万农民参与分享农村集体资产所生利益的基本依据，也

① 参见王利明：《我国民法典分编编纂中的几个问题》，载《中国人大》2018年第17期。

是经营管理农村集体资产的制度保障。如何对当前的立法和实践进行整合、完善，并将农村集体经济组织成员权的法律地位、权利内容及资格认定标准统一化、法定化，是当前民法典修订过程中迫切需要解决的问题。只有这样，才能使《民法总则》确立的农村集体经济组织法人真正活跃于我国农村社会生活中。判

（本文仅代表作者个人观点）

网络环境下知识产权案件管辖“服务器标准”之检视

寇颖娇[*] 吴献雅[**]

网络侵权案件地域管辖中的“服务器标准”① 一直以来是一个争论不休的问题，最高人民法院在相关司法解释规定中也经历了一个“先扬后弃”的过程。2018 年 9 月，最高人民法院发布《关于互联网法院审理案件若干问题的规定》（以下简称《规定》），对互联网法院的案件管辖范围等作出一系列规范。其中，起草者专门指出：“考虑到互联网平台的缔约特点，侵权类纠纷也可能由当事人事前作出管辖约定，因此被诉侵权行为的网络服务器、计算机终端等设备所在地、被侵权人住所地等也可以作为协议管辖连接点。”② 该解释对最高人民法

* 北京联合大学讲师、北京师范大学法学院博士生。

** 北京市西城区人民法院法官、法学博士。

① 本文的“服务器标准”是指在地域管辖中，将网络服务器所在地作为管辖连接点的具体制度，为行文精要起见，简称为“服务器标准”。

② 胡仕浩、何帆、李承运：《〈最高人民法院关于互联网法院审理案件若干问题的规定〉的理解与适用》，载《人民法院报》2018 年 9 月 8 日。需要说明的是，《规定》第 3 条指出：“当事人可以在本规定第 2 条确定的合同及其他财产权益纠纷范围内，依法协议约定与争议有实际联系地点的互联网法院管辖。”这实际上并没有明确可以适用网络服务器作为管辖连接点。

院近年来已经明确放弃的地域管辖“服务器标准”旧事重提，是否意味着在网络侵权案件的地域管辖中可以重新适用“服务器标准”呢？本文以涉网络知识产权侵权案件为研究对象，对地域管辖中的“服务器标准”做一个全面检视，以期为规范互联网法院时代的案件管辖提供借鉴和参考。

一、地域管辖“服务器标准”的实践考察

通过检索、分析我国法院处理的涉网络知识产权侵权案件的地域管辖纠纷案件，司法实践中地域管辖“服务器标准”的适用主要存在如下问题。

（一）服务器所在地判断标准不一致

随着网络技术的发展，服务器类型越来越多样化。一些互联网公司除了网站自身的主机服务器外，为了提高网络数据传输的速度，采用了数据缓存技术（简称 CDN 技术），即主机服务器将数据传输到分布在全国各地的服务器（也称中转服务器），用户可以从就近的服务器读取数据，提高数据传输以及网络浏览、交易速度。但这种技术模式也带来了一些问题：一旦发生纠纷，如何判断网络服务器的所在地？到底以哪个网络服务器作为地域管辖的连接点？对于这些问题，司法实践中存在两种截然相反的观点。

一种观点认为，即使是中转服务器，也可以作为管辖连接点。在深圳市腾讯计算机系统有限公司等与北京奇虎科技有限公司等不正当竞争纠纷管辖权异议一案①中，北京奇虎科技有限公司向最高人民法院提起上诉称，蓝汛公司通过位于全国各地的中转服务器为北京奇虎科技有限公司的 www.360.cn 网站提供加速服务，该中转服务器的 IP 地址在空间上和时间上都是不确定的，且中转服务器仅起到信息传输的通路作用。根据中转服务器所在物理地址确定管辖，将会导致管辖的不可知性、不确定性和不可预测性，违背了管辖确定这一基本法律原则。最高人民法院认为，蓝汛公司接受北京奇虎科技有限公司的委托，为北京奇虎科技有限公司提供网页加速服务，用户从 www.360.cn 网站下载“360 扣扣保镖”软件会通过蓝

---

① 最高人民法院（2012）民三终字第 3 号判决书。

汛公司的中转服务器，该中转服务器起到了传播“360 扣扣保镖”软件的作用，该中转服务器所在地属于被诉侵权行为的实施地。

另一种观点则认为，中转服务器不能等同于服务器，不能作为管辖连接点。在上诉人宏联国际贸易有限公司与被上诉人周初慧、浙江淘宝网络有限公司侵害商标权管辖异议纠纷一案①中，上诉人称本案的侵权行为系通过网络及快递物流两部分完成，该类侵权行为的实施地包括实施被诉侵权行为的计算机信息设备所在地，上诉人查询得知，因涉案网站采用 CDN 技术，侵权网站的 IP 地址对应的服务器所在地即为上海市浦东新区，故浦东新区为侵权行为实施地。二审法院认为，通过 CDN 技术自动分配的服务器仅缓存了来源于内容提供商服务器的数据，并非淘宝网站本身的服务器，故无法认定浦东新区系信息网络侵权行为的实施地。

（二）“服务器标准”是否可以扩大适用标准不一致

2000 年，最高人民法院颁布了《关于审理涉及计算机网络著作权纠纷案件适用法律若干问题的解释》（以下简称《计算机网络著作权案件解释》），其第 1 条规定：“网络著作权侵权纠纷案件由侵权行为地或者被告住所地人民法院管辖。侵权行为地包括实施被诉侵权行为的网络服务器、计算机终端等设备所在地。”虽然该司法解释开宗明义明确规定其适用对象为计算机网络著作权纠纷案件，但在司法实践中，对于该司法解释是否可以扩大适用于侵犯专利权、商标权的案件，亦存在不同的观点。

一种观点为“严格限制说”，认为该司法解释仅仅适用于著作权纠纷案件，不能扩大适用。在深圳市远航科技有限公司与深圳市腾讯计算机系统有限公司等侵犯商标权及不正当竞争纠纷一案②中，腾讯计算机公司在答辩期间提出管辖权异议。一审法院认为：本案作为网络商标侵权案件，被告在陕西省西安市设有网络服务器，虽然法律并没有规定侵犯商标权案件以服务器所在地确认管辖，但参照《计算机网络著作权案件解释》的规定，本案实施被诉侵权行为的网络服务器设备所在地应视为被诉侵权行为实施地，即被诉网络商标侵权行为实施地也在陕西省西安市，因此，陕西省西安市中级人民法院对此案享有管辖权。二审法院则认为，一审参照

---

① 上海知识产权法院（2017）沪 73 民终 312 号判决书。

② 陕西省高级人民法院（2007）陕民三终字第 25 号判决书。

《计算机网络著作权案件解释》相关规定确定本案的管辖权确属不妥。在上诉人思瑞克斯有限公司等与宁波圣利达电气制造有限公司商业诋毁纠纷一案①中，二审法院认为，《计算机网络著作权司法解释》的直接适用范围为网络著作权侵权纠纷案件，而本案为商业诋毁纠纷，故不能直接适用。在深圳市速锋科技股份有限公司与广州市昊志机电股份有限公司侵害发明专利权纠纷管辖异议一案②中，法院也认为，本案中，原告诉称被告有制造、销售、许诺销售被控侵权产品的行为，并认为被告网站服务器在深圳市，据此主张深圳市属于侵权行为实施地及侵权结果发生地，对本案具有管辖权，但原告并未提交充分证据予以证明，且本案并非信息网络传播权纠纷，不能以服务器所在地作为管辖地，因此，法院对上述主张不予采纳。

另一种观点为“扩大适用说”，认为该司法解释可以适用于侵犯专利权、商标权的案件。在上诉人衡水市艺科复合材料有限公司（以下简称艺科公司）与被上诉人冀州澳科中意石油设备有限公司（以下简称澳科中意公司）侵害发明专利权纠纷一案③中，二审法院认为，澳科中意公司指控艺科公司侵犯涉案专利权的行为包括艺科公司在其公司网站上的许诺销售行为。澳科中意公司除提交了艺科公司在其公司网站上展示被控侵权产品的证据之外，还提交了艺科公司网站 IP 地址服务器所在地位于北京的证据。故一审法院根据艺科公司网站 IP 地址服务器所在地确定本案侵权行为地，并据此认定一审法院对本案具有管辖权是正确的。同样，在上诉人浙江淘宝网络有限公司与被上诉人苏宁云商集团股份有限公司侵害商标权纠纷管辖权异议一案④中，二审法院认为，被告淘宝网是国内知名的网络交易平台服务商，原告指控其经营管理的淘宝网上的网络用户未经其许可在淘宝网上使用原告的注册商标。对于在互联网上侵犯商标权案件如何确定管辖法院，应当在现有法律规定的基础上充分考虑互联网的特性。被告淘宝网络公司的网络服务器在南京市江北泰山新村，由中国电信股份有限公

① 浙江省高级人民法院（2008）浙民告终字第78号裁定书。

② 广东省深圳市中级人民法院（2017）粤03民初2252号判决书。

③ 北京市高级人民法院（2017）京民辖终317号裁定书。

④ 江苏省南京市中级人民法院（2014）宁知民辖终字第9号裁定书。

司江苏分公司托管，其网络服务器所在地就是涉案侵权行为实施地。

（三）服务器所在地的举证责任承担不一致

相对被告住所地、侵权行为地而言，网络服务器所在地的确定具有一定的技术性难度。对于原告来说，如果以网络服务器作为管辖连接点，一般情况下首先要确定被诉侵权网站的IP地址，然后根据IP地址，向基础电信业务经营者调取相关材料后，才能确定被诉侵权网站的网络服务器所在地。而对于网络服务器所在地的确定，到底是由原告承担举证责任，还是法院可以依原告申请向基础电信业务经营者调取资料，在司法实践中亦存在不同的做法。

一种观点认为，原告对于作为管辖连接点的网络服务器所在地负有举证义务，如不能证明网络服务器所在地的，裁定予以驳回。如在新京报社与浙江在线网络传媒有限责任公司管辖异议纠纷一案①中，二审法院认为，新京报社没有证据证明被诉侵权行为的网络服务器、计算机终端等设备所在地在一审法院辖区内，新京报社关于其网络服务器是浙江在线传媒公司实施被诉侵权行为的网络服务器之一的主张不能成立。在上诉人交城县夏鹏动画设计工作室与合一网络技术（北京）有限公司侵害作品信息网络传播权纠纷一案②中，二审法院认为，夏鹏工作室提供的现有证据不足以证明实施被诉侵权行为的网络服务器、计算机终端等设备所在地为山西省太原市，且本案上诉人与被上诉人的住所地均不在原审法院，案件由太原市中级人民法院管辖不符合诉讼便利的原则。

另一种观点则认为，法院可以根据当事人的申请，去调查网络服务器所在地的相关资料。在上诉人浙江淘宝网络有限公司与被上诉人苏宁云商集团股份有限公司侵害商标权纠纷管辖权异议一案③中，二审法院根据苏宁云商公司申请，依法赴中国电信股份有限公司南京分公司，调查上诉人淘宝网络公司服务器在该公司托管情况。南京分公司向法院出具书面说明，称上诉人淘宝网络公司与中国电信股份有限公司江苏分公司签订有服务器托管协议，该公司服务器托管在中国电信股份有限公司南京分公司江

① 北京市高级人民法院（2008）高民终字第985号判决书。

② 山西省高级人民法院（2017）晋民辖终159号裁定书。

③ 江苏省南京市中级人民法院（2014）宁知民辖终字第9号裁定书。

北泰山新村机房内。二审法院最终根据该信息作出了相应的管辖处理。

二、地域管辖“服务器标准”的历史阐述

《中华人民共和国民事诉讼法》（以下简称《民事诉讼法》）并没有对网络服务器所在地作为管辖连接点作出明确规定，管辖“服务器标准”主要规定在最高人民法院出台的相关司法解释中。2000 年最高人民法院公布的《计算机网络著作权案件解释》第一次明确将网络服务器所在地作为地域管辖连接点。2012 年，《最高人民法院关于审理侵害信息网络传播权民事纠纷案件适用法律若干问题的规定》（以下简称《信息网络传播权案件司法解释》）第 15 条完全照搬了《计算机网络著作权案件解释》第 1 条的规定。该司法解释是根据 2001 年修订的《中华人民共和国著作权法》（以下简称《著作权法》）第 10 条第 1 款第 12 项所增加的“信息网络传播权”以及 2006 年公布的《信息网络传播权保护条例》，就司法适用作出的进一步细化。但是对于“网络服务器所在地”的判断标准和适用范围，无论是法律还是司法解释均未作出明确的说明。

然而，上述观点在 2014 年颁布的《最高人民法院关于审理利用信息网络侵害人身权益民事纠纷案件适用法律若干问题的规定》（以下简称《利用信息网络侵害人身权益民事纠纷司法解释》）中发生了截然不同的变化。该解释第 2 条规定：“利用信息网络侵害人身权益提起的诉讼，由侵权行为地或者被告住所地人民法院管辖。侵权行为实施地包括实施被诉侵权行为的计算机等终端设备所在地，侵权结果发生地包括被侵权人住所地。”显然，与之前规定相比，《利用信息网络侵害人身权益民事纠纷司法解释》删掉了“网络服务器”的字样，只保留了“计算机等终端设备所在地”的规定。2015 年 2 月 4 日修改施行的《最高人民法院关于适用〈中华人民共和国民事诉讼法〉的解释》（以下简称《民事诉讼法司法解释》）第 25 条规定：“信息网络侵权行为实施地包括实施被诉侵权行为的计算机等信息设备所在地，侵权结果发生地包括被侵权人住所地。”《民事诉讼法司法解释》基本沿袭了《利用信息网络侵害人身权益民事纠纷司法解释》的规定，无非是将“计算机等终端设备所在地”修改成了“计算机等信息设备所在地”，只有两字之差。然而，《信息网络传播权案件司法解释》第 15 条关于网络服务器作为管辖连接点的规定是否还继续有效？与《民事诉

讼法司法解释》第25条之间是并存、替代还是其他关系？对于以上问题，司法实践中存在三种观点。

（一）观点一：新法优于旧法

在上诉人深圳市曲风文化传播有限公司与被上诉人上海盛企文化创意有限公司著作权权属、侵权纠纷一案①中，上诉人称，本案属于著作权权属、侵权纠纷，根据《立法法》的相关规定，“特别规定优先于一般规定”的法律适用原则优先于“新法优先于旧法”的法律适用原则。本案应适用《信息网络传播权案件司法解释》第15条的规定，优先由侵权行为地，即实施被诉侵权行为的网络服务器、计算机终端设备所在地或被告住所地人民法院管辖。二审法院认为，《信息网络传播权案件司法解释》第15条规定与《民事诉讼法司法解释》第25条的规定并不完全一致，两者均为最高人民法院制定的司法解释，后者制定、实施在后，为新法。根据“新法优于旧法”的法律适用原则，《民事诉讼法司法解释》第25条适用于本案。侵害作品信息网络传播权纠纷为信息网络侵权案件的主要类型，《信息网络传播权案件司法解释》第15条与《民事诉讼法司法解释》第25条关于“信息网络侵权案件”的规定，系由最高人民法院就同一个问题先后作出的规定，二者之间并非一般规定与特别规定的关系，亦不存在优先适用问题。上诉人关于本案应适用《信息网络传播权案件司法解释》第15条规定，优先由侵权行为地或被告住所地人民法院管辖的主张，缺乏法律依据，不予采纳。

（二）观点二：应当平行适用

在上诉人深圳市腾讯计算机系统有限公司与被上诉人乐视网信息技术（北京）股份有限公司侵害信息网络传播权纠纷一案②中，上诉人认为被诉侵权行为的网络服务器、计算机终端等设备在深圳市南山区，将本案移送深圳市南山区人民法院管辖更为合理。二审法院认为，《民事诉讼法司法解释》第24条、第25条将侵权行为地更进一步地细化为侵权行为实施地和侵权结果发生地，并明确列举信息网络侵权结果发生地的一种情形，即

① 上海知识产权法院（2018）沪73民辖终135号裁定书。

② 北京知识产权法院（2015）京知民终字第1905号判决书。

被侵权人住所地；《信息网络传播权案件司法解释》第15条明确列举了侵犯信息网络传播权案件中侵权行为地的一种情形，即实施被诉侵权行为的网络服务器、计算机终端等设备所在地。这三项法律规定在适用规则上应当是平行的，当事人可以根据案件的具体情况选择适用。

（三）观点三：两者是替代关系

在上诉人上海二三四五网络科技有限公司与被上诉人北京猎豹移动科技有限公司等侵害计算机软件著作权及不正当竞争纠纷一案①中，上诉人称二三四五公司的住所地和网络服务器设备所在地均在上海市浦东新区，故上海市浦东新区人民法院对本案具有管辖权。二审法院认为，《民事诉讼法司法解释》第25条在《信息网络传播权案件司法解释》第15条规定基础上，增加了“侵权结果发生地包括被侵权人住所地”的规定，根据《民事诉讼法司法解释》第552条规定，本解释公布施行后，最高人民法院以前发布的司法解释与本解释不一致的，不再适用。因此，本案应根据《民事诉讼法司法解释》确定管辖，上海二三四五公司关于本案适用《信息网络传播权案件司法解释》的主张，不予支持。

之所以在司法实践中存在上述诸多不同的观点，除了地域管辖“服务器标准”诸多规定的本身不统一之外，还涉及对“服务器标准”制度本身特殊性以及“信息网络侵权行为”的认识问题。

一方面，就制度本身的特殊性而言，管辖“服务器标准”本身就是管辖规则在网络空间的调适，其本质上只是一种轮候的管辖规则。相对于原告住所地、侵权行为地等管辖连接点，原告对于网络服务器所在地的举证难度更大；并且网络服务器所在地一般由被告所控制，即使找到网络服务器所在地，原告也只能是被动选择管辖法院。相反，原告住所地对于原告行使诉权来说成本最低、也最为便利。而对于侵权行为地，原告实际上也有一定的主动权：对于被告在多地实施侵权行为的，原告可以有意识地选择对己方有利的侵权行为地提起诉讼。在关于管辖权的博弈中，双方当事人都会从便利己方行使诉权出发，实现管辖连接点的利益最大化，这也是此类案件管辖异议纠纷多的原因。

---

① 北京市高级人民法院（2017）京民辖终414号裁定书。

另一方面，上述观点的不一致还涉及对“信息网络侵权行为”的理解问题。《民事诉讼法司法解释》起草者在解释第552条时，专门提到：“关于本解释与其他司法解释的衔接适用问题。这涉及本条后半句中‘不一致’的理解问题。我们认为，本解释与原有司法解释‘不一致’的定位必须局限于‘同一法律问题或者规则’，若系不同问题的规定，当然不能适用本条规定的内容。一般而言，本解释对原有司法解释有关规定内容作出修改或者新增的规定，属于本解释与此前出台的其他司法解释‘不一致’的情形，对此应当适用本解释。但是，对于本解释并没有规定，而此前出台的其他司法解释对这一问题有规定的，这一规定又与本司法解释相关条文并不冲突，则原有司法解释的规定应当继续适用。”① 根据上述理解，实际上就涉及《民事诉讼法司法解释》第25条中的“信息网络侵权行为”到底是指什么，是否包含了侵害“信息网络传播权”。最高人民法院在《民事诉讼法司法解释》第25条的理解部分“审判实践中应当注意的问题”中，提到了“关于侵害信息网络传播权民事案件的管辖问题”。指出：“也有观点认为，按照上述解释（即《信息网络传播权案件司法解释》），可以随意界定被诉侵权行为的网络服务器、计算机终端等设备所在地，计算机有便捷移动的特征，在任何地方都可以视为侵权行为地，但这都是无法回避的问题，现规定‘信息网络侵权行为实施地包括实施被诉侵权行为的计算机等信息设备所在地，侵权结果发生地包括被侵权人住所地’也是为了便于确定管辖。”② 显然，《民事诉讼法司法解释》第25条中的“信息网络侵权行为”包含了侵害信息网络传播权的行为。既然属于对同一问题的规定，笔者认为，应当适用《民事诉讼法司法解释》第552条的规定，即在涉及信息网络传播权纠纷时，不再适用《信息网络传播权司法解释》第15条规定。因此，“网络服务器所在地”作为管辖连接点，在侵害信息网络传播权中，应当已无适用的余地。

---

① 沈德咏主编：《最高人民法院民事诉讼法司法解释理解与适用》（下），人民法院出版社2015年版，第1432页。

② 沈德咏主编：《最高人民法院民事诉讼法司法解释理解与适用》（上），人民法院出版社2015年版，第172页。

三、地域管辖“服务器标准”的技术和法律依据

地域管辖“服务器标准”的出现，是传统地域管辖制度为了应对网络技术的发展而作出的调适，其主要依据有以下两个方面：

（一）“服务器标准”契合网络技术发展的需要

首先，就运行原理而言，服务器和网络本来就是共生共存的关系。服务器作为网络数据存储、传输的节点和枢纽，其本质上是网络上一种为客户端用户提供各种服务（包括数据存储、信息发布、大数据计算等）的高性能计算机。和个人电脑主要用于满足单个用户的需求不同，服务器的主要用途是为了满足多个用户同时处理数据的需要。而要想实现多个用户同时使用一台服务器，必须通过互联网，因而也就有了所谓的“网络服务器”，即服务器本身就是诞生在网络环境下的一种存储和计算设备，其运行离不开网络空间，也只有在网络环境下才有其存在的价值。

其次，将服务器作为管辖连接点，是为了应对网络空间对传统管辖规则提出的挑战。地域管辖本是民事诉讼管辖制度中最基础的一项规则，但面对网络空间的虚拟性和无边界性，地域管辖规则变得无所适从。依照传统的地域管辖标准，住所地、居所地、侵权行为地、诉讼标的物所在地以及侵权商品（复制品）的储藏地或者查封扣押地等都是管辖权行使的重要连接点，而这些连结因素都具有明显的空间地域特征。但是在网络环境下，网络行为与物理空间并不一一对应，导致属地管辖的判断标准在适用上遇到了极大的障碍。为了解决网络空间侵权行为的地域管辖问题，产生了各种新的管辖理论，如服务器管辖理论、IP地址管辖力量、新主权理论、网址管辖理论等。①

最后，服务器作为网络环境下的管辖连接点，有其自身独特的优势。在各种新的管辖理论中，从网络技术层面解决的方案主要是IP地址标准和网络服务器标准。IP地址作为网络空间每一台电脑终端的身份识别码，是网络空间与物理世界的一个重要连接点。作为传统管辖规则在网络空间的调适，电脑IP地址固然是网络环境下一种非常简便易行的管辖判断标准，

---

① 参见侯捷：《网络侵权案件管辖权探析》，载《当代法学》2002年第8期。

但由于通过 IP 地址虽然可以定位到具体的电脑，却经常无法确定具体的侵权人（尤其在公共终端或局域网上网时），导致最终的管辖连接点往往难以实现。而地域管辖“服务器标准”适应了网络技术的发展，一定程度上解决了通过 IP 地址难以确定具体侵权人的问题。根据网络数字传输特点，一个侵权行为主要包含两个环节：一个是发出侵权指令的环节，主要是指侵权人在其电脑终端上进行上传、下载有关信息的行为；另一个是实施侵权行为的环节，主要是指侵权人的侵权指令在网络空间最终得以实现的行为，包括侵权音视频、侵权商品信息发布在网络存储空间、电商平台上。而这些网络存储空间、电商平台离不开大型的网络服务器。普通用户有时尽管无法知悉网站的具体经营者，但是通过一般的技术手段（即利用 PING 网站域名），即可以获得网站的具体 IP 地址。① 然后通过专门的 IP 地址查询工作，可以确定服务器所在地的基础电信业务经营者（如北京移动、北京联通等）。如有必要，还可以向基础电信业务经营者进一步调取服务器的具体地址。② 通过采取上述方式，可以在现实空间找到服务器具体并且稳定的位置，从而顺利地解决了具体侵权人难以确定的“断链”问题。

（二）“服务器标准”具有相应的法律依据

网络服务器所在地管辖依据的产生，除了契合网络技术发展的需要，也建立在对网络服务商实体责任的设定上。由于网络服务商在互联网中的基础地位以及对技术的占有状况，使得他们不可避免地在网络管理中担负起相应的责任。体现在法律上，针对网络服务商所提供的服务内容和技术特点，有关国家在互联网管理方面的法律法规中为其设定了相应的法律责任，并据此实现对涉诉网络纠纷案件的有效管辖和解决。

---

① 如在北京市石景山区人民法院（2015）石民（知）初字第 8279 号案中，原告北京乐动卓越科技有限公司通过 whois 域名查询系统、域名备案系统，均无 callmt. com 网站的经营人相关信息。经调查发现，MT 畅爽版游戏内容存储于阿里云服务器，并通过该服务器向客户端提供游戏服务。

② 《互联网 IP 地址备案管理办法》第 4 条规定：“国家对 IP 地址的分配使用实行备案管理。”《互联网 IP 地址备案管理办法》第 6 条规定：“信息产业部统一建设并管理全国的互联网 IP 地址数据库，制定和调整 IP 地址分配机构需报备的 IP 地址信息 IP 地址信息。”

根据我国《互联网信息服务管理办法》《非经营性互联网信息服务备案管理办法》的有关规定，国家对经营性互联网信息服务实行许可制度，对非经营性互联网信息服务实行备案制度，未取得许可或者未履行备案手续的，不得从事互联网信息服务。此外，《中华人民共和国侵权责任法》《信息网络传播权保护条例》以及《中华人民共和国电子商务法》都规定了网络服务提供者的相关责任，同时也为地域管辖的“服务器标准”提供了实体法上的依据。对于网络服务商而言，其在提供相应网络服务时，应当对发生在其网络服务器上的侵权行为负有一定的监管职责。权利人一旦发现权利在网络空间受到侵害的，可以依据网络服务器所在地作为管辖连接点提起诉讼。

四、地域管辖“服务器标准”的扬弃

地域管辖的“服务器标准”虽然在一段时期内适应了网络技术的发展，一定程度上亦弥补了传统管辖规则的不足。然而，在当前的网络技术环境下，由于“服务器标准”面临新的技术困境以及在司法实践中运用的混乱状态，对于网络服务器作为管辖连接点的适用，除了《规定》中提到的当事人协议管辖外，建议在知识产权侵权案件中明确取消该管辖规则。

（一）“服务器标准”已经无法适应新的技术和商业模式

在传统技术条件下，“服务器标准”作为一种特殊的管辖规则，其主要优势在于网络服务器所在地是虚拟世界与现实世界之间最稳定的连接点。但是，随着近年来云服务、大数据等网络新技术的迭代升级，网络服务器作为管辖连接点已经面临难以克服的技术障碍。在服务器托管的新商业模式中，服务器所有者和实际使用者已经处于分离的状态，再加上为了应对大数据、云计算的需求，网络服务器在全国乃至全球的多点分布已成常态。在新的网络技术环境下，继续坚持依据网络服务器确定管辖地，既不科学也不便民。

对于“服务器标准”所面临的技术困境，最高人民法院在《利用信息网络侵害人身权益民事纠纷司法解释》中已经就删除“网络服务器”作出了充分的说明，其理由概括起来主要有三点：第一，网络技术的发展尤其是云计算技术的发展，导致很多互联网企业无需再建立自身的服务器，而是通过云计算供应商提供的云计算服务实现功能。第二，从互联网技术的发展来看，互联网企业越来越多地采用分布式设立服务器。某个侵权信息可能会涉及不同地点的服务器。而该服务器所在地可能在原被告住所地之外的第三地，如果以此地作为管辖地，不利于当事人诉讼和人民法院审理。第三，从实践中来看，选择服务器所在地作为管辖连接点的情形十分少见，主要原因是原告要提供证据证明服务器所在地非常困难。[①] 地域管辖“服务器标准”本身就是网络技术发展的产物，既然当前的技术发展已经超出了原来制度设计的初衷，当然需要及时予以调整乃至从管辖的连接点中删除。

（二）“服务器标准”不符合便民和高效的管辖基本原则

互联网空间的无界性以及技术与商业模式的飞速变化，对于知识产权侵权案件地域管辖的便利和效率价值提出了更高的要求。《民事诉讼法》确定了便利当事人进行诉讼和便利人民法院行使审判执行权（简称“两便原则”）的管辖基本原则。[②] 在新的网络技术环境下，适用“服务器标准”既不方便当事人诉讼，也不符合高效快速解决纠纷的目的。

就方便当事人诉讼而言，首先对于网络服务器所在地的确定，本身就是一项技术性很强的工作，难以为大众所掌握。由于网络服务器所在地不等同于网络服务商注册地，原告如以网络服务器作为管辖连接点，首先要举证证明服务器所在地的具体地址，为此，当事人不但要具备相应的网络技术知识，必要时还需申请法院通过调查取证方式，证明侵权网站 IP 地址所对应的网络服务器的具体地址。随着网络服务器技术的发展，对于类似 CDN 服务器加速功能以及服务器虚拟化所带来的新问题的判断，不但涉及技术问题，而且也涉及法律问题。如果让当事人和法院为了确定管辖连接点而不得不做大量基础性工作，显然与“两便原则”是背离的。其次，在当前网络服务器分布式设立的商业模式下，网络服务器所在地既不在原告

---

① 参见杨临萍、姚辉、姜强：《〈最高人民法院关于审理利用信息网络侵害人身权益民事纠纷案件适用法律若干问题的规定〉的理解与适用》，载《法律适用》2014 年第 12 期。

② 参见王胜明主编：《中华人民共和国民事诉讼法释义》，法律出版社 2012 年版，第 30 页。

住所地，也不在被告住所地，有的网络服务器甚至分布在偏远地区。如果由一个偏远地区的法院管辖住所地都在千里之外的原被告的纠纷，就管辖的便利性而言是一个零和博弈，其结果只能是诉讼中的任何一方都不满意。

就诉讼的效率价值而言，涉及网络知识产权侵权案件的诉讼中（特别是侵犯商业秘密、侵犯发表权的案件），原告需要通过及时制止侵权行为来止损。如果原告需要花大量的时间去举证证明网络服务器所在地，而被侵权人却以网络服务器地址不在受诉法院为由提出管辖权异议，甚至在法院驳回异议后还可以提起上诉。根据笔者对审判实务的了解，一件管辖权异议纠纷案件经历一审、二审，再加上案卷在上下级法院之间的流转时间，一般需要四个月左右。这种由于“服务器标准”本身技术难点造成的管辖异议纠纷，无端增加了原告的诉讼成本，造成了诉讼周期的拖延，也不符合快速解决纠纷的诉讼目的。

（三）“服务器标准”打乱了知识产权案件地域管辖规则体系的自洽性

我国著作权、商标权、专利法司法解释都针对知识产权案件的特点，在被告住所地以及侵权行为地之外，就地域管辖规则作出了多样化的规定。如《最高人民法院关于审理专利纠纷案件适用法律问题的若干规定》第5条第2款规定，侵权行为地包括：被诉侵犯发明、实用新型专利权的产品的制造、使用、许诺销售、销售、进口等行为的实施地；专利方法使用行为的实施地，依照该专利方法直接获得的产品的使用、许诺销售、销售、进口等行为的实施地；外观设计专利产品的制造、许诺销售、销售、进口等行为的实施地；假冒他人专利的行为实施地。上述侵权行为的侵权结果发生地。《最高人民法院关于审理商标民事纠纷案件适用法律若干问题的解释》第6条规定，因侵犯注册商标专用权行为提起的民事诉讼，由《中华人民共和国商标法》第13条、第52条所规定侵权行为的实施地、侵权商品的储藏地或者查封扣押地、被告住所地人民法院管辖。《最高人民法院关于审理著作权民事纠纷案件适用法律若干问题的解释》第4条规定，因侵犯著作权行为提起的民事诉讼，由《著作权法》第46条、第47条所规定侵权行为的实施地、侵权复制品储藏地或者查封扣押地、被告住所地人民法院管辖。《民事诉讼法司法解释》第 25 条则进一步规定了信息网络传播权可以以原告住所地作为管辖点。

在相关知识产权法律法规已经规定多种更为便利的管辖连接点的条件下，在知识产权侵权诉讼中，“服务器标准”使用率低，同时也打乱了知识产权案件地域管辖现有规则体系本身的自洽性，其继续存在的必要性存疑。

五、结语

综上所述，鉴于地域管辖“服务器标准”所面临的技术困境和诉讼障碍，在涉知识产权案件地域管辖制度设计中，除了当事人约定将网络服务器所在地作为管辖连接点之外，应当将相关司法解释中明确规定的管辖“服务器标准”予以取消，尽量降低因确定管辖地法院给原告带来的时间和经济成本。判

（本文仅代表作者个人观点）

个人破产制度在我国建立的必要性与可行性分析

陈　希*

近日，浙江省平阳县人民法院办结了全国首例“具备个人破产实质功能和相当程序的个人债务清理”案件。① 与此同时，乐视控股集团创始人贾跃亭向美国特拉华州法院申请个人破产重组，引发社会各界关注。个人破产制度建立的时机是否成熟以及如何构建适合中国国情的个人破产制度的问题再一次成为讨论的焦点。在这一背景下，我们有必要再次审视在我国设立个人破产制度的必要性和可行性。

一、个人破产制度产生的原因与背景

个人破产是指当作为债务人的自然人在丧失还债能力或无法清偿到期债务时，由债务人或债权人向法院提出申请，由法院宣告债务人破产，将其全部财产公平分配给债权人并免除其部分债务的法定程序。

早期的个人破产制度起源于古罗马，在中世纪的意大利和英国得到了较大发展。纵观世界各国个人破产制

---

* 中国政法大学法律硕士学院讲师。

① 参见浙江省平阳县人民法院行为限制令（2019）浙0326执清3号。

度的发展历史，个人破产制度的产生总是与债务问题息息相关。当人类社会发展到商品交换时代，债的发生就会成为必然，而债务纠纷能否得到妥善处理，逐渐成为了保障社会秩序稳定的关键。人们并非一开始就对“欠债不偿”施以宽宥，破产法经历了从“破产有罪”到“破产无罪”的逐渐变化。在古罗马，债务问题曾主要通过债权人自力救济的方式加以解决。若债务人无力还债，债权人可以将其卖到国外为奴甚至杀死。如果债权人为多人，则可共享出卖所得或分割债务人尸体。随着古罗马商品经济的快速发展以及债务纠纷的普遍发生，如此残酷的偿债方式逐渐遭到广泛反对。公元前326年，罗马通过《帕特利亚·帕披利亚法》（Lex Peatilia Papiria de Nexis），禁止贩卖和杀害债务人，将债务人的人格与财产加以分离，并建立了通过法定程序执行债务人财产的制度。① 在英国，“现代之前的破产法几乎完全是惩罚性的”。自1267年的马尔巴勒法（the statute of Marlborough）开始，法律一直建立在破产有罪的思想基础之上，对不能归还债务的债务人予以人身的强制执行，直至债务人归还其债务。到了19世纪，对债务人的人道主义思想逐渐复苏，监禁破产债务人的做法才被彻底废除，破产免责的特别恩典也逐渐在诚实而支付不能的债务人之中得到适用。② 法国、德国、日本、意大利等国都曾将欠债不还的行为视为罪恶，并加以处罚、监禁，但随着社会的发展，也逐渐舍弃了破产有罪的思想，实现破产免责。

在现代各国的个人破产制度中，以美国破产法最为典型。美国个人破产制度的繁荣与发展也与债务纠纷有着密不可分的联系，在整个19世纪时期，美国个人破产立法的热潮都与阶段性经济危机的爆发相伴而行。③ 许多人坚信“国家的经济危机来源于沉重的债务，只能通过偿还债务来减轻危机”。④ 因此，个人破产制度被当作缓解经济危机的临时性工具。当经济

① 参见文秀峰：《个人破产法律制度研究－兼论我国个人破产制度的构建》，中国人民公安大学出版社2006年版，第2页。

② 参见［英］菲奥娜·托米：《英国公司和个人破产法》，汤唯建、刘静译，北京大学出版社2003年版，第7～11页。

③ 早期美国破产法的调整对象主要是陷入财务危机的个人和小型企业。

④ ［美］小戴维·A. 斯基尔：《债务的世界：美国破产法史》，赵炳昊译，中国法制出版社2010年版，第29页。

危机来临时，国家匆忙通过破产立法缓解经济萧条；一旦危机过去，又将破产法弃之不用。也正因如此，美国破产法在19世纪经历了三次废立。①后来，在破产法的反复废立之中，人们逐渐意识到，一味地对债务穷追不舍并不能解决债务危机，只有“保护诚实的债务人和债权人，鼓励风险借贷的发展”，才能保障经济的繁荣。② 到了19世纪末，代表债权人利益的商业组织逐渐涌现，由于缺乏统一的联邦破产法，在债务人面临财务危机时，州法律往往会维护当地债务人，而进行州际贸易的债权人却无法获得公平清偿。因此，债权人开始极力争取颁布一部统一的联邦破产法，但却遭到债务人的强烈反对。③ 经过多年的交锋，1898年，在代表债权人利益的商业组织的极力推动下，总统签署了《破产法案》。为了减少来自债务人的阻力，在这部法案中，债权人在财产豁免和强制破产等问题上做出了巨大的让步，也正因如此，这部破产法不再是债权人收债的机器，而是一部公正对待债务人和债权人权益的法案。1898年的破产法开创了美国特色的个人破产模式，此后，美国破产法虽然经历了多次修订，但法律的天平只是在债务人和债权人的利益之间略微摇摆，如今的个人破产法仍保持着1898年破产法的轮廓，个人破产制度的根基未受动摇。

二、个人破产制度的优越性

在个人破产制度中，债务人自然是最直接的受益人：通过个人破产，债务人可以从繁重的债权债务关系中脱离出来，重新参与社会生产生活。但个人破产制度的意义却远不止于此。惩戒和保护，是破产制度永恒的两大主题：惩戒不诚实的债务人与债务拖欠，保护债权人和诚实的债务人。个人破产制度不仅有利于债务人，债权人也能够从中获益，还可以提高社会整体运行效率，可以说个人破产制度最大的意义在于债务人、债权人及社会利益的共同实现。

---

① 美国第一部破产法于1800年通过，1803年废止；1841年破产法于1843年被废止；1867年破产法于1878年被废止。

② ［美］小戴维·A. 斯基尔：《债务的世界：美国破产法史》，赵炳昊译，中国法制出版社2010年版，第3页。

③ 早期的个人破产法是债权人的执行机器，因此，债权人推动联邦破产法的举动遭到了债务人的反对。

保护债权人的利益，使其得到公平有效的清偿，是破产制度建立的初衷，各国的破产立法也往往围绕这一主题展开。个人破产中的免责、自愿破产、免于课以失权处罚等制度的诞生也都与激励债务人主动还债密切相关。个人破产制度为解决债权债务纠纷提供了一个完整的制度体系，使得对债权人利益的保护更加规范化：破产清算程序中债务人主动申报财产的义务可以大大减轻债权人查明债务人的负担；破产公示程序使得债权人有机会公平受偿；破产中止制度可以防止债务人私下处置财产，防止个别债权人牺牲其他债权人整体利益谋求私利的强制执行；破产撤销制度可以阻断非法转移财产的行为，将本应用于清偿全体债权人的财产收回。虽然其中的部分制度也可以在民法中找到一些相似的替代性措施，但个人破产中的各项制度更具有程序保障性，不但有助于债权更充分的实现，还能够让债权人在法律的引导下更有秩序地参与到债务人的财产分配之中，避免暴力逼债、涉黑讨债等违法行为的发生，保证债权人获得更为公平有效的清偿。

个人破产制度是市场经济繁荣发展的必然需求。对债的宽恕是个人破产制度诞生的重要前提，也是人类社会发展的必然趋势。在市场经济中，有得利者就必然有失利者，债务的产生是一种必然，很难完全归责于某一方。欠债不还自然不值得推崇，但既然问题已经产生就必须有相应的制度加以解决。因此，当债务积累到一定程度无力偿还之时，都需要有完善的市场退出机制来调节这一矛盾。对于诚实而不幸的债务人，法律应该给予他们结束噩梦、重新开始的机会，而不是让他们在债务的压迫下永不翻身，甚至走向违法犯罪的道路。在经济发展中，个体工商户、合伙企业、私人企业以及自然人都是必不可少的重要力量，在市场退出机制之上应当使他们与企业法人在同等条件下展开竞争。个人破产制度的存在，大大降低了个人在投资创业中的失败成本，使他们不必担忧可能因为一次的创业失败而难以翻身，因此，个人破产制度能够让更多的自然人参与到市场经济活动中，促进经济的繁荣。①

个人破产制度还是社会福利系统的重要补充。在美国，由于缺乏普遍的失业和医疗保险，相当大部分的个人破产案件都与失业和疾病相关。对

① 参见许德风：《论个人破产免责制度》，载《中外法学》2011 年第 4 期。

于那些失去收入来源或者面临巨额医疗账单的家庭，申请破产是他们唯一的出路。而在欧洲，由于二战以后社会保障制度和福利体系远超美国，个人债务问题的急迫性也低于美国，在欧洲各国的个人破产制度中债务免责往往受到严格的限制，法律可能要求债务人在很长的一段时间内继续还债，而不是像美国破产法一样立即给予债务豁免。① 但随着债务危机的扩大和经济活力的衰退，欧洲的社会福利制度也越来越难以为欧洲居民提供充足的保障，因此，欧洲各国开始频繁修改个人破产制度，放宽个人破产的准入门槛，以弥补社会福利体系的漏洞。个人破产制度为人们的生活设置了一个底线以解决社会福利未能覆盖的困境。

三、我国现存的问题

如上所述，个人破产制度的产生总是与债务问题息息相关。自1949年以来至今70年的时间里，我国一直未曾建立个人破产制度，但这并不意味着我国不存在债务人资不抵债、无力偿债的问题。事实上，在当今中国，房贷已经成为居民普遍的债务负担，中国家庭金融调查（CHFS）显示，中国家庭的房产在总资产中占比高达69%，其中30%的家庭每月还贷占收入比甚至超过50%，已明显超过国际通行的40%临界值。对中国家庭来说，房价的任何波动都会引起家庭财富的巨大变化，而一旦遭遇个人投资经营失败、过度消费、失业、疾病或意外开支等社会问题，个人极有可能会面临无力清偿债务的危机。

与债务问题相伴而生的，是“执行难”问题的持续存在。2018年，“基本解决执行难”的阶段性目标实现，然而，仅仅依靠几年一次的集中清理积案活动，只能一时缓解执行压力，并不能从根本上解决执行难的问题。2019年6月11日，最高人民法院公布《最高人民法院关于深化执行改革健全解决执行难长效机制的意见——人民法院执行工作纲要（2019—2023）》，确定十个方面、共计53项的主要任务，推动法院执行工作向“切实解决执行难”的目标前进。执行问题仍将是法院未来工作的重中之重。

---

① 参见齐砺杰：《债务危机、信用体系和中国的个人破产问题》，中国政法大学出版社2017年版，第247页。

除此之外，层出不穷的老板跑路事件也说明企业经营者的债务问题有必要受到关注。自2011年起，大量温州民营企业老板被爆出因企业负债过高、资金链断裂而跑路的消息。至今，企业经营者的跑路潮仍在继续上演，并扩展到全国各地，涉及各行各业。企业经营者债务危机产生的原因包括非法人企业倒闭引发的无限连带责任，① 以及企业破产引发的民事赔偿责任和担保责任等。② 其中，企业经营者为公司贷款提供个人连带担保是其陷入个人债务危机的主要原因。在实践中，金融机构将大量资金放贷给信用较为良好的大型企业，中小企业却出现了融资难的问题，这迫使企业经营者为了获得融资将个人和家庭财产作为担保，以保证金融机构可以在公司倒闭破产后仍能向企业经营者追索债务。企业经营者保证虽然解决了在金融机构为中小企业提供贷款的后顾之忧，却让企业经营者不得不在企业经营失败后背负巨额债务。由于缺乏个人破产制度，许多中小企业的经营者选择用跑路的方法躲避债务。

以上问题的存在不仅不利于经济的良性发展，更会成为影响社会和谐的不稳定因素。

四、个人破产制度的必要性

（一）现有的个人破产替代性措施

2019年7月，发改委等13部门联合印发了《加快完善市场主体退出制度改革方案》（以下简称方案）。该方案首次提出了个人破产制度，明确指出要重点解决企业破产产生的自然人连带责任担保债务问题，逐步探索自然人符合条件的消费负债依法免责，并最终建立起全面的个人破产制度。2019年10月9日，浙江省温州市中级人民法院联合浙江省平阳县人民法院召开新闻通报会，介绍审结的全国首例具备个人破产实质功能和相当程序的个人债务集中清理案件情况。本案中，被执行人蔡某与全体债权人达成一致协商意见，蔡某对200余万元债务按照1.5%的清偿比例（即

---

① 《个人独资企业法》第31条规定："个人独资企业财产不足以清偿债务的，投资人应当以其个人的其他财产予以清偿。"

② 《企业破产法》第125条规定："企业董事、监事或者高级管理人员违反忠实义务、勤勉义务，致使所在企业破产的，依法承担民事责任。"

32000元）在18个月内一次性清偿，并承诺此后6年内，若其家庭收入超过12万元，超过部分的50%将用于偿还未受清偿的债务。

该案是前述方案发布后的首例个人破产案件，打响了个人破产制度司法实践的第一枪，值得高度关注和认真研究。这一个人债务清理案具有以下几个特点：首先，主体是企业破产后产生连带责任的自然人，属于发改委发布方案中特别强调的情形；其次，在进行债务清理之前，法院指定专人对被执行人的财产状况进行了审查，以确保无隐匿的财产；最后，确定了6年的破产期，并发出限制令限制蔡某的高消费和担任企业相关职务的行为。

以上内容都是对个人破产制度的有益尝试，但值得注意的是，我国首例个人债务清理案还只是个案，缺乏普遍性，在个人破产制度尚未正式确定的情形下，我国绝大多数个人债务问题的处理主要依靠民事执行程序，除了目前正处于摸索过程中的个人债务清理程序外，现行的债务纠纷解决机制主要包括：

1. 参与分配制度：参与分配制度是指当某个取得执行依据的债权人申请执行后，如果其他债权人发现债务人不能清偿所有债权，可以申请参加到已启动的执行程序中，要求就执行所得金额在各债权人之间公平分配。我国的参与分配程序由《最高人民法院关于适用〈中华人民共和国民事诉讼法〉的解释》和《最高人民法院关于适用〈中华人民共和国民事诉讼法〉执行程序若干问题的解释》两个司法解释予以规范。根据司法解释的规定，我国的非法人企业、合伙组织或企业以及自然人有两个以上债权人已经或正在通过诉讼获取执行依据，而其财产又不足以清偿时，就只能申请参与分配。

2. 限制高消费制度：限制高消费是民事强制执行的配套制度之一，其目的在于通过限制被执行人高消费迫使被执行人主动履行义务。2010年最高人民法院颁布了《关于限制被执行人高消费的若干规定》（2015年已修改）对限制被执行人高消费制度作出了详细的规定；2013年，《最高人民法院关于公布失信被执行人名单信息的若干规定》开始实施，规定了被执行人被纳入失信被执行名单的情形；同年，全国法院失信被执行人名单信息公布与查询平台面向社会开通；2016年，44个国家部委、中央机关联合发布《关于印发对失信被执行人实施联合惩戒的合作备忘录的通知》，对失信被执行人设立金融类机构、从事民商事行为、享受优惠政策、担任重要职务等方面进行限制，更大范围地惩戒失信被执行人。①

3. 被执行人最低生活保障制度：在执行自然人债务人的财产时，应当为其生活及其抚养家属保留必要的居住房屋和普通生活必需品，包括衣服、炊具、家具、生活费、完成义务教育所必须的物品等。② 根据《民事诉讼法》第243条规定：被执行人未按执行通知履行法律文书确定的义务，人民法院有权扣留、提取被执行人应当履行义务部分的收入。但应当保留被执行人及其所扶养家属的生活必需费用。《最高人民法院关于人民法院民事执行中查封、扣押、冻结财产的规定》第5条列举了法院在执行中不得查封、扣押、冻结的财产。

然而这些制度无法从根本上解决现存的问题。

（二）民事执行程序无法替代个人破产制度的作用

1. 参与分配制度只能是破产程序的有益补充，却无法取代破产制度，解决多数债权人的财产分配问题。（1）在主体方面，参与分配的主体窄于个人破产制度。如前所述，根据司法解释规定，参与分配的主体必须是已经或正在通过诉讼获取执行依据的债权人，未提起诉讼的债权人则不具备申请参与分配的资格；而债权人参与破产程序则没有类似的限制，无论有无执行依据或者债权到期与否，债权人均能参与到破产清算的程序之中。这样的规定更加符合债权平等的原则。（2）申请参与分配难度较大。申请参加他人已经开始的分配程序须满足两个条件：第一，必须知道针对债务

---

① 《备忘录》包括55项惩戒措施，分为八大类：第一类是对失信被执行人设立金融类机构的限制措施；第二类是对失信被执行人从事民商事行为的限制措施；第三类是对失信被执行人行业准入的限制措施，例如限制招录（聘）其为公务员或事业单位工作人员等；第四类是对失信被执行人担任重要职务的限制措施；第五类是对失信被执行人享受优惠政策或荣誉的限制措施；第六类是对失信被执行人高消费及其他消费行为的限制措施；第七类是对失信被执行人限制出境、定罪处罚的限制措施；第八类是协助查询和公示失信被执行人信息的措施。

② 参见李帅：《论我国个人破产制度的立法之路——以破产条件不成熟论的批判而展开》，载《商业研究》2016年第3期。

人的财产执行程序已经开始；第二，必须发现债务人不能清偿所有债务。①但在参与分配制度中，债务人没有义务公开其财务状况和通知其他债权人以上事实，而对于启动申请程序的债权人，更多债权人的加入会导致债权清偿比例减低，出于自身利益的考虑，他们更不会向其他债权人透漏这些信息。因此，在实践中，其他债权人参与分配的难度非常大。而在破产程序中，一方面，债权人只要发现债务人不能清偿就可以申请破产；另一方面，债务人必须对其所有的债权人进行通知，因此，在个人破产程序中，以上障碍并不存在。（3）参与分配制度的客体十分有限。参与分配是参与到他人已经开始的执行程序之中，因此，其客体仅限于被执行人已经采取强制执行措施，即依据申请执行人的债权额度，查封、扣押和冻结的财产。对于尚未采取强制措施的财产，债务人也没有主动申报和提交的义务，其他人债权人若要获得更多清偿，只能另行起诉。而在个人破产制度中，债务人必须申报全部财产，破产法中还有许多制度鼓励债务人诚实地交出一切可供分配的财产。

2. 限制高消费和失信被执行人名单制度与失权制度看似相似，实则存在巨大差异。限制高消费和失信被执行人名单制度针对的是“无正当理由拒不执行和解协议”和“其他有履行能力而拒不履行生效法律文书确定义务”的被执行人,② 而破产失权制度针对的则是“资不抵债且无清偿能力”的债务人，二者在适用主体上有着本质差异。在现行的执行程序中，由于被执行人是否具有履行能力难以界定，许多“诚实而不幸”的债务人也被贴上了“老赖”的标签，这不仅损害了债务人的尊严，也削弱了他们努力工作的热情，与破产法尊重人权、鼓励债务人重新开始的精神背道而驰。针对这一问题，2017年3月1日，最高人民法院发布《关于修改〈关于公布失信被执行人名单信息的若干规定〉的决定》指出：终结本次执行

---

① 参见韩长印：《个别执行与破产的双重立法选择——兼论自然人的破产能力》，载《河南政法干部管理学院学报》2000年第6期。

② 《最高人民法院关于公布失信被执行人名单信息的若干规定》第1条规定：“被执行人具有履行能力而不履行生效法律文书确定的义务，并具有下列情形之一的，人民法院应当将其纳入失信被执行人名单，依法对其进行信用惩戒：……（五）被执行人无正当理由拒不履行执行和解协议的；（六）其他有履行能力而拒不履行生效法律文书确定义务的。”

程序后，通过网络执行查控系统查询被执行人财产两次以上，未发现有可供执行财产，且申请执行人或者其他人未提供有效财产线索的，法院应当在三个工作日以内删除失信信息。[①] 这一规定使得“资不抵债且无清偿能力”的债务人可以在终结本次执行执行程序后被撕去老赖的标签，在一定程度上反映了法律人性化，体现了立法的进步。但在实践中，由于法院接收的执行案件数量庞大，等待裁定执行终结的时间往往十分漫长。在裁定执行终结本次执行之前，“诚实而不幸”的被执行人仍会纳入失信被执行人名单，承担被视作“失信者”和“失败者”的压力。此外，反复的终结本次执行和恢复执行也不利于及时清理积案。可见，限制高消费制度和失信被执行人名单信息制度虽然为破产失权制度的建立奠定了一定的实践基础，但仍与失权制度的作用存在差异。

3. 相比个人破产中的自由财产制度，目前我国法律关于被执行人最低生活保障的规定过于笼统，还有许多待完善之处。自由财产制度是对破产人基本生存权的保护，是个人破产中的重要制度。相比个人破产法中的自由财产制度，我国的最低生活保障制度对保留生活必需品的价值、数量和类别并没有详细的规定，给实际中的执行带来了困难。而自由财产制度则对往往对以上内容作出详细列举。以美国破产法为例，《美国破产法典》第 522（d）条规定下列财产为自由财产：（1）不超过 15000 美元的房产；（2）价值不超过 2400 美元的机动车；（3）价值不超过 1000 美元的首饰；（4）单价不超过 400 美元且总价值不超过 8000 美元的衣物、粮食、电器、家具、书籍、乐器、动物、日常物品等；（5）任何单价不超过 800 美元且总价值不超过 7500 美元的财产权益；（6）保健辅助用具，非法死亡赔偿金，不超过 15000 美元的人身伤害费，不超过 1500 美元的器具、书籍和工具等；（7）保险；（8）8000 美元以下的人寿保险、未到期的人寿保险合同等；（9）公共援助津贴、社会保险利益、失业补偿金、退伍费用、犯罪

---

① 《最高人民法院关于修改〈关于公布失信被执行人名单信息的若干规定〉的决定》第 10 条规定：“将第七条改为第十条，修改为：“具有下列情形之一的，人民法院应当在三个工作日内删除失信信息：……（四）终结本次执行程序后，通过网络执行查控系统查询被执行人财产两次以上，未发现有可供执行财产，且申请执行人或者其他人未提供有效财产线索的……”

受害赔偿金等。[①] 这种详细的列举式规定避免了实际操作中的不确定性，有利于自由财产制度的规范实施。

通过以上的对比可知，执行程序本身存在许多固有缺陷，在实践中虽然耗费了大量司法资源，但仍有大量债权债务纠纷无法得到妥善处理。反观个人破产制度，已经在世界各国建立百年，具有完善的理论框架和丰富的实践经验。在解决债务纠纷的问题上，相比现行的民事执行制度中的零散措施，个人破产制度具有更加严密的理论基础和经验积淀。

（三）个人破产是化解“执行难”的有力手段

在全国各级法院接收的执行案件中，有财产给付内容的案件大约占到90%，其中，无财产可供执行的案件占执行案件总数的40%左右。可见，在执行案件中，执行不能的情况占据了很大的比重，妥善解决执行不能案件，就能大大缓解执行压力，改善执行难。

在现行制度下，即便法院穷尽所有执行措施，还是无法对确无财产可供执行的被执行人实现执行，还会陷入“终结本次执行—申请恢复执行—再次终结本次执行—再次申请恢复执行”的恶性循环。[②] 针对执行不能的情况，与其在判决中开具一个不能兑现的“空头支票”，并耗费大量资源反复执行，不如自始引入破产制度，让已无执行能力的债务人直接进入破产程序。2017年1月20日，最高人民法院发布《关于执行案件移送破产审查若干问题的指导意见》，规定了执行案件移送破产审查（“执转破”）的具体内容和实施规则，使得大量僵尸企业得以清除，为妥善处理企业执行难的问题提供了新的路径。但是，由于我国目前没有设立个人破产制度，执转破程序只能运用于企业，个人因经营不善或过度消费行为导致到期债务无法清偿的情况仍然无法得到解决。在没有个人破产制度的情况下，一方面，债权人无法实现债权，债务人时刻面临司法强制执行，许多债务成为“烂账”“坏账”，长期缠绕着债权人和债务人；另一方面，法院的判决久久得不到执行，不仅耗费了大量司法资源，还使得司法公信渐失。在这种情形下，如果能够引进个人破产制度，大量执行不能的案件在审判阶段就能通过宣布破产的方式予以化解，使债权债务关系及时得到清

---

① See 11 U. S. Code § 522 (d).

② 孙静波：《执行与破产相衔接立案实务研究》，载《人民司法》2013年第7期。

理，而无需进入执行阶段，以达到减少执行数量、消化执行积案、减轻执行压力、缓解执行难的效果。因此，建立个人破产制度有利于完善执行退出机制，从源头上减少执行难和执行不能的问题，实现强制执行程序的良性循环。

（四）个人破产有利于解决企业经营者的个人债务危机

由于我国个人破产制度的缺失，企业经营者陷入债务危机后既不能通过个人破产程序获得免责，也无法通过企业破产豁免保证责任，导致大量企业经营者宁可选择携带公司财产跑路，也不愿意申请企业破产。企业经营者跑路会产生多方面的不良影响，从债权人和职工的角度来看，债权人的债务难以清偿，职工无法得到妥善安置，成为影响社会稳定的重要因素；从企业的角度来看，大量企业由此成为僵尸企业，无法通过破产重整重获生机，造成社会资源的浪费；从社会投资方面来看，大规模的跑路潮会影响到相应区域和行业的经济投资，不利于经济的健康发展；而从企业经营者的角度来看，尽管选择跑路可以让他们一时躲避债务，但也意味着他们要永远过上躲躲藏藏、不见天日的生活，而无法获得东山再起的机会。如果能够设立个人破产制度，企业经营者就可以依法申请破产，按照法定程序妥善处理个人和企业的债务问题，实现企业经营者、企业、员工、债务人以及整个社会的多方利益共赢。

五、个人破产制度的可行性

尽管人们对于我国是否应该出台一部个人破产法莫衷一是，但个人破产制度本身的价值并未受到否认。有学者阻止目前在我国进行个人破产立法的出发点在于我国目前出台此制度的条件尚不成熟，主要依据是我国的个人信用体系尚不完善，以及个人破产的施行可能诱发大规模的逃债行为。① 事实上，以上理由已经无法成为设立个人破产制度的障碍。

（一）个人信用体系

有观点认为，个人信用体系的成熟是建立个人破产制度的前提，而我

① 参见李帅：《论我国个人破产制度的立法之路——以破产条件不成熟论的批判而展开》，载《商业研究》2016 年第 3 期。

国的信用体系尚不完善，在这样的情形下推广个人破产制度，不仅会使个人破产在我国形同虚设，还会对尚处于发展中的信用体系造成毁灭性打击。

个人信用体系是记录和评估个人信用状况的文件资料和相关制度体系的总称，内容包括个人信用信息记录制度、个人征信制度和个人信用风险管理机制等。① 相比于发达国家，我国的个人信用体系虽然起步较晚，但也已经初具规模。在个人信用信息记录制度方面，中国人民银行已经建立起金融信用信息基础数据库，目前这一数据库已经覆盖了全国所有金融机构的网络，是世界上规模最大、收录人数最多的信用信息基础数据库；截至2017年5月，累计3000家机构接入数据库，收录了9.26亿自然人的信用信息；2017年1月至5月，个人信用信息报告日均查询343万次，为商业银行等机构防范信贷风险提供了重要支持。② 在征信制度方面，2006年3月，中国人民银行设立中国人民银行征信中心，负责企业及个人征信系统的建设、运行和维护，征信中心在全国31个省和5个计划单列市设有征信分中心；2015年1月，中国人民银行下发《关于做好个人征信业务准备工作的通知》，要求芝麻信用、腾讯征信等8家公司做好个人征信业务的准备工作；2018年2月22日，央行官网发布公告，宣布百行征信有限公司的个人征信业务申请已经获得央行许可，将致力于纳入央行征信中心未能覆盖到的个人金融信用数据。在个人信用风险管理方面，2013年，国务院发布《征信业管理条例》，并出台一系列信用体系建设的规章制度，确立了征信业务及其相关活动所应遵循的制度规则，规定了人民银行及其派出机构对征信业务的监督职责和管理手段，为实现征信业务的常态化管理提供了法制保障。③

尽管中国目前的个人征信制度还存在着许多问题，如覆盖全社会的征信系统尚未形成、守信激励和失信惩戒机制尚不健全、信用信息供给渠道

---

① 参见郭志俊、吴椒军：《论我国个人信用体系的法律制度建设》，载《社会科学论坛》2010年第5期。

② 《央行：金融信用信息基础数据库已收录9.26亿自然人信息》，载 http://finance.sina.com.cn/china/gncj/2017-06-20/doc-ifyhfhrt4998277.shtml，2018年5月24日访问。

③ 中国人民银行《中国征信业发展报告》。

狭窄等，但这些并不能成为建立个人破产制度的阻碍。如前所述，债务免责的制度在古罗马就已初具雏形，但直到20世纪之后，才逐渐有商业性的有偿个人信用信息征信公司成立。通过分析各国个人破产的发展历程可知，几乎所有国家个人破产制度的建立都是先于个人信用体系的。因此，个人信用体系是个人破产制度建立的前提的说法存在着倒因为果的逻辑错误。事实上，个人信用体系正是在解决债务执行问题的过程中不断发展与完善起来的，作为解决债务问题的重要制度，个人破产为个人信用体系的发展起到了巨大的推动作用。可以说，个人破产制度的缺失会使得个人信用体系失去快速发展的一大动力。此外，个人破产制度还是信用制度的重要补充，当破产人进入个人破产程序之后，法院会对破产人的全部财产和债务状况进行完整的调查和统计，其中的许多信息是无法通过一般途径获取的，破产案件中所查明的财产和债务状况也是个人信用体系的重要信息来源。因此，我国的个人破产制度不应本末倒置地消极等待个人信用体系自行完善，而是应当推动二者相互促进、共同发展。

（二）个人破产并不等同于逃债的工具

长期以来，许多人视个人破产为洪水猛兽，认为一旦引入个人破产就极有可能会被债务人利用，引发虚假破产和恶意逃债的狂潮，这也导致许多人对这一制度避之而唯恐不及。这反映出了大众对于个人破产的误解和片面认识。事实上，个人破产首先是一项破产制度，其首要目的在于实现债权。各国破产法在赋予债务人免责可能性的同时，也对剩余债务的免除进行了严格的限制，并设计了许多相关制度避免个人破产的滥用。

首先，债务免除并非易事，只有在债务人资不抵债时，剩余债务才有可能获得破产免责，但各国法律都对个人破产中债务免除的条件和范围进行了严格的限制。而在被允许免除部分债务之后，债务人仍对剩余债务负有清偿义务。即使是在个人破产制度相对宽松的美国，破产免责也受到诸多限制，如《美国破产法典》第727（a）条规定，有欺诈性转移财产或未参加理财课程培训等行为的债务人将不能获得破产免责；第523（a）条规定了“破产免责的例外”：出于对特定债权人法定义务的救济或对债务人欺诈或准欺诈行为的惩罚，即使债务人申请破产免责，仍有特定类型的债务不能免于偿还，如税款、诈骗所得、子女抚养或离异生活费、故意侵权所致债务、应向政府机构支付的罚款、罚金或罚没的债务、学生教育贷款等。[①] 德国[②]和日本[③]的破产法也都规定了债务人不得申请免除剩余债务的情形。

其次，收入较高的债务人还有可能会被要求适用“个人破产重整”，即债务人不能直接获得破产免责，而是要按照破产重整计划，将自己一定期限内的未来收入用于偿还债务。2005 年以后，《美国破产法典》引入了“收入测试”（Means Test）的标准，根据各州划定的中等收入标准，收入低于本州中等收入的债务人可申请第 7 章破产，而收入超过所在州的中等收入水平且支付固定债务和开支之后每月还能剩余 100 美元以上的债务人，则只能申请第 13 章破产，否则债务人的破产申请将会被驳回。[④] 进入第 13 章破产程序之后，债务人可以保留剩余财产，但要提交一份 3 ~ 5 年的偿债方案，并按照方案偿还部分债务。这一制度有利于鼓励债务人偿还债务，扩大其债务清偿的范围，使债权人利益进一步得到保护。目前，越来越多

① 参见大卫·G. 爱泼斯坦等：《美国破产法》，韩长印等译，中国政法大学出版社 2003 年版，第 475 ~ 484 页。

② 新《德国破产法》第 29 条的规定，如果债务人有下列情形之一的，法院应否决其免责的申请：(1) 债务人因有破产犯罪行为的；(2) 在破产申请前最近 3 年内或者在破产申请后，债务人为获得贷款、取得公共资产或避免支付费用，对其经济状况故意或因重大过失而作出不实不完整的陈述的；(3) 在破产申请前最近 10 年内或者在破产宣告后，债务人曾被免责或者拒绝免责的；(4) 债务人在破产申请前最近一年内或者申请后，设立不合适的债务或者挥霍财产，或者在毫无希望改善其经济状况的情况下拖延开始破产程序，故意或重大过失地损害对债权人的清偿利益的；(5) 债务人在破产程序进行期间故意或者重大过失地违背本法规定的说明或者协作义务的；(6) 债务人在依照本法第 305 条第 1 款第 3 项的规定所提交的财产收入清单债权人的名单、债权清单中故意或者重大过失地作出不实或者不完整陈述的。

③ 《日本破产法》第 366 条规定的不许可免责事由是：(1) 破产人具有本法第 374 条第 375 条、第 382 条规定的破产犯罪行为的；(2) 破产人在破产宣告前一年内，已有破产原因的事实而利用欺骗手段掩盖事实，通过信用交易取得财产的；(3) 破产人提交虚假的债权人名单，或者向法院就其财产状况作虚假陈述的；(4) 破产人在破产申请前 10 年内，曾经获得过免责的；(5) 破产人违反本法规定的义务的。

④ See John Penn discussed Bankruptcy Law Changes on October 11, 2005, Transcript of the Washington Post live discussions.

的国家将破产重整引入到个人破产法之中，以通过分期清偿债务的形式使债权人获得更多清偿，如英国的个人自愿整理和郡法院的管理令程序、德国的消费者债务清理计划程序、日本的小规模个人再生程序和所得者再生程序等。①

此外，个人破产制度从诞生之日起就为逃债行为设置了诸多障碍。在个人破产制度中，对免责债务的限制，自由财产的界定，以及撤销权、取回权、别除权的行使，都是为了保证债务的公平有效清偿。大部分国家的破产法还规定了失权制度，通过对破产人特殊资格的剥夺对其进行震慑与惩罚，如《德国破产法》对破产人担任各类法院的法官、参审员和监护人资格进行了限制；《日本破产法》则禁止破产人担任遗嘱执行人、公证人、司法修习生、公安委员、监护人、律师、办理士、公认会计士等；《法国破产法》还有禁止债务人担任领导、经营、管理或监督任何工商或工业企业、农业经营企业及任何法人的规定。在失权制度下，即使债务人利用个人破产制度隐匿了财产，躲避了债务，却会因此失去大量从业资格和基本权利，并受到来自社会的否定性评价。因此，负产者利用用破产躲避债务的方法将会承担巨大成本，这会成为制约债务人滥用破产制度的内在动因。许多国家还对债务人适用个人破产的频率进行了限制，如《美国破产法》规定债务人两次获得第 7 章免责的时间间隔须为 8 年以上；如果债务人获得了第 7 章、第 11 章或第 12 章免责，之后 4 年内将被拒绝申请第 13 章免责；如果债务人获得了第 13 章免责，则两年内不可再次获得第 13 章免责。② 这就限制了债务人申请破产的频率，防止他们频繁利用破产制度规避债务。

即使实践中存在一些滥用破产制度的情形，也不应成为设立个人破产制度的障碍。正如《世界银行自然人破产问题报告》的调研所表明，在个人破产案件中真正的欺诈行为只占所有案例的 1% ~3%，这些少数事件并不能成为否定个人破产制度价值的理由。而与此同时，成百上千诚实的债

---

① 参见刘静：《个人重整程序与个人破产和解程序的识别》，载《法制与经济》2010 年第 1 期。

② 参见殷慧芬：《美国破产法 2005 年修正案述评》，载《比较法研究》2007 年第 2 期。

务人都从个人破产制度中获益，合法地寻求和接受了救济。① 事实上，任何制度都不可能是完美无缺的，以此作为不能制定个人破产法的理由无异于因噎废食。

六、结语

随着市场经济的深入发展，自然人和非法人主体深入参与商事活动成为不可逆转的潮流，同时，在房贷、车贷、失业、疾病、教育等重重压力之下，越来越多的民间债务纠纷浮出水面。现行的民事执行措施本身漏洞重重，依靠替代性措施和临时性规章解决债务纠纷的做法既无法化解“执行难”的问题，也并非长久之计。个人破产制度为我们提供了一个债务人、债权人和社会三方共赢的债务解决方案，② 使得现有的制度漏洞在个人破产的制度框架内一一化解。而同时，我国也具备了建立个人破产制度的环境条件和经济基础，可见，推动个人破产制度的时机已然成熟。

（本文仅代表作者个人观点）

① 参见自然人破产处理工作小组起草：《世界银行自然人破产问题处理报告》，殷慧芬、张达译，中国政法大学出版社2016年版，第53页。

② 许德凤：《论个人破产免责制度》，载《中外法学》2011年第4期。

论关联交易程序审查与实体审查的效力及关联[*]

——以《公司法司法解释五》第1条第1款为中心

朱 岩[**] 冯 琴[***]

一、关联交易司法审查演进及问题的提出

(一)关联交易程序性审查的发展演变——以美国法为例

关联交易本身是一个中性行为，对其进行审查源于股东和董事的信义义务，本质上是一种利益冲突交易。美国对关联交易审查大致经过了四个阶段。第一阶段，美国早期判例沿袭英国的严格规则,① 即法院可以在股

* 本文为教育部人文社科项目基地重大项目“民法总则研究”（项目批准号：13JJD820012）的项目成果。

** 中国人民大学民商事法律科学研究中心研究员、中国人民大学法学院教授。

*** 中国人民大学民商法学博士研究生。

① 英国衡平法上，传统的董事忠实义务来源于信托法上的受托人义务。1854年Aberdeen Rly Co. Blaikie Bros一案确立了董事与其公司订立的合同原则上可撤销的规则。这实际上是一种自我交易规则。

东或公司提出要求时撤销董事与公司的合同，不对合同公平性加以考虑。第二阶段，20世纪前后，随着经济高速发展，美国法院认识到关联交易本身并不必然损害股东或公司利益，开始采用新规则，即利益冲突交易合同如果得到了非利害关系股东或董事大多数同意的情况下，则不可撤销。①第三个阶段，随着董事与公司之间的交易形式复杂化，加上非利害关系董事参加董事会较少，法院审查重点转向交易本身，以实质公平作为利益冲突交易审查的重点，法院如认为关联交易公平，则不予撤销。此时，正当程序不具有证明交易正当性的效力。但完全注重实质公平，加重了法院的工作负担，且对法院专业性提出较高要求，并不现实，于是便到了第四个阶段，法院借助某些外部因素来衡量交易的公平性，公平标准仍旧是司法审查重点，"非利害关系的大多数"同意成为公平标准的参考因素，如果法院认定交易显失公平，则即使有非利害关系的大多数同意，交易也是可撤销的。②

由上述可见，美国对于关联交易的司法审查经过了严格到相对宽松再到严格、再宽松的历程。③ 从其历程看，对于程序性审查的效力存在着较大的争议，美国法上存在反复，例如《1931年加利福尼亚州公司法典》第820节的规定是交易可因利害关系董事或股东的同意而生效，但首次适用该条款的RemillardBrick Co. v. DandiniCo. 一案中，加利福尼亚州最高法院却认为即使技术性地满足了第820节的要求，交易如果是不公正不合理的，

---

① 这也与英国衡平法的发展一致。19世纪初英国衡平法逐渐发展出公平交易规则，即受托人与受益人之间的合同并不必然无效，但受益人有权终止合同，除非受托人能证明其并未利用职位优势进行交易，且交易是公平和公正的。

② 上述四个阶段的相关内容参见：Harold Jr. Marsh, Are Directors Trustee—Conflict of Interest and Corporate Morality, Business Lawyer (ABA), Vol. 22, Issue 1 (November 1966), pp. 35 – 75; Deborah K. Hayes, Corporate Director Conflicts of Interest: The Fairness Test and Its Application under Existing Statutory Provisions and Proposals for Statutory Reform, Tennessee Law Review, Vol. 53, Issue 4 (Summer 1986), pp. 799 – 840.

③ 规则的宽容源于对交易效率的考虑和尊重，商业实践中关联交易不可避免，有时对公司更为有利。See Harold Jr. Marsh, Are Directors Trustee—Conflict of Interest and Corporate Morality, Business Lawyer (ABA), Vol. 22, Issue 1 (November 1966), pp. 35 – 75.

也是无效的,① 即由法院自由裁量交易是否实质公平。② 法定程序的效力究竟为何，与法院裁判时的社会大背景及所作出的价值选择有关。总之，就目前而言，存在两种做法：一是关联交易如履行披露和非利害关系人多数同意两个程序要件，则不受法院司法审查；③ 即，只有当没有取得非利害关系董事或股东会的同意时，才会退而求其次对交易本身进行实质公平标准考量。④ 二是满足程序条件并不等同于关联交易合法正当，即使程序要件被技术性满足，关联交易的公平性和正当性也可以被审查。⑤

（二）问题的提出

我国《公司法》第21条规定了控股股东、实际控制人、董事、监事、高级管理人员对关联交易损害赔偿的责任承担，但并未明确规定关联交易损害赔偿司法审查的具体标准，司法实践中出现不同审判路径和审判结果。《最高人民法院关于适用〈中华人民共和国公司法〉若干问题的规定(五)》(以下简称《公司法司法解释五》) 于2019年4月29日施行，于第1条第1款明确规定，关联交易损害赔偿责任不因已履行信息披露、经股东会或者股东大会同意等法律、行政法规或者公司章程规定的程序而豁免，确立了法院对关联交易实质审查的标准，在《公司法》第21条的基础上向前迈进了一步。这与美国法曾经走过的路有某些相似之处；美国法演变发展史显示，过于宽泛的实质审查标准可能会使关联交易公平性审查

---

① 109 Cal. App. 2d, 405.

② Ahmed Bulbulia; Arthur R. Pinto, Statutory Responses to Interested Directors´Transactions: A Watering Down of Fiduciary Standards, Notre Dame Lawyer, Vol. 53, Issue 2 (December 1977), pp. 201 – 228.

③ Deborah K. Hayes, Corporate Director Conflicts of Interest: The Fairness Test and Its Application under Existing Statutory Provisions and Proposals for Statutory Reform, Tennessee Law Review, Vol. 53, Issue 4 (Summer 1986), pp. 799 – 840; [美] 罗伯特·W. 汉密尔顿:《公司法》(美国公司法精要·影印本), 法律出版社1999年版, 第403页。

④ 施天涛:《公司法论》, 法律出版社2006年版, 第412页。

⑤ 美国 RemillardBrick Co. v. Remillard – Dandini Co. 以及 Fleiglerv. Lawrence 两个案件创设该规则，这一规则在 Scott v. Multi – Amp Corp 案中得到进一步应用。See Deborah K. Hayes, Corporate Director Conflicts of Interest: The Fairness Test and Its Application under Existing Stat utory Provisions and Proposals for Statutory Reform, Tennessee Law Review, Vol. 53, Issue 4 (Summer 1986), pp. 799 – 840.

走向随意性大、难以操作的困境。在我国现行法和司法实践经验累积的基础上，如何衔接程序与实体的审查，建立对关联交易公平性完整的司法审查标准体系，有待进一步研究和完善。

二、关联交易程序审查的效力及其法律效果

（一）关联交易程序性审查的司法实践检视

关联交易损害赔偿是公司法律纠纷的常见类型，也是我国民商事诉讼的案由之一。笔者从中国裁判文书网及北大法宝“公司关联交易损害赔偿责任纠纷”项下案例中筛选、整理、分类，总结出法院对关联交易损害赔偿的程序审判路径，发现在司法实践中，法院对关联交易程序正当性的审查通常要经过前置的几个步骤，并非直接对正当程序的效力进行判断。详细而言，法院首先要看关联交易事项是否属于需要股东会、董事会决议的范畴，如需，则未经决议且关联交易损害了股东或公司利益的，关联交易无效；如不需，则对关联交易正当性的判断不涉及程序性事项。例如，上海安连信息技术有限公司诉魏某某、上海安聚投资管理有限公司关联交易损害责任纠纷案①中，原被告之间的交易涉及处置公司资产，应当经董事会决议而未经董事会决议，致使原告利益受到损害，一审法院认定关联交易无效。相反地，在芜湖博英药业科技股份有限公司与苏州颐华生物医药技术股份有限公司公司关联交易损害责任纠纷上诉案［安徽省芜湖市中级人民法院（2017）皖02民终810号］中，原被告涉案的技术交易金额未超过公司章程规定须经过股东大会批准的金额，因此无需经过股东大会的批准，法院并未就该点认定关联交易不正当。

其次，要看关联交易的程序是否正当。不正当的程序很可能导致关联交易无效。例如，兖矿贵州能化有限公司等诉贵州东圣恒泰矿业投资管理有限公司公司关联交易损害责任纠纷案［贵州省高级人民法院（2015）黔高民商初字第14号］中，东圣公司董事会及股东会决议中的关联交易事项涉及东圣公司部分股东及董事的个人利益，但东圣公司有关联关系的股东或者董事不但不回避，反而相互串通，利用其股东或者董事的权利行使

---

① 【法宝引证码】CLI. C. 1424249。

表决权，促成决议事项的形成及实施，法院依据《民法通则》第58条第1款第（4）项，判决其行为无效。

再次，还需要看该关联交易是否造成公司损失，此为关联交易损害赔偿责任的前提要件。例如，上海垭哲软件开发有限公司等与上海浩铭物业管理有限公司等公司关联交易损害责任纠纷上诉案［上海市第二中级人民法院（2016）沪02民终7836号］中，法院就明确指出，关联交易并不必然引发相关董事、高管的赔偿责任，而必须以前述关联交易行为给公司造成损失为前提。佛山市三水宏通土石方工程有限公司等诉广州东方饮食娱乐有限公司等公司关联交易损害责任纠纷案［广东省佛山市中级人民法院（2017）粤06民终643号］中，法院认为，案涉关联交易虽然没有经过董事会表决同意，程序上违背公司章程，但该关联交易具有必要性，且未造成公司财产损失，可直接推定委托管理的关联交易具有真实性。

最后，才会考虑到不正当关联交易中程序正当的效力问题。从司法实践来看，程序上的瑕疵与否与关联交易损害赔偿责任的承担并不存在必然对应的关系，即，即便程序无瑕疵，也并不必然豁免关联交易损害赔偿责任。例如，昆明云南红酒业发展有限公司与吴宏良等公司关联交易损害责任纠纷上诉案［福建省高级人民法院（2016）闽民终1521号］中，一审法院认为，两被告吴宏良、飞燕公司之间签订《经销商合同书》及其《补充协议》的行为，未超出职权范围，程序上并无瑕疵，一审法院认定不构成不正当的关联交易。但二审法院认为诉争合同属于关联交易合同，对公司造成的损失不属于正常的商业损失；吴宏良作为德太公司法定代表人、执行董事、总经理，代表德太公司与其作为监事的飞燕公司进行关联交易，违反了其应对公司负有的忠实义务，损害了德太公司的利益并给公司造成了损失，应对该损失承担赔偿责任。故此，即便程序上无瑕疵，也不能排除不正当关联交易损害赔偿责任。

综上，程序性审查在关联交易正当性判断中，属于非常重要的要件之一。此要件在司法实践中的通常表现是，程序性事项可归为关联交易是否损害公司利益的范畴予以考量，但当有充分证据证据该关联交易损害股东或公司利益时，程序正当也不能豁免关联交易损害赔偿责任。这与《公司法司法解释五》第1条第1款的规定相契合。

（二）关联交易程序性审查的效力分析

1. 法定程序是否可以豁免实体审查

关联交易中法定程序是否可以豁免对交易本身公平性的审查，学理上争论较多。支持者认为，根据委托代理理论，作为股东代理人的管理层有义务向董事或股东通知交易所有关键信息，并获得同意，一旦履行了完全通知和同意程序，即使交易被证明是不公正的，也会认定交易为公平的而有效。即公平交易义务的核心判断标准不是实质公平，而是完全通知和同意程序。① 也有支持者认为，履行了合法程序的关联交易行为的效力应当予以尊重，② 过多强调实质审查，会影响商事交易的便捷性、确定性和可预见性，影响交易效率，也会给法院带来过多的诉讼负担，增加诉讼成本。反对者认为，非利害关系董事批准可能是在关联董事或管理层对决策者不正当施加压力的情形下作出的不得已的选择，并非是内心的真实意愿，因此法院应当对关联交易进行实质审查，以切实保护股东和公司利益。③ 持折中意见者认为，法定程序豁免实体审查的这种“安全港”程序规则适用于封闭公司，因为封闭公司股东人数少，人合性较强，股东能够较好地在同意或不同意关联交易的事项上作出判断。但对于公众公司而言，公司股东相对分散，同意或批准关联交易的股东大会或董事会程序可能流于形式，很难反映中小股东的真实意愿。④ 另一种折中意见认为，应当赋予正当程序以推定效力，即具备合理合法的披露和批准程序应当推定交易为公平，但程序正当仅可推定关联交易正当，当受害人有充分证据证明该关联交易损害股东或公司利益时，法院仍保有对交易进行审查的权

① Ken t Greenfield; Peter C. Kostant, An Experimental Test of Fairness under Agency and Profit-Maximization Constraints (with Notes on Implications for Corporate Governance), George Washington Law Review, Vol. 71, Issue 6 (November 2003), pp. 983 - 1024; 张开平：《英美公司董事法律制度研究》，法律出版社1998年版，第250~253页。

② 刘俊海：《现代公司法（上）》，法律出版社2015年版，第628页。

③ L. D. Solomon, D. E. Schwarts & E. J. Weiss, Corpotion: Law&Policy, West Pubilishing Co. 1994, pp. 791 - 793. 转引自李建伟：《关联交易的法律规制》，法律出版社2007年版，第237~238页。

④ Korn & Ferry, International, Board of Directors Twentieth Anmual Study, 4 (June 1993). 转引自李建伟：《关联交易的法律规制》，法律出版社2007年版，第239页。

力，程序正当也不能豁免关联交易损害赔偿责任，即该种推定效力可被推翻。①

上述讨论的关联交易程序审查的效力，如果履行法定程序能够豁免实体审查，则将关联交易公平性与否的主动权交由控制股东、实际控制人或董监高人员。在我国，商业实践中出现大量关联交易虽经过董事会或股东会批准，程序无瑕疵，但仍违反公平原则、损害公司利益的现象。② 如果仅以合法程序抗辩，则很难实质保护股东的利益。实际上，能够通过关联交易损害公司和股东利益的，通常是能够对公司形成控制或重大影响关系的控股股东、实际控制人或董监高人员，其也能在公司的决策和批准程序中施加较大影响力，使公司为其操控，利用其优势地位侵害中小股东利益。此时对该种行为的判断非常复杂，很难界定通过此种批准程序的关联交易是正当的。③ 据此，笔者不赞成法定程序可直接豁免实体审查。

2. 未经程序或程序瑕疵是否影响交易效力

关联交易未经股东会或董事会程序，或程序存在明显瑕疵，是否会影响交易效力？美国法上存在先例④，即使证明交易实质公平，但没有履行

---

① 董安生、陈洁：《不公平关联交易合同的可撤销性问题研究》，载《法学杂志》2009 年第 2 期。

② 《依法保护股东权益 服务保障营商环境——最高人民法院民二庭相关负责人就〈关于适用《中华人民共和国公司法》若干问题的规定（五）〉答记者问》，载人民法院报 http：//rmfyb. chinacourt. org/paper/html/2019 - 04/29/content _ 154795. htm？div = -1。

③ 朱大明：《控制股东法律规制的路径与法理》，清华大学出版社 2018 年版，第 149 ~ 150 页。再如，佛山市三水宏通土石方工程有限公司等诉广州东方饮食娱乐有限公司等公司关联交易损害责任纠纷案［广东省佛山市中级人民法院（2017）粤 06 民终 643 号］中，法院在判决书中提到："公司一方股东或实际控制人虚构关联交易时，绝不会对外宣称其关联交易是虚构的。为了掩盖虚构关联交易的事实，该股东或实际控制人势必制造关联交易相关的协议、支付凭证、会计账册等一系列关联交易的文件，并且一系列交易文件的存在常常很容易蒙蔽第三人甚至司法机关。"

④ Scott v. Dunbar（1828）1 Molloy 442，457.

完全通知和同意的程序，也不能认定交易是公平的。① 但也有先例认为完全披露程序只是公平的决定性因素之一。② 大陆法系对此存在有效说、无效说、相对无效说三种观点。有效说认为董事会批准程序并非效力性规定，违反该规定只会导致董事的对内责任；无效说则认为未经批准程序不利于交易安全和交易效率；相对无效说区分关联交易的内部效力和外部效力，对内无效，对外有效，可以兼顾公司利益保护与交易安全。③

这一问题与上述问题略有区别。我国司法实践中有多起案例，认为《公司法》第21条并非效力强制性规定，④ 控制股东、实际控制人及公司董监高人员违反该条规定侵害股东和公司利益，不应直接将关联交易合同及关联交易行为视为无效。这一审判观点颇为合理。如果未经程序或程序瑕疵导致交易无效，而实际上交易公正合理，就会产生过多倚重程序、忽略实体的结果，大大挫败商业实践中通过关联交易实现公司发展的积极性，也会本末倒置地促使公司在关联交易中通过各种方式满足程序要求而隐藏交易实质。因此，笔者不建议未经程序或程序瑕疵与交易效力直接挂钩。

（三）程序审查的法律效果：举证责任转移

在关联交易损害赔偿案件中，举证责任应如何进行配置？从美国法规则来看，一般是由利害关系董事证明交易的正当性，法官观点是将非利害关系股东或董事的同意视为交易公平合法的要件之一，因此不产生转移举证责任的效力。最为典型的代表是《美国田纳西州公司法典》第481－816节。而《美国示范公司法》（1984）第8.31条、《美国特拉华州普通公司

---

① Ken t Greenfield; Peter C. Kostant, An Experimental Test of Fairness under Agency and Profit-Maximization Constraints (with Notes on Implications for Corporate Governance), George Washington Law Review, Vol. 71, Issue 6 (November 2003), pp. 983－1024.

② Voss Oil Company v. Voss, 367 P. 2d 977, 979 (1962).

③ 李建伟：《关联交易的法律规制》，法律出版社2007年版，第260页。

④ 例如上海垭哲软件开发公司、环基数码科技有限公司、中拜网络通信科技公司与上海浩铭物业管理公司、倪建琪、谭莹公司关联交易损害责任纠纷案［上海市青浦区人民法院（2016）沪0118民初5256号］，上海垭哲软件开发有限公司等与上海浩铭物业管理有限公司等公司关联交易损害责任纠纷上诉案［上海市第二中级人民法院（2016）沪02民终7836号］。

法》第144条均采取举证责任转移的做法，即在控股股东、实控人或董监高人员履行了充分披露和批准程序后，原告股东或公司仍诉请交易不公平，则举证责任就转移至原告股东或公司。① 就此，学理上存在三种观点：第一种观点主张由利害关系董事证明交易的公平性，以充分发挥利害关系董事对信息的知悉，但也为利害关系董事提供了更大的机会滥用权力。第二种观点主张由原告（股东或公司）证明交易的不公平性，该观点假定董事、高管忠实勤勉地履行义务，不会引起大量的诉讼，但忽视了实践中小股东利益被以关联交易等方式肆意侵害的事实。第三种观点主张举证责任可由一方证明交易的不公平性转移到由另一方证明交易的公平性，该观点要求原告证明交易不公平，可以防止滥诉行为，而举证责任转移至利害关系董事，可以发挥其信息优势，更有利于保护小股东利益。②

事实上，笔者认为，上述所讨论的法定程序不豁免实体审查，以及未经程序或程序瑕疵不影响交易效力，直接结果是赋予程序审查以推定效力。推定是一种为解决当事人证明困难的程序性工具，从已知事实推断未知事实，以均衡配置当事人之间实体权利义务，减轻诉讼中弱势一方的证明责任。③ 程序推定与举证责任密切联系，程序推定的结果导致举证责任的转移。④ 推定可以减缓关联交易中原告股东或公司的证明负担，被告控股股东、实际控制人或董监高人员可以推翻推定适用的程序反驳，外在程序表现即推定事实的原告提出者将举证责任转移至对方被告，如出现反证，则推定消灭。⑤ 笔者认为，赋予程序审查转移举证责任的效力，可以

---

① Deborah K. Hayes, Corporate Director Conflicts of Interest: The Fairness Test and Its Application under Existing Stat utory Provisions and Proposals for Statutory Reform, Tennessee Law Review, Vol. 53, Issue 4 (Summer 1986), pp. 799 - 840.

② Interested Director's Contracts—Section 713 of the New York Business Corporation Law and the Fairness Test, Fordham Law Review, Vol. 41, Issue 3 (March 1973), pp. 639 - 670.

③ 张海燕：《民事推定法律效果之再思考——以当事人诉讼权利的变动为视角》，载《法学家》2014年第5期。

④ 民事推定的法律效果和证明责任“始终形影不离地凝结在一起”。参见江伟主编：《证据法学》，法律出版社1999年版，第122页。

⑤ 张海燕：《民事推定法律效果之再思考——以当事人诉讼权利的变动为视角》，载《法学家》2014年第5期。

提供诸多便利。如果程序正当，则由原告股东或公司承担关联交易不公平或交易程序存在滥用职权的行为的举证责任。此时可以通过程序规则，快速处理纠纷，省去不必要的诉讼成本，彰显法定程序的价值，节约司法成本，也有利于防止股东滥用行为。如果程序未履行或存在瑕疵，则举证责任转移到利害关系董事，由其承担交易公平的举证责任。此时可以发挥利害关系董事的信息优势，同时给了受害股东或公司维护合法权益的机会和途径，方便维护受害股东或公司的合法权益。

三、我国关联交易实体审查标准及改进进路

（一）司法实践中关联交易的一般审查路径

我国司法实践中，对于公司关联交易损害责任纠纷的裁判，法院的裁判思路通常着眼于《公司法》第21条本身的规定，即先判断有无构成关联交易，再判断是否“利用其关联关系”且“损害公司利益”。对关联关系的判断，主要依据是《公司法》第216条，而且需要结合关联交易相关行为的整体加以判断，不能孤立地看待关联交易本身。① 对“利用关联关系损害公司利益”的判断，是关联交易损害赔偿责任纠纷的重点和难点，法院的审判路径有：

第一，从程序和实体两方面进行判断，即程序上须有股东会或董事会的同意，或其他批准、披露程序，实体上关联交易本身没有损害公司利益。例如，宜昌弘健新材料有限公司等与宜昌富连江复合材料有限公司关联交易损害责任纠纷上诉案［湖北省高级人民法院（2013）鄂民二终字第00084号］中，法院认为，就程序而言，关联交易涉及公司的重大交易，未经董事会表决通过或董事长同意，程序不当；实体上，关联交易合同所购买设备存在巨大差额，与市场惯例不相符合，视为原告公司的损失，从而判断构成不正当关联交易，责任主体须承担损害赔偿责任。

---

① 例如联建（中国）科技有限公司与胜华科技股份有限公司、联建（香港）科技有限公司公司关联交易损害责任纠纷二审民事判决书［江苏省苏州市中级人民法院（2017）苏05民终9743号］中，法院指出，《公司法》第21条规定的利用“关联关系”不能孤立地看待关联交易本身，而忽视关联交易相关的其他行为（譬如：将其他生产过程中如不良率、产能浪费等风险转嫁至被控企业上）。

第二，从交易主体、交易动机、交易行为和交易结果四方面判断。例如，佛山市三水宏通土石方工程有限公司等诉广州东方饮食娱乐有限公司等公司关联交易损害责任纠纷案［广东省佛山市中级人民法院（2017）粤06民终643号］判决书中指出，交易主体为《公司法》第216条规定的具有关联关系的相关主体，交易动机“可能为牟取私利而损害公司利益，也有可能利用其掌握公司信息的便利、便捷促成公司的交易，达到关联人与公司利益的双赢”，交易行为主要指“关联交易主体滥用集中管理、股权分散或者事实上对公司的控制力，从事损害公司利益的关联交易行为”，交易结果则是指“只有关联交易人的交易行为给公司带来现实的或明显可能发生的损失，公司或相关权利人才能要求关联交易人承担赔偿责任”。

第三，从交易信息、交易程序、交易对价三方面判断。合法有效的关联交易应当同时满足交易信息披露充分、交易程序合法、交易对价公允三个要件。例如，真功夫餐饮管理有限公司与蔡达标等公司关联交易损害责任纠纷系列案件①中，法院认为，真功夫公司董事会会议记录显示已充分披露案涉交易信息，现有证据并未反映案涉交易程序不合法，真功夫公司及其下属子公司已制定了相应的措施确保交易对价公允，故在没有相反证据的情况下，应认定通过该方式达成的交易其对价是公允的。

第四，结合多种因素综合评判。例如，芜湖博英药业科技股份有限公司与苏州颐华生物医药技术股份有限公司公司关联交易损害责任纠纷上诉案［安徽省芜湖市中级人民法院（2017）皖02民终810号］中，法院指出，衡量控股股东是否利用关联交易损害了公司利益，前提是交易相对人

---

① 该些案件包括：真功夫餐饮管理有限公司与蔡达标等公司关联交易损害责任纠纷上诉案［广东省东莞市中级人民法院（2015）东中法民二终字第1912号］、东莞市真功夫餐料生产有限公司等诉蔡达标等公司关联交易损害责任纠纷案［广东省东莞市中级人民法院（2015）东中法民二终字第1913号］、上海真功夫快餐管理有限公司等诉蔡达标等公司关联交易损害责任纠纷案［广东省东莞市中级人民法院（2015）东中法民二终字第1919号］、真功夫餐饮管理有限公司与蔡达标等公司关联交易损害责任纠纷上诉案［广东省东莞市中级人民法院（2015）东中法民二终字第1921号］、广州真功夫快餐连锁管理有限公司等诉蔡达标等公司关联交易损害责任纠纷案［广东省东莞市中级人民法院（2015）东中法民二终字第1922号］、上海真功夫快餐管理有限公司等诉蔡达标等公司关联交易损害责任纠纷案［广东省东莞市中级人民法院（2015）东中法民二终字第1923号］。

具备控股股东的身份，其次需结合交易的订立程序、订立目的、合同内容、合同履行情况等因素予以综合评判。①

从上述四种判断路径来看，法院对关联交易的司法审查尚未形成较为统一的标准，但都将审查标准以特定方式具体化，比如说从交易主体、交易动机、交易行为和交易结果，或者交易信息、交易程序、交易对价等多种因素，对交易的实质内容进行综合判断，以保证交易的公平性。

（二）关联交易中公司自治与司法审查的平衡

我国《公司法司法解释五》第1条第1款否认合法程序抗辩的效力，实则将司法审查进一步深入到实质审查，不再仅限于形式，实质审查考虑控制股东、实际控制人或董监高人员在公司决议时不正当施加影响，② 限缩了公司自治的空间，加大了司法空间。但完全将关联交易的公平性审查交由法院，一来法院缺乏专业知识，需要借助外部因素进行审查，对法院来说是一大负担；二来缺乏客观标准导致判决不统一，造成案件可预见性和稳定性差，影响交易的安定性。③ 如何在公司自治与司法干预之间取得平衡，是该解释之后我国司法裁判需要面临的问题。

理论层面而言，私法自治是民商事活动的基本原则之一。在公司法领域，公司自治是市场经济的法律基础，体现了市场自由和竞争的要求。④ 司法审查可能干预公司正常经营，影响公司自治地位，尤其是在专业性要求强、法官素质参差不齐的情况下。⑤ 况且，对中小股东不宜通过立法或解释的方式提供过多和较为容易的司法救济，使得小股东的权利几乎等同

---

① 昆明云南红酒业发展有限公司诉吴宏良等关联交易损害责任纠纷案［福建省福州市中级人民法院（2012）榕民初字第353号］中法院也表达了类似的观点。

② 施天涛、杜晶：《我国公司法关联交易的皈依及其法律规制——一个利益冲突交易法则的中国版本》，载《中国法学》2007年第6期。

③ 美国法曾经历过这样一个完全注重实质公平的阶段。See The Fairness Test of Corporate Contracts with Interested Directors Source: Harvard Law Review, Vol. 61, No. 2 (Jan., 1948), pp. 335 - 344.

④ 柯芳枝：《公司法论》，台湾地区三民书局1997年版，第38页。

⑤ 李文莉：《上市公司关联交易的法律规制与监管》，载《华东经济管理》2011年第10期。

于大股东，否则容易影响大股东的积极性。① 因此，司法介入应以尊重公司自治为前提和基础，仅在特殊情况下，司法才可基于对资本多数决滥用的规制对公司内部运行合理审慎地介入。② 也有进一步提出司法权介入公司自治的原则，即以合法性审查为主、合理性审查为辅，形式审查为主、实质审查为辅，间接介入为主、直接介入为辅的原则，不损害自治权的灵活性和高效性，保持司法干预与公司自治之间的平衡。③

在关联交易程序审查效力确定的前提下，平衡自治与司法干预的任务落在了对实体审查的标准上，即预先设定实体审查的要素，对关联交易进行审慎的、有限的实体审查。

（三）关联交易中的实体审查标准

1. 实体审查参考因素

从历史发展演变来看，法院一直在努力尝试将关联交易正当性判断标准予以确定化、规范化。从域外法看，目前关于关联交易的实体审查标准，美国法通过 Weinberger v. UOP 一案确立了实质公平标准，对实质公平的判断包括公平交易和公平价格两方面，前者意指整个交易过程是公平的，重在程序层面；后者意指交易达成的价格对双方来说是公平的，实体上的判断主要落于对交易价格的判断。④ 对此，克拉克对自我交易公平与否的判断可提供某种借鉴，其依据单独或者综合运用以下两种方法来认定自我交易公平与否：一是臂长交易比较法，即将交易成交的价格与市场中假想的第三方交易相比较；二是竞争市场比较法，即在适度竞争市场中同等情况下的自我交易结果与非自我交易结果相比较。⑤ 密歇根最高法院认

---

① 蒋大兴：《公司法的观念与解释：法律哲学 & 碎片思想》，法律出版社 2009 年版，第 145 页。

② 刘俊海：《股份有限公司股东权的保护》，法律出版社 2004 年版，第 511 ~ 521 页。也有进一步指出在股东滥用权利、小股东固有权利被剥夺的情况下予以介入，参见范黎红：《论司法对公司僵局纠纷的分类介入》，载《法律与政治》2005 年第 1 期。

③ 刘桂清：《公司治理的司法保障——司法介入公司治理的法理分析》，载《现代法学》2005 年第 4 期。

④ Weinberger v. UOP，457 A. 2d 701（Del. 1983）.

⑤ ［美］罗伯特·C. 克拉克：《公司法则》，胡平等译，中国工商出版社 1999 年版，第 120 页。

为，关联交易的公平性不仅指公平价格，还包括符合公司的利益最大化宗旨，以及是否出于善意，法院进行司法审查时通常审查交易条款的要素通常包括交易目的及公司需要，交易程序要件、交易情况等。① 根据我国现行法，关联交易的实体审查通常按照以下几个标准进行：一是根据《公司法》第20条“滥用股东地位”标准，② 二是根据《公司法》第21条“利用其关联关系损害公司利益”的客观损害标准，三是根据《公司法》第148条和第152条规定的合法与合章标准。③ 我国司法实践通常采用第二种路径，尤其重视对客观损害的判断。例如，联建（中国）科技有限公司与胜华科技股份有限公司、联建（香港）科技有限公司公司关联交易损害责任纠纷一案［江苏省苏州市中级人民法院（2017）苏05民终9743号］中，对损失的判断存在使用市场价格法还是交易净利润法的争议，最后法院根据《特别纳税调整实施办法》第23条的规定，采用了后者。除此之外，如前述，我国法院在司法实践中也积累了相当的审查要素，如交易主体、交易动机、交易行为、交易结果、交易信息、交易对价等。

从公司自治与司法审查的平衡关系来看，笔者建议以关联交易程序是否合法区分对交易实质的审查标准严格与否。在程序合法的基础上，过多介入对交易动机、交易信息等详细内容的审查，会造成对公司内部经营管理的干扰，影响控股股东、实际控制人或董监高人员参与公司治理的积极性，此时，以交易结果是否损害公司或股东利益为最终判断标准，辅助的判断标准是以恰当的会计方式计算交易价格是否违反市场价格或是否造成股东或公司利益的减少及其他损害。在程序欠缺或程序存在瑕疵时，法院

① Deborah K. Hayes, Corporate Director Conflicts of Interest: The Fairness Test and Its Application under Existing Stat utory Provisions and Proposals for Statutory Reform, Tennessee Law Review, Vol. 53, Issue 4 (Summer 1986), pp. 799 - 840.

② 关联交易是股东滥用权利的主要表现之一，有学者认为，《公司法》第21条第2款中规定的“不正当利用关联关系”在逻辑上应归属于《公司法》第20条第2款规定的“股东权的滥用”的范围内。参见朱大明、［日］行冈睦彦：《控制股东滥用影响力的法律规制——以中日公司法的比较为视角》，载《清华法学》2019年第2期。

③ 笔者认为第三种判断主要依据法律和公司章程，具体标准仍旧处于模糊状态。参见钟凯：《论公司法上关联交易正当性标准及其重构——单一实体法与企业集团法的不同考量》，载《江海学刊》2016年第5期。

对关联交易的实质审查标准应当更趋于严格，不仅仅判断是否存在客观损害，还应当考察交易动机、行为等具体行为，综合判断交易的公平性。

2. 商业判断规则的否认

从特拉华州法院判例来看，在董事作出关联交易决定时，非利害关系股东的同意可以促使法院对关联交易的审查标准转为商业判断规则，即利益董事如果得到董事或股东的多数同意，则能够受到商业判断规则的保护，此时举证责任由原告股东或公司承担。[①] 最具代表性的是 Sinclair Oil Corp. v. Levien 一案。[②] 但这并不是确定不变的规则，其后《美国示范公司法》（1989 年版）规定了决策程序正当可推定为关联交易有效，同时允许司法审查，以取代法院的商业判断规则，即否认了商业判断规则在关联交易审查中的应用。[③] Weinberger v. UOP 一案[④]则直接拒绝商业判断规则的适用。

商业判断规则的价值取向在于保护董事在公司经营管理中的自由裁量权，但当大股东利用其优势地位侵害到股东和公司利益时，其反而成为大股东或董事逃避责任的工具，沦为股东压迫的手段。[⑤] 尤其是在我国，大小股东力量对比悬殊，司法实践中经常存在着实控人或董监高人员利用自身的控股权和所在职位的优势侵害中小股东权益的行为。故此，我国《公司法司法解释五》第 1 条第 1 款“履行法定程序不能豁免关联交易赔偿责任”的规定，实则排斥了商业判断规则的应用，从内部实质地保护中小股东合法权益，所作出的价值选择是在公平与效率之间选择了前者，反映了我国法院在司法审判实践中追求实质公平的价值取向。

---

① Krystal Pfuger Scott, A Catch - 22 or a Catch - All: Delaware and Texas Grasp for Certainty in Shareholder Ratification, Duquesne Business Law Journal, Vol. 8, pp. 117 - 142; Mary A. Jacobson, Interested Director Transactions and the (Equivocal) Effects of Shareholder Ratification, 21 DEL. J. CORP. L. 981, 1026 (1996).

② Sinclair Oil Corp. v. Levien, 280 A. 2d 717, 720 (Del. 1971).

③ Deborah K. Hayes, Corporate Director Conflicts of Interest: The Fairness Test and Its Application under Existing Statutory Provisions and Proposals for Statutory Reform, Tennessee Law Review, Vol. 53, Issue 4 (Summer 1986), pp. 799 - 840.

④ Weinberger v. UOP, 457 A. 2d 701 (Del. 1983).

⑤ 常健、张强：《商业判断规则：发展趋势、适用限制及完善——以有限责任公司股利分配为视角》，载《法商研究》2013 年第 3 期。

这也与我国立法和司法传统相一致。我国立法上并未采用英美法系中的商业判断规则。从司法实务来看，法院有从商业判断视角予以审查的审判管理，但并不局限于此，而更多地考察商业实质。例如，泰实精密金属（苏州）有限公司与王春雨劳动合同纠纷案［江苏省苏州市中级人民法院（2015）苏中商终字第01069号］中，原审法院认为，从商业判断的角度来看，王春雨在履行职责时与该项交易或商业活动不存在利害关系；但进一步综合考察其在经营过程中的行为，[①] 法院认定王春雨违反注意及谨慎义务，应当对此承担赔偿责任。

3. 封闭公司审查标准的严格化

有限责任公司中，股东之间的自治属性更强，这也意味着内部股东之间的利益博弈更多地取决于股东个体的力量对比，控股股东如果得以控制公司，极容易滥用权利，往往使得公司章程、股东会等沦为控股股东操控公司的工具。控股股东甚至可以不经任何程序就进行关联交易；即使通过股东会或董事会，得到非利害关系股东或董事多数同意，也很可能是流于形式，实质是控股股东用于实现个人私利、剥夺其他股东及公司利益。[②] 另外，封闭公司没有外部证券市场及证券行政机构的监管，缺乏外部干预力量，只能依靠内部合同机制，一旦小股东或公司利益受损，诉讼成为最终也可能是唯一的维权途径，故而司法审查成为实际上唯一的可能干预公司内部自治的外部力量。[③] 因此，对于有限责任公司的关联交易的公平性的实质审查应当更为严格，以实质上维护股东权益。

五、结论

结果正义有程序正义和实体正义两种实现途径。程序本身可以为实体

① 该行为表现为：明知可与原料商直接交易，仍选择与其配偶经营的凡恩公司签订采购协议，直接导致泰实公司需以较高的价格取得原料，而购货成本的大幅增加也直接导致了泰实公司利润的减少。

② 常健、张强：《商业判断规则：发展趋势、适用限制及完善——以有限责任公司股利分配为视角》，载《法商研究》2013年第3期。

③ Nicholas Calcina Howson, Corporate Law in the Shanghai People's Courts, 1992 - 2008: Judicial Autonomy in a Contemporary Authoritarian State (January 12, 2010). East Asia Law Review, Vol. 5, pp. 303 - 442, 2010.

提供保障，实体法上的权利义务通过程序实定化或说真正实现，程序正义的设定是为了更好地实现实质正义。[①] 但恰当地遵守正确的或公平的程序，程序公正并不一定能保证结果公正，[②] 必要时仍须对实质正义进行审查。早先，我国对关联交易审查的程序规则和实体规则之间缺乏清晰的关联，易导致司法审判混乱。[③] 《公司法司法解释五》的出台以及司法实践的经验，为关联交易司法审查标准进一步完善提供了可能。笔者建议，法院对关联交易首先进行程序审查，如程序合法，则进入较为宽松的交易实质内容审查，即只需根据原告股东或公司的举证，如其举证不能说明交易价格不合理或交易构成损害，则可判定交易的公平性，反之不可。如程序不合法，则将举证责任转移至被告控股股东、实际控制人或董监高人员，向其施加较重的举证责任，进行较为严格的交易实质审查，如其不能从交易动机、交易行为、交易价格和交易结果等方面综合说明交易的公平性，则判定交易不公平。

公司治理本质上是要解决利益冲突各方的利益关系，使之保持平衡。[④] 对关联交易损害赔偿纠纷案件的司法审查标准，实则反映了公司利益各方的相互博弈关系，直接影响利益各方的权益。上述方法将关联交易的程序审查和实质审查相结合，以程序的公正实现实质的公平，既可以帮助法官快速处理纠纷，提供审判效率，又可避免实质审查标准的模糊性，减轻法院审判负累，提高审判的确定性和可预见性。判

（本文仅代表作者个人观点）

---

① ［日］谷口安平：《程序的正义与诉讼》，王亚新、刘荣军译，中国政法大学出版社1996年版，第7~8页。

② ［英］哈耶克：《通往奴役之路》，王明毅等译，中国社会科学出版社2016年版，第92~93页。

③ 钟凯：《论公司法上关联交易正当性标准及其重构——单一实体法与企业集团法的不同考量》，载《江海学刊》2016年第5期。

④ 张民安：《公司法上的利益平衡》，北京大学出版社2003年版，第1~2页。

域外警察干预家庭暴力限度的侵权法探讨

——以史密斯诉维多利亚州案为切入点

齐凯悦*

家庭暴力犯罪是侵害妇女权益的典型案件，如何保护家庭暴力的受害者是保障妇女与儿童权益、促进人权保护的重要内容。2018年，澳大利亚维多利亚州最高法院受理的一起案件引发了诸多关注，普遍观点认为该案可能为认定警察干预家庭暴力的注意义务提供了契机。警察在家庭暴力问题中的干预程度或是否存在注意义务的问题，是域外诸多国家司法实践中引发诸多争议与探讨的问题，也是综合了过失侵权与行政不作为等多方面问题的司法难点。对警察干预家庭暴力的注意义务存否的探究，既需要结合澳大利亚、英国、加拿大等国类似案件的不同判决做探讨，又需要对警察干预家庭暴力的正当性与合法性做出论证。对警察干预家庭暴力注意义务的探究，一定程度上能够为正确认识警察干预家庭暴力的限度和推进反家庭暴力法治建设提供借鉴或启示。

---

* 山东师范大学法学院讲师、心理学博士后科研流动站研究人员。

一、问题的提出：澳大利亚新案例凸显警察干预家庭暴力之争议

健全反家庭暴力法律规制，保障家庭暴力受害者的人身安全和正当权益是各国反家庭暴力立法、司法及执法工作的重要内容。作为保障受害者的有效途径，人身安全保护令是反家庭暴力的重要保障制度，但在具体执行过程中仍有待完善。2018 年，澳大利亚的维多利亚州最高法院受理了史密斯诉维多利亚州一案。该案引发对人身安全保护令执行过程中警察是否需要为其过失行为承担责任的广泛探讨。该探讨实则反映了公权力介入家庭暴力问题的限度不够明晰的问题。

（一）史密斯诉维多利亚州案受到广泛关注

史密斯诉维多利亚州案于 2018 年 3 月经维多利亚州最高法院审理，并于 2018 年 8 月作出了初步判决。该案中，原告塔拉·史密斯及其三名子女长达十年来是其前夫的家庭暴力行为的受害者。尽管法院发布了 4 次干预令，但警察仍未能阻止其前夫的暴力行为。她认为警察知晓或应当知晓这些干预令。家庭暴力立法和政策赋予了警察以控制暴力施害者的重要权力，要求积极主动的警察来保护受害者。史密斯的前夫是一个众所周知的家庭暴力施害者，警察有权力和责任执行保护令。原告认为，维多利亚州的警察存在过失，他们没有能够阻止她前夫多次实施违反保护令的行为，以致史密斯及其子女遭受持续的心理伤害。同时，原告还认为维多利亚州警察的行为违反了其作为公权力机关的义务，并且这样的做法实际上违反了该家庭的人权。①

被告维多利亚州请求立即驳回起诉，认为原告的诉请不可能得到支持。被告否认原告主张的注意义务的存在，认为该注意义务在法律中并未规定。维多利亚州认为，澳大利亚没有也不应当有法律规定警察对公众中的某个个人具有注意义务，需要调查暴力行为或防止某些特定行为的发生，除非存在特殊情况。该州还主张，为警察设置该注意义务会导致警察对个人与一般公众的责任存在矛盾，会使得警力资源从公共职责中转移，

① Smith v. State of Victoria [2018] VSC 475.

并可能导致“防御性”的警察工作实践。原告辩称，澳大利亚现行法律尚未解决该问题，但这并不能否认注意义务的存在，法院可以在最终审判结束时判决认可该义务。

维多利亚州最高法院驳回了维多利亚州的即决驳回的申请。在拒绝驳回史密斯的诉讼请求的过程中，法院已经承认，警察是否需要对家庭暴力的受害者承担一定的普通法上的注意义务从而保护他们免受可预防的伤害是存在争议的。当然，法院在判决书中引用了英国1989年的希尔诉西约克郡警察局长案。该案为警察创设了“豁免理论”，即警察在一般情况下不具有保护公众免受因犯罪行为导致的伤害的责任。① 法官指出，在维多利亚州，除非存在特殊状况，调查犯罪行为的注意义务亦不会产生，只有在满足显著特征时才会产生警察的注意义务。

该初步判决引起了广泛关注。有观点指出，这是一个重要的判决决定，因为在该案之前，澳大利亚尚未有关于警察是否对家庭暴力的受害者负有注意义务该争议焦点的判例。如果判定警察负有注意义务，那么这将构成过失损害赔偿的民事诉讼的第一步。②

（二）警察干预家庭暴力有待加强

在澳大利亚，每年有超过10万名家庭暴力受害者会获得保护令。保护令对施害者的行为施加了限制，警察在施害者违反这些条件时采取行动。家庭暴力立法和警察政策关注的是受害者的安全，如果不遵守这些规定可能会产生悲惨的后果。在维多利亚州，警察现在拥有强大的权力来应对家庭暴力。根据《维多利亚州家庭暴力调查中的警察实务守则》（Victoria Police Code of Practice for the Investigation of Family Violence）的规定，警察在家庭暴力案件中发挥四项功能，即为相关人员保障安全和提供支持；调查和识别刑事犯罪；在法庭上出庭作证；协助减少社区中的家庭暴力事件。维多利亚州警察认为强有力的刑事司法反应可以产生威慑作用，警察

---

① Hill v. Chief Constable of West Yorkshire [1989] AC 53.

② Mandy Shircore, Heather Douglas, Court opens door to domestic violence victim to sue police for negligence, https://theconversation.com/court-opens-door-to-domestic-violence-victim-to-sue-police-for-negligence-102336, 2019年1月1日访问。

将对向其报告的任何家庭暴力案件作出回应并采取行动。①

实际上，自20世纪80年代以来，澳大利亚各州或地区通过保障法院发布家庭暴力保护令的立法来保护妇女免受伴侣的伤害。尽管各地立法具有一致性，但在相关术语、行为所涵盖的范围、关系的类型和保护令的潜在条件范围、援助方法、违反或教唆违反保护令的处罚、信息共享等方面都存在不少差异。在澳大利亚反家庭暴力法治工作进程中，立法并无不当，而是在法律实施方面存在问题。2017年关于澳大利亚家庭暴力保护令实施状况的调研报告显示，近60%受访警察认为受害者"经常"会帮助施害者违反保护令，这也影响到了保护令的实施，40%的法官、37%的律师和15%的受害者支持该观点。这也说明，相较于其他专业人员，警察可能对家庭暴力保护令相关的协助和教唆条款的问题更有认知。在应对违反保护令行为方面，受访警察有一般认为"与违反行为相关的程序行政化"（55%）、"警察可用资源有限"（50%）、"警察工作量过大"（47%）等是制约警察应对违反保护令行为的有效性的重要因素。②

然而，相关调查显示，警察部分行为引起家庭暴力受害者的不满，如风险评估不佳和不能满足安全需求、在接听求助电话后行动较为迟延、未调查或指控违反人身安全保护令的行为等。尽管引入了风险评估工具，但警察往往未能找出表明未来风险大小的相关因素。显然，警察在家庭暴力案件中的行为尚存一定不当或有待改进之处。澳大利亚昆士兰州政府发布的报告显示，在涉家庭暴力的死亡案件（包括他杀和自杀）中，呈现出强烈的控制行为或强迫性占有行为，应加强早期的干涉与预防，加强信息共享和早期问题检测，警察局应加强对家庭暴力案件相关动态的掌握，了解造成更大伤害的相关风险指标，加强家庭暴力案件的信息化系统和报警服务，从而减少和预防涉家庭暴力死亡案件的发生。③

---

① Victoria Police, Code Of Practice For The Investigation Of Family Violence (2004), p. 2.

② Australia's National Research Organisation for Women's Safety Limited, Domestic and Family Violence Protection Orders In Australia: An Investigation Of Information-Sharing And Enforcement With A Focus On Interstate Orders: Key Findings And Future Directions (2017), pp. 1 – 2.

③ Domestic and Family Violence Death Review and Advisory Board, 2016-17 Annual Report (2017), pp. 11, 14.

因此，在澳大利亚现有反家庭暴力法制中，亟待解决的非立法问题，而是如何在实践中保障人身安全保护令的执行，而这显然需要保障警察在家庭暴力中的参与力度。由此，警察是否对家庭暴力的受害者承担注意义务显然成为值得讨论的问题。

（三）警察注意义务存在与否引发争议

如果维多利亚州最高法院决定驳回史密斯的诉讼请求，那么该案中对警察过失行为的指控就无法得到检验和在法庭上进行全面审理。但是，法院已经允许根据案件的所有事实和证据对一个重要的问题进行审查，即警察是否对家庭暴力的受害者承担注意义务。因此，当该案最终审理时，法院将需要考虑警察与史密斯及其子女之间的关系的性质，来决定警察是否对其存在注意义务。法院还需要考虑伤害的性质。到目前为止，没有任何澳大利亚的判例判决警察不应因过失行为被起诉。

实际上，从相关判例发展来看，澳大利亚法院一直不愿意在该类案件中为警察施加保护原告免受第三方伤害的注意义务。在类似案件中，法院已经考虑了警察对施害者的控制程度。在处理家庭暴力方面，警务面临着较为艰巨的任务。他们需要专业、持续的培训来处理其中所涉及的复杂问题。然而，部分评论员和法官批评否认注意义务的这些政策论点是未经证实的，质疑为何警察应当免于因过失行为被起诉，而其他专业人士或公职人员却需承担该责任。有观点指出，与其他专业人员相似，应该有可能让警察为其过失行为承担责任。在存在严重过失的情况下，如果否认警察对家庭暴力受害者负有注意义务，那么这向受害者传达出的信息是不能依靠警察去保护他们，显然这也是不合理的。① 正如有学者指出，如果国家不能采取积极措施保护妇女免受暴力侵害，那么实际上它是施害者的同谋。②

史密斯诉维多利亚州案的初步判决引发各界关注，对警察注意义务存否的探讨也成为人们关注的焦点。实际上，关于该问题的探讨早在英国及

---

① Mandy Shircore, Heather Douglas, Court opens door to domestic violence victim to sue police for negligence, https://theconversation.com/court-opens-door-to-domestic-violence-victim-to-sue-police-for-negligence-102336, accessed Jan. 6, 2019.

② Melanie Randall, Private Law, the State and the Duty to Protect: Tort Actions for Police Failures in Gendered Violence Cases, 44 Supreme Court Law Review, Vol. 44, 2009.

加拿大的司法判决中已有涉及，也是在实践中引发各种争议的重要问题。对该问题的探讨，显然需要基于既往判例做出分析。

二、警察干预家庭暴力之注意义务类案不同判

在史密斯案之前，英国和加拿大都出现了关于家庭暴力问题中警察注意义务的判例和探讨，这些案例也受到了澳大利亚学者和司法人员的广泛关注。英国和加拿大的判决结果并不相同，两国不同的论证方式反映了该问题极具争议。

（一）否认注意义务及其争议：英国迈克尔诉南威尔士警察案

2015 年英国最高法院审理了迈克尔诉南威尔士警察案，对警察是否对家庭暴力的受害者承担过失责任作出探讨。该案中，迈尔克用手机拨打 999 报警，告知格温特警察呼叫中心的接线员其前男友出现在自己家中，并威胁要伤害她，格温特警察将该通电话评为 G1（需立即处理）等级，致电该女士住所地所属的南威尔士警局。南威尔士警察将该电话评为 G2（应在 60 分钟内回复）级别。迈克尔的住所距离最近的警局仅有五六分钟的路程。凌晨 2 点 43 分，迈克尔再次拨打 999，在其尖叫之后，电话挂断。南威尔士警察于 2 点 51 分赶至其家中，发现迈克尔遭受多次刺伤并死亡。袭击者随后以谋杀罪定罪，被判处终身监禁。独立警察投诉委员会后来对相关警局的个人和组织的过失作出了严厉批评。迈克尔的父母与子女主张警察存在过失行为，违反了《欧洲人权公约》第 2 条规定的生命权，警察则要求进行简易判决。一审法院拒绝作出简易判决，上诉过程中，上诉法院一致认为应对向警局索赔案件作出简易判决。英国最高法院以 5∶2 的多数维持了上诉法院的判决。特尔森勋爵（Lord Toulson，1946 ~ 2017 年）作出了主要判决，廖柏嘉（Lord Neuberger，1948 ~）、曼斯勋爵（Lord Mance，1943 ~）、韦彦德勋爵（Lord Reed，1956 ~）和霍奇勋爵（Lord Hodge，1953 ~）附议。布伦达·黑尔（Brenda Hale，1945 ~）和科尔勋爵（Lord Kerr，1942 ~）持反对意见。①

英国最高法院审查了两项原则在该案中的适用，即“干预者责任原

---

① Michael and othersv The Chief Constable of South Wales Police and another [2015] UKSC 2.

则”（Interveners’ Liability Principle）和“宾厄姆勋爵的责任原则”。前者认为，警察在知道或应当合理地认识到可识别人员或小团体的生命或人身安全存在危险时，如果出现过失应承担责任。后者在 Smith v. Chief Constable of Sussex Police 案中由审理该案的宾厄姆（Tom Bingham，1933～2010年）勋爵提出，即如果公众中的一员向警察提供明显可信的证据证明身份和行踪已知的第三人对其生命或安全造成了特定的、紧迫的威胁，那么警察对其过失行为负有注意义务。①

特尔森勋爵在判决中研究了大量关于警察过失责任、紧急服务责任及对第三方造成的损害不负责任该一般规则的例外情况等判例，同时也研究了来自苏格兰和英联邦的判例法。

一方面，在该案中，大多数法官不认同干预者责任原则的适用，原因主要体现在四个方面。其一，为何警察需要对特定的受害者的人身伤害或死亡负责，而非对其他受害者负责是一个很难解释的问题。警察维护和平的义务是对广大公众的责任，并不涉及在特定密切或特殊关系等私法领域内的事项。其二，认定警察对家庭暴力的受害者负有注意义务能够改善警察的工作质量的判决只是一个推测，使得警察处理工作的先后顺序面临被起诉的风险并不符合公共利益。其三，认定存在该责任会对警方经费支出及公众税赋方面产生重大的影响。其四，制定新的过错责任法律来反映或超越《欧洲人权条约》第 2 条和第 3 条的要求并无必要。《欧洲人权条约》本身所主张的过错与民事诉讼中的过错有不同的客体和要求。由此，干预者责任原则在该案中不适用。

另一方面，宾厄姆勋爵的责任原则同样也被拒绝适用。通过以下方式来判定界限是不能令人满意的：谁报告威胁；威胁是否可信、紧迫或可信但不紧迫；威胁制造者的下落是否已知；威胁是否针对人身伤害。应当由议会来确定该补偿体系是否存在及其范围限度。

英国最高法院认为，不可能让警局接线员对迈克尔所说的话承担责任，因为接线员没有向迈克尔承诺警察会多快回复，也没有建议或指示她留在房中。当然，英国最高法院两位法官持反对意见。科尔勋爵指出，如果当事人之间的关系足以导致注意义务的产生，那么该案应当允许上诉：

---

① Smith v. Chief Constable of Sussex Police [2009] AC 225.

(1) 申诉人与被告之间的关系密切，如向被告传达信息；(2) 如果不采取紧急行动，可能会对预期的受害者造成严重伤害的信息应当传达给被告；(3) 可以合理地期待被告在这种情况下为被害者提供保护；(4) 被告应该能够为受害者提供保护，不会对他自己造成不必要的危险。科尔勋爵指出，就该案事实而言，警察与迈克尔的关系显然已经符合该界定。布伦达·黑尔法官支持科尔勋爵的分析，她认为是政策原因排除了该类案件中警察的责任，家庭暴力法的相关规定有待进一步改进。

尽管该案并未认定警察在家庭暴力案件中存在注意义务，但科尔勋爵和黑尔法官的论证得到了一定支持。科尔勋爵指出法律应更加重视保护个人的生命和身体健康，而非对财产的重视程度，这是完全正确和符合法律原则的。普通法上公众不需要保护他人免受第三人伤害的原则不适用于公权力机关，因为公权力机关的职责是保护类似于迈克尔等社会公众的安全。① 该案也为英国提供了将注意义务的争论与现行公共政策进行重新调整的机会。案件的多数判决侧重于通过渐进方式解决问题，不愿偏离既定的政策例外规则去探讨政策中需要考虑的因素。同时，有观点指出该案凸显了警察在过失侵权中占据了特权地位，引发了一些评论人员与司法人员的批评。②

(二) 承认注意义务存在：加拿大相关判例

与英国希尔案不同，加拿大法院在处理该类案件中作出了不同的判决。在 Jane Doe 诉多伦多警察局案中，安大略省高等法院拒绝了被告要求驳回原告诉求的动议。法院认为，判定警察与小群体的潜在受害者之间具有足够的邻近关系是存在争议的。在之后的审判中，安大略省高等法院没有适用希尔案中关于公共政策考虑因素的相关性，判定警察对连环强奸案的受害者负有注意义务。该案强奸犯的作案手法可以使得警察识别出潜在

---

① Kate Beattie, Police not liable in negligence to victim of domestic violence, but Article 2 claim proceeds, https://ukhumanrightsblog.com/2015/02/04/police-not-liable-in-negligence-to-victim-of-domestic-violence-but-article-2-claim-proceeds/, accessed Jan. 4, 2018.

② Mandy Shircore, Heather Douglas, Victoria Morwood, Domestic and Family Violence and Police Negligence, Sydney Law Review, Vol. 39, 2017.

的受害者，但是却没有告知她们有遭受袭击的风险，而是试图利用这些妇女作为“诱饵”以抓住强奸犯。① 该案引起了加拿大国内外广泛关注，推动了对警察调查性侵行为的审查。

随后在2011年的邦妮·穆尼诉不列颠哥伦比亚省（司法部长）案中，法官认为该案中警察对其拒绝协助的家庭暴力受害者负有注意义务，但该案一审被驳回的原因在于警察的拒绝行为与之后发生的事件不存在因果关系。该案中的第一位原告邦妮·穆尼曾向警察投诉其丈夫的家庭暴力升级，寻求警察保护。施害者具有暴力、过失杀人和性侵害的犯罪史，但警察告知她无能为力，建立她申请限制令，待在公共区域。几周后，原告前夫抵达原告家中，枪杀其朋友，伤害其女儿，并在原告设法逃脱后放火自杀。

在上诉审过程中，被告辩称警察只负有针对所有居民的公共注意义务，加强调查行为中的侵权法责任只能导致公共政策的违反，使得警察在资源有限的情况下做出艰难的选择。警察将时间和金钱花费在应对民事诉讼上显然不符合公共利益，希尔案显然说明了这一点。然而，该案主审法官指出，该案与希尔案完全不同。警察知悉邦妮·穆尼面临的受害危险，与一名警察直接接触，她迫切需要保护，警察也应该认识到了这一点。因此，邦妮·穆尼具有“特殊的独特风险”，和警察之间存在一种邻近关系。警察的职责在于保护公众，在家庭暴力领域该保护职责更应重视。是否针对家庭暴力投诉采取行动的自由裁量权是非常有限的。就因果关系而言，审理法官的多数意见认为，几周之后的袭击行为并非不可预测，相反，“妇女在分手后的短期内面临进一步暴力的风险升级”，根据相关状况可以预测到邦妮·穆尼可能面临的危险。②

加拿大上述两个案件都确认了警察存在的注意义务，并结合具体情况排除了希尔案确立的公共政策规则的适用。鉴于加拿大法院愿意质疑希尔案确立的公共政策因素，这意味着在受害者遭第三人伤害的警察过失侵权案件中，公共政策不一定构成阻碍认定警察注意义务的因素。警察同样可

① Doe v. Metropolitan Toronto (Municipality) Commissioners of Police (Div. Ct.), 1990 CanLII 6611 (ON SC).

② B. M. v. British Columbia (Attorney General) [200] 4 BCCA 402.

能注意到了该问题，故有学者指出，在部分受害者曾向警察寻求帮助但未获得援助并最终遭伴侣杀害的案件中，其中几个案件已经起诉，并在庭外解决了纠纷。①

三、警察干预家庭暴力之注意义务的证成

过失侵权是侵权法的核心内容，注意义务则是过失侵权的必要构成要件。对注意义务存在与否的判断，通常需要考察可预见性、行为人与受害者之间的联系以及公平正义。警察是否对家庭暴力的受害者承担过失侵权责任的核心在于判断注意义务是否存在，相关争议实则反映了不同的司法目的或考量因素。结合侵权法相关理论来看，在符合注意义务构成要素的基础上，具体案件中可形成警察对家庭暴力受害者的注意义务，这既符合侵权法理论与规定，也有利于通过发挥侵权法的威慑作用以加强对家庭暴力受害者的保护。

（一）过失侵权需证明注意义务的存在

在英美法系之中，侵权法经数百年发展已形成较为完善的法律体系，过失侵权又在侵权法之中占有重要地位。可以说，过失侵权是侵权法最为核心的领域，也是一种普遍的侵权行为方式。自 19 世纪早期英国普通法形成了“过失”的概念以来，现代意义上的过失侵权行为法形成并不断发展。过失行为（negligence）的一般含义为缺乏注意（careless），法律含义即未达到一个通情达理的人在当时的情况下根据法律所应达到的注意标准。在英格兰法中，该词在侵权法上还指一种独立的侵权行为，即一个通情达理的人在特定情形下应当注意而没有注意从而对他人的人身或财产造成损害的一种侵权行为。② 普遍观点认为，过失之诉需包含四个构成要件：存在注意义务、行为违反义务、有因果关系及造成损害。③ 如果一个人没有注意的法律义务，那么其缺乏注意并不构成过失，由此亦不产生法律责任。

在有关过失的法律中，合理行为标准所要求的注意程度与相应的危险

---

① Elizabeth A Sheehy, Defending Battered Women on Trial: Lessons from the Transcripts, UBC Press, 2014, p. 86.

② 薛波主编、潘汉典总审定：《元照英美法词典》，北京大学出版社 2013 年版，第 955 页。

③ 王灏：《普通法系过失侵权责任证成研究》，载《浙江工商大学学报》2017 年第 4 期。

成比例。如果危险增大，那么行为人也就需要承担相应的注意义务。注意义务的理论实际上来自于西方的自由主义和个人主义，即每个人只对自己的行为负责，在不妨害他人的前提下具有充分的自由及权利。被告需要对其行为的直接后果负责，而不需对不可预料的后果负责，因为不可预料的后果与其行为之间不能建立起法律上的因果关系。注意义务的内涵实则是个人主义道德观的体现。① 根据程度轻重不同，注意一般分为三级（轻度注意、一般注意和高度注意）或五级（轻度注意、一般注意、合理注意、高度注意和最高注意）。② 尽管注意义务法定，但并非任何不谨慎的行为都构成侵权或需承担损害赔偿责任，而是需要就是否存在或构成注意义务做出探讨。一般观点认为，注意义务的构成需满足一定要件：危险具有可预见性、能预见的危险可以避免以及负有注意义务的人与受害者之间存在一定联系。英国相关判例确定的判断注意义务存否的标准主要考量三个要素，既需要考虑可预见性及行为人与受害者之间的联系，又需要结合具体案情考虑为保护一方利益而令他方承担注意义务是否合理公正、符合正义的要求。③ 其中，可预见性是用来判断注意义务存在与否的基本标准，也是判断被告行为与结果之间因果关系的重要因素，是过失判断的核心概念。④

（二）警察注意义务存否应然性探讨

对警察注意义务存在与否的论争实际上反映了对该注意义务作用或必要性的不同认识，结合两方论点及理论分析来看，承认注意义务的存在显然是应有之义。

1. 否认警察注意义务之观点有待商榷

从澳大利亚、英国等司法实践来看，普遍观点否认警察的注意义务，这主要与侵权法的一般原则有关。综合来看，否定注意义务存在的原因主

---

① 徐爱国：《侵权法女性主义视角的解读》，载《学习与探索》2012年第3期。

② 薛波主编、潘汉典总审定：《元照英美法词典》，北京大学出版社2013年版，第193页。

③ Caparo Industries PLC v Dickman [1990] UKHL 2.

④ 于雪锋：《侵权法中可预见性标准的基本功能及其比较》，载《东方法学》2016年第4期。

要在于以下方面。

第一，一个人通常不负有保护他人免受第三方行为伤害的责任，这是一个既定的原则。澳大利亚高等法院在 Modbury Triangle Shopping Centre Pty Ltd v. Anzil 案中确立了该原则。该案中，原告在购物中心被不明身份者袭击，主张被告购物中心未履行注意义务。法院认为被告对原告不负有注意义务，因为被告没有能力控制或防止随机性的袭击事件。① 当然，该一般原则存在一定的例外情形，如被告负有控制某人行为以防其伤害他人的积极义务、一个人具有保护他人免受第三方伤害的积极义务或被告被视为需要对原告“承担责任”的情形等。② 具体到该类案件中，警察虽然在保护社区安全方面具有公共责任，但将该公共责任转化为对具体个人的私人责任显然存在问题，并且一般情况下警察不负有保护具体个人免受第三方行为伤害的责任。

第二，警察不应对个人承担注意义务，否则与其公共责任冲突。该观点认为，如果要求警察对具体个人承担保护其免受第三方伤害的注意义务，即构成上述一般原则的例外情形时，可能会与其所应承担的公共责任存在矛盾或不相协调之处。一方面，保障公共安全与保障公众中特定个人免受第三人伤害并不相同；另一方面，承认对个人的注意义务可能影响对公共利益保护的实现。该观点在部分警察存在过失行为的案件中得到了支持，尽管这些案件中的原告往往是接受警察调查的人。③

第三，警察因其工作特殊性不承担注意义务。该政策论点来源于英国具有开创性的希尔案所确定的原则。该案中，希尔的女儿在西约克郡被杀，犯罪人在杀害她之前已经在该地区实施了一系列杀害年轻女性的行为。希尔以警察未能及时抓获犯罪人以致其女儿被杀为由起诉。案件经原告两次上诉后由上议院受理。上议院维持原判，驳回了希尔的诉讼请求，主要基于两个原因：一方面，希尔女儿的死亡由犯罪人导致，并非由警察的行为直接造成；另一方面，如果法院认定警察应当承担责任，则会产生

---

① Modbury Triangle Shopping Centre Pty Ltd v. Anzil and Another (2001) 176 ALR 411.

② Swinney v. Chief Constable of Northumbria Police Force [1996] EWCA Civ 1322.

③ See Tame v. New South Wales [2002] HCA 35, Cran v. New South Wales [2004] NSWCA 92.

大量类似案件的诉讼，这会导致警察将大部分时间和资源用于证明行为合理性上，严重影响其抑制犯罪的职责的履行，并造成财政经费的过度支出，故而从公共利益角度来看不应认定警察负有该潜在责任。①

需要指出的是，尽管存在否定注意义务存在的原因，但上述论证有待商榷。一方面，要求警察对家庭暴力的受害者承担注意义务不会与公共利益相违背，保护公众中的特定弱势群体不会给警察的保护公众安全的责任带来额外负担。该注意义务并不是针对所有易受伤害的人，而是在“显著因素”考虑基础上对构成特定联系的家庭暴力受害者承担责任。另一方面，尽管可能需要耗费一定资源及经费支出，民事诉讼可能对提升警察工作质量发挥作用，从而达到物有所值的效果。同时，在加拿大的相关判例中警察由于未能阻止对妇女实施暴力的过失行为被追究责任，但之后并没有出现大量试图耗费警察资源的类似案例。② 因此，该担忧实则可能不成立。

2. 主张警察注意义务存在合理性

主张警察对家庭暴力的受害者存在注意义务的目的主要在于保障家庭暴力受害者的人身安全和正当权益，增加警察对家庭暴力问题的干预。

一方面，注意义务的存在能够减少警察的过失行为，提升警察对家庭暴力受害者的保护力度。相关调研和案例显示，部分家庭暴力案件中警察存在疏忽或过失行为，对家庭暴力的干预程度有限，人身安全保护令的执行存在问题。如果规定警察对家庭暴力受害者具有注意义务，可能在一定程度上提升警察的干预力度和积极性。相反，如果确定警察不会对其过失行为承担责任，那么警察可能怠于采取行动。因此，允许家庭暴力的受害者通过民事诉讼作为寻求赔偿的途径，能够一定程度上支持综合回应的需求，促进独立警察问责制的适用，维护法治和支持侵权责任法上的纠正司法及威慑功能的发挥。③ 该观点实际上体现了侵权法的赔偿—威慑论的影

① Hill v. Chief Constable of West Yorkshire [1989] AC 53.

② Nina Vallins, Police responses to family violence: Recasting a duty of care, Alternative Law Journal, Vol. 42, 2017.

③ Mandy Shircore, Heather Douglas, Victoria Morwood, Domestic and Family Violence and Police Negligence, Sydney Law Review, Vol. 39, 2017.

响，也即，在赔偿为首要功能的同时，威慑处于次要地位。在赔偿之外，威慑也是侵权法的目标之一，通过威慑不可取的行为，并赔偿行为导致的损害，从而在使得行为人在承担损害赔偿责任的同时起到一定的威慑效果。①

另一方面，家庭暴力具有特殊性，受害者需要得到警察更多的关注。法律允许家庭暴力的受害者采取合理的自我保护措施，但除此之外，他们唯一的选择就是告知具有保护公众责任及能力的警察机关。警察独有的资源优势、受害者对警察的依赖以及无法合理期待受害者保护自己免受暴力侵害的事实组合在一起，实际上就导致警察与家庭暴力的受害者之间形成了特定的依赖关系，从而导致注意义务的产生。②如果不能确定该注意义务，受害者不能合法地依赖警察来维护自己的人身安全，那么这意味着他们只能寻求私人保安或民间治安团体的帮助，这显然不符合公共利益。因此，否定该义务的存在不利于保护涉及家庭暴力问题的弱势群体的利益。③

（三）警察干预家庭暴力之注意义务实然性论证

对注意义务存否的裁判论证，则是从对实际法律规定与先例的分析中得出结论。从分析思路来看，英国和加拿大法院往往通过注意义务的职责范围出发探讨是否存在注意义务，澳大利亚法院则倾向于从因素分析的方法来确定新的注意义务。也即，在确定了合理的可预见性之后，确定案件的显著特征并将之应用于其他类似案件中。在该类案件中，如果原告能够建立合理的可预见性，法院承认家庭暴力的独特性、受害者易受施害者伤害的危险以及警察对保护受害者具有独特的权力和责任，那么澳大利亚法院可能能够判定警察对家庭暴力的受害者负有注意义务。正如有观点指出，如果警察知晓某个人存在遭到家庭暴力的危险，那么其应负有注意义

① 余小伟：《“公平责任”是否“公平”——以二十世纪新侵权法理论为视角》，载《政治与法律》2017 年第 12 期。

② Tofaris, Sandy Steel, Negligence Liability for Omissions and the Police, The Cambridge Law Journal, Vol. 75, 2016.

③ Erika Chamberlain, To Serve And Protect Whom? Proximity in Cases Of Police Failure To Protect, Alberta Law Review, Vol. 53, 2016.

务，但是原告需证明警察的行为过失导致其行为未实现预期后果。①

其一，就可预见性因素而言，家庭暴力是行为人对受害者进行控制的一种行为模式，往往不是随机或不可预测的，尤其是该行为与重复施害有关，即使确切的时间和地点可能未知，但暴力侵害往往具有较高的可预见性。同时，风险评估工具的适用及发展也为家庭暴力危害增加了可预见性。这种高度可预见性是家庭暴力犯罪区别于其他犯罪行为之间的重要因素。

其二，警察对受害风险的控制能力可能构成界定是否存在注意义务的决定性因素。家庭暴力案件中，该能力则体现为警察控制施暴者的能力。在英国迈克尔案中，警察缺乏对犯罪者的控制是影响注意义务认定的一个重要因素。在家庭暴力案件中，有明确的受害者可能会遭受家庭暴力的侵害，大部分案件中警察可能已经接触过施害者，因此更有可能知晓受害者及其可能遭受侵害的方式。同时，在受害者积极向警察求助的情况下，警察可以利用自己的能力和执法权来为其提供帮助，因此，在这种情况下显然能够具有较高程度的控制。即使在部分案件中，警察无法“直接”控制施害者，但根据相关反家庭暴力立法的规定，警察能够间接控制犯罪者或保护受害者免受侵害，如发布保护通知、采取拘留等强制措施等。②

其三，家庭暴力具有特殊性。一方面，家庭暴力的受害者具有法律意义上的脆弱性，即不能合理地期待他们有保护自己免受侵害的能力。受害者往往容易受到施害者的控制，不易与之抗衡，故而在家庭关系中处于弱势地位。警察保障公众安全的法定义务和与人身安全保护令相关规定使得警察有权力来保障家庭暴力受害者的安全。另一方面，根据反家庭暴力立法规定，警察往往有调查家庭暴力问题的强制性责任。因此，对家庭暴力受害者的保护符合相关法律规定与警察的职责，不会与公共利益的维护相冲突。

以上构成认定警察干预家庭暴力的注意义务的重要因素，同时，还存在一定的排除条件，即公共政策因素的排除适用。尽管在大多数情况下，

---

① Rosemary Auchmuty ed., Great Debates in Gender and Law, Palgrave, 2018, p. 23.

② Mandy Shircore, Heather Douglas, Victoria Morwood, Domestic and Family Violence and Police Negligence, Sydney Law Review, Vol. 39, 2017.

判定注意义务的存在可能引发对警察因履行职责行为而遭受损害赔偿的起诉，但也有证据证明警察与其他专业人士一样因担忧遭遇民事诉讼而提升工作质量。因此，注意义务的威慑作用显然具有一定的力度。同时，应将公共政策因素置于较为广泛的案件问题中，如果符合上述条件中的注意义务，构成过失行为，那么在该类案件中保障受害者的权益更为重要。

例如，美国部分州的侵权法同样排除警察的注意义务，注重公共政策原则的适用，但这些原则也存在例外。一方面，如果警察积极承诺保护某个人，其因该承诺对警察形成依赖，那么在这种情况下可能在个人与警察之间形成了特定关系，以致警察出现过失行为时需要承担责任；另一方面，当法律明确规定公权力机关应对诸如家庭暴力受害者等特定人群承担责任或特定义务，那么此时注意义务可能也会产生。美国法院往往将两种情况相结合，认定在人身安全保护令执行过程中警察需要承担特定义务、受害者对警察形成依赖，那么这种情况下的双方的特定联系显然是存在的。①

早在2017年，有观点指出，尽管英国迈克尔案具有很强的说服力，澳大利亚法院可能会判决警察对家庭暴力的受害者负有注意义务，从而使得警方为过失行为承担赔偿责任。② 这在史密斯诉维多利亚州案中得到了体现。尽管该案尚未作出最终判决，但就驳回被告即决驳回的申请来看，显然为认定警察的注意义务留出了考虑的空间。

四、借鉴与启示：警察干预家庭暴力机制之合理构建

域外关于警察干预家庭暴力注意义务的探讨主要从侵权法领域作出分析，实际上，在国际人权法领域和行政不作为层面都可论证警察干预家庭暴力的正当性。需要指出的是，对警察干预家庭暴力的注意义务的界定或对公安机关过失行为的认定需要遵循一定的原则，从而构建较为合理的警

---

① Danielle Lynn Lordi, Police Liability Under State Tort Law For Failure To Enforce Protection Orders: The Last Demand For Accountability, OREGON LAW REVIEW, Vol. 85, 2006.

② Mandy Shircore, Heather Douglas, Victoria Morwood, Domestic and Family Violence and Police Negligence, Sydney Law Review, Vol. 39, 2017.

察干预机制。就我国目前反家庭暴力法治建设而言，保障警察的干预，增强公安机关在人身安全保护令实施过程中的作用和职责，显然是我国《反家庭暴力法》进一步施行过程中需要完善的重要内容。

（一）警察干预家庭暴力之注意义务兼具正当性与合法性

域外关于警察干预家庭暴力的注意义务存否的探讨，反映了对警察干预家庭暴力的合法性与合理性的反思。目前学界及司法界观点倾向于考虑注意义务的认定，反映了对保护家庭暴力受害者尤其是处于弱势地位的妇女的人身安全的重视。英国、澳大利亚、加拿大等英联邦国家普遍通过探讨过失侵权中警察注意义务存否来讨论警察干预家庭暴力的限度。实际上，从行政法或人权法的法理分析来看，警察干预家庭暴力具有理论基础和法律依据。

一方面，从人权法和国际责任法角度来看，在家庭暴力领域国家有适当注意义务（due diligence）。联合国为消除对妇女的歧视、争取性别平等，制定了《消除对妇女一切形式歧视公约》，1992年消除对妇女歧视委员会就该公约通过了第19号一般性建议，明确指出："公约所指的歧视并不限于政府或以政府名义所做的行为……缔约国如果没有尽力防止侵犯权利行为的发生或调查暴力行为并施以惩罚及提供赔偿，也可能为私人行为承担责任。"该《公约》要求缔约国尽应有的适当注意义务来阻止私人的罪行。进入21世纪以来，在各种国际法上的司法及准司法实践中，适当注意标准在家庭暴力问题中得到了创造性适用，国际社会也逐渐建立了新的国家责任理论：国家不仅需要为侵害妇女人权的国家行为承担法律责任，还需要为没有能够以适当注意来防止、调查或惩处对妇女进行家庭暴力等私人暴力行为承担国家责任。该适当注意标准体现了传统国际法与现代人权法的融合，强调了公权力机关对家庭暴力的注意义务。①

另一方面，公权力介入家庭暴力具有正当性。根据主权在民理论，政府掌握的国家公权力来源于公民权利的让渡。② 人们愿意放弃部分权利的原因，在于通过更为强势的公权力来保障其基本权利和自由，从而保护通

---

① 罗清：《反家庭暴力中的国家责任——以适当的注意标准为限》，载《政治与法律》2013年第11期。

② 参见［法］卢梭：《社会契约论》，李平沤译，商务印书馆2011年版，第19页。

过个人力量不足以保护的个体的权利。由此，政府有责任和义务来合法有效地行使公共权力，若未履行该法定义务，则构成违法的行政不作为，这也间接地造成对公民合法权益的侵权。[①] 警察机构或警察部门是政府的一个职能部门，主要负责维持公共秩序，促进公共安全，预防及侦查犯罪。[②] 作为范围最大、强制性最强的国家公权力机关，警察的行政不作为产生的消极影响显然更为突出。在服务政府背景下，警察职能的扩张与角色的转变必然导致不作为侵权成为警察干预家庭暴力案件中需要引起关注的重要问题。

（二）警察干预家庭暴力应遵循一定原则

警察权介入家庭暴力案件具有其正当性基础，但该介入或干预显然有一定限度，这也是在对注意义务存否的判断中需要根据具体案件状况对各相关因素作出分析的原因。因此，在警察干预家庭暴力过程中，显然应遵循一定原则。

一方面，坚持依法积极干预的基本原则。健全反家庭暴力法治，将警察干预家庭暴力的理论正当性转化为合法性规定是诸多国家的普遍做法，警察干预家庭暴力不仅是行使权力的正当方式，也是警察依法应承担的义务。由此，警察应积极履行其承担的义务，积极干预原则显然是警察干预家庭暴力案件过程中需要遵循的重要原则。积极干预原则既体现在对家庭暴力预防工作的高度重视上，也应在具体处置家庭暴力案件过程中及时开展各项法律法规规定的工作，为家庭暴力受害者提供全方位的帮助。[③]

另一方面，比例原则应在警察干预家庭暴力的限度或具体案件中注意义务存否的判断中发挥作用。比例原则由适当性、必要性和狭义比例原则三个子原则构成，适当性强调手段必须适合法律的目的，必要性要求选择最为温和的手段，狭义比例原则要求手段与目的之间是合理、相称和成比

---

① 赵敏：《服务行政视角下公安行政不作为新探——以警察干预家庭暴力为例》，载《河北法学》2013 年第 8 期。

② 薛波主编、潘汉典总审定：《元照英美法词典》，北京大学出版社 2013 年版，第 1062 页。

③ 张彩凤、沈国琴：《家庭暴力案件中警察权的权限及行使原则——性别平等主义视角下的分析》，载《中国人民公安大学学报（社会科学版）》2009 年第 1 期。

例的。[①] 也即，比例原则强调所要达成的利益与社会公益或公民权利所受损害之间成比例。公安机关在行使职权时的手段和目的之间要有适度的比例。根据比例原则，一方面，警察对家庭暴力介入要兼顾制裁与教育的原则，将预防、制止家庭暴力和一定的惩罚性介入相结合；[②] 另一方面，针对具体案件中警察是否构成行政不作为或违反注意义务构成侵权的判定，应结合各方面因素作出分析，从而在保护具体特定的家庭暴力受害者与社会公共利益维护之间作出衡量，从而得出客观、科学的判断。

（三）我国公安机关干预家庭暴力机制有待完善

英联邦国家等域外诸多国家和地区普遍赋予警察以及时干预家庭暴力的权力，在实践中取得了较好的效果，并注重保障警察干预家庭暴力的工作质量。我国2016年起施行的《反家庭暴力法》对公安机关干预家庭暴力问题作出了明确规定："公安机关接到家庭暴力报案后应当及时出警，制止家庭暴力，按照有关规定调查取证，协助受害者就医、鉴定伤情。"需要指出的是，长期以来公安机关在干预家庭暴力问题中存在着一定困境，如何在尊重人们正常的私人生活与干预具有一定社会危害性的行为之间实现平衡是进行干预的难点之一。[③]

同时，我国《反家庭暴力法》正式建立了人身安全保护令制度，各地法院往往通过人身安全保护令的发布来确认对家庭暴力受害者的保护力度。尽管目前人身安全保护令的发布数量有一定增长，但人身安全保护令的执行问题往往被视为反家庭暴力执法中的难点问题。《反家庭暴力法》规定人身安全保护令的执行主体为法院，公安机关、居民委员会、村民委员会等协助法院执行。然而，在司法实践之中，该规定存在着分工不明确、权责模糊、使用不当等诸多问题。[④]

---

① 陈景辉：《比例原则的普遍化与基本权利的性质》，载《中国法学》2017年第5期。

② 刘昱辉：《论公安机关实施〈反家庭暴力法〉中的不作为问题及对策》，载《中国人民公安大学学报（社会科学版）》2017年第3期。

③ 赵颖：《家暴案件人身安全保护令执行中警察权的权限及行使》，载《湖北警官学院学报》2017年第4期。

④ 李瀚琰：《论人身安全保护令执行体系与中国立法的完善》，载《妇女研究论丛》2017年第11期。

针对人身安全保护令执行难的问题，有学者建议修改《反家庭暴力法》，将公安机关作为人身安全保护令的执行机关。依据《警察法》，人民警察有义务“保护公民的人身安全、人身自由和合法财产”，家庭暴力显然属于侵害公民人身安全、人身自由或合法财产的行为，制止该类违法犯罪行为是公安机关的职责范围。《反家庭暴力法》规定了公安机关在接到家庭暴力报案后及时出警、制止家庭暴力和及时调查取证、鉴定伤情的义务，说明公安机关有权力和义务进行预防和制止家庭暴力的活动。① 有学者从中外人身安全保护令的内容有差异、现行《警察法》和《人民法院司法警察条例》的规定、以往司法经验的总结以及公安机关在预防家庭暴力方面的作用等方面论证人身安全保护令应由公安机关具体执行。② 整体来看，加强公安机关在人身安全保护令执行过程中的职责，发挥公安机关在干预家庭暴力中的独特优势，是目前反家庭暴力法治建设过程中需要进一步完善的重要内容。

五、结语

域外对警察干预家庭暴力注意义务存否的探讨，体现了倾向于肯定注意义务存在的趋势。警察干预家庭暴力具有正当性与合法性，在具体案情符合注意义务构成要件的条件下能够认定警察的注意义务，从而使得警察为行政不作为负责。我国的反家庭暴力法治正在不断建设过程中，各地纷纷出台相关条例以推进反家庭暴力工作，如何在实践中加强公安机关对家庭暴力案件的干预力度，增强公安机关在人身安全保护令执行过程中的作用，更好地促进妇女权益维护和对弱势群体的保护，显然有待在进一步建设中不断探索与完善。

（本文仅代表作者个人观点）

① 陈敏：《人身安全保护令实施现状、挑战及其解决》，载《预防青少年犯罪研究》2016 年第 3 期。

② 季凤建：《刍议人身安全保护令的执行》，载《人民司法·应用》2016 年第 10 期。

百尺竿头，更进一步

——合同编总则草案之争鸣与完善

金骑锋*

2019年7月4日，由中国法学会民法学研究会、中国人民大学法学院、中国人民大学民商事法律科学研究中心、中国法学会审判理论研究会民事审判理论专业委员会和中国人民大学《法学家》杂志社联合主办的民法典合同编总则立法研讨会在中国人民大学明德法学楼601会议室顺利召开，来自全国人大常委会法工委、最高人民法院、北京市高级人民法院、中国人民大学、北京大学、清华大学、中国政法大学等机关和高校的30余位专家学者参加了本次会议，多家主流媒体对本次会议进行了报道。

研讨会以“民法典合同编总则立法中的重点问题”为主题，共分为三部分：第一部分为开幕式，该部分由中国人民大学民商事法律科学研究中心主任姚辉教授主持，中国人民大学法学院党委书记兼院长、中国法学会民法学研究会副会长王轶教授致开幕辞，全国人大常委会法工委民法室石宏副主任、清华大学法学院资深教授崔建远先后发表主旨演讲。会议第二部分为主题发言，

* 中国人民大学法学院硕士研究生。

该部分共分三单元进行讨论。第一单元围绕草案第一、二、三章，即合同编的一般规定、合同的订立和效力展开，由中国人民大学法学院叶林教授担任主持人，北京大学法学院刘凯湘教授、最高人民法院研究室吴兆祥副主任作引导发言；第二单元主要围绕草案的四、五、六章，即合同的履行、保全、变更与转让展开讨论，本单元由最高人民法院应用法学研究所曹守晔副所长主持，中国人民大学法学院朱岩教授、北京市高级人民法院民一庭邹治副庭长作引导发言；第三单元主要讨论草案的第七、八章，即合同的权利义务终止、违约责任等问题，由中国政法大学民商经济法学院于飞教授担任主持人，清华大学法学院韩世远教授、广东省高级人民法院审管办梁展欣副主任作引导发言。第三部分是闭幕式，由中国人民大学民商事法律科学研究中心执行主任石佳友教授致闭幕辞。研讨会期间，每位与谈者均围绕民法典合同编总则草案的亮点以及有待完善之处发表了自己的见解。

一、合同编草案的守成与发展

（一）对我国既有体系的承继

历史法学家有言，法律犹如国语，为民族精神之表现，而生于国民之确信，与一个国家之政治、经济、习俗及伦理等关系至为密切。德国著名比较法学者茨威格特在《比较法导论》一书中也提出“法律风格理论”，认为每一个国家之法律皆具有其风格，具体影响因素包括法律思维方法、法律之渊源与背景、具有代表性之法律制度等。我国现代民事立法虽起步较晚，早期承德国之钵，但于长期的历史发展中，在吸收两大法系的先进经验的基础上，结合我国的实际情况，形成了具有中国特色的立法技术和立法风格。合同编草案吸收了我国关于合同相关立法司法中的精华，较为完美地承继了数十年来我国合同相关的立法和司法智慧。

正如石宏副主任所言，1999 年颁布的《合同法》广受各方好评，合同编草案整体建立在其之上，具有良好的立法基础。同时，在理论层面，合同制度作为债法最重要的内容之一，学界相关理论研究具有较为深厚的储备；在实践层面，合同编草案吸收了大量经过司法实践千锤百炼而来的司法解释。因此，合同编草案可谓是中国现有合同立法之集大成者。

（二）对国外先进立法的吸收

虽法律具有民族性，然民商法基于其立足市民社会与商品经济的普适性，自罗马法以来，虽经世事变迁，基本理论却一脉相承，突出表现在合同法与传统商人法之上。因此，研习比较法有利于集域外立法之智慧，丰我国立法之实践。正如石佳友教授所述，自1980年《联合国国际商品买卖公约》伊始，全球进入债法现代化改革，特别是在合同法现代化方面取得了长足的进步，最新出现的2016年法国债法改革、2017年日本债法修改以及《欧洲合同法原则》（PECL）、《欧洲民法典共同参考框架》（DCFR）等都为我国合同编立法提供了充分的参考。石宏副主任也谈到，立法机关业已感受到国外各界对我国民法典立法工作的高度关注，正从不同途径收集和了解国外的相关意见。

举例而言，《民法典合同编（草案）》（二次审议稿）中有关情势变更制度的规定，借鉴了德国2002年债法改革的成果，同时其中有关再协商义务的规定又借鉴了法国债法改革的成果。关于违约方请求解除合同的规定，借鉴了法国法上司法解除制度的相关规定。新增的有关悬赏广告的规定，也涉及对日本法的借鉴。

（三）对当今合同立法的突破

我国民法典草案制定过程中的最大争议点之一莫过于债法总则之存废。基于合同法是债法的主体，我国司法实践长期以来依赖合同法进行裁判，从维持立法稳定性和司法实用主义的角度出发，同时考虑避免重复与冗杂，依照立法机关的最终决定，我国创新性地采用“删减增改排”的方式将债法的内容融合到合同编之中，以合同编总则代行债法总则之功能，辅之以侵权责任编，从而形成一个较为完整的债法体系。针对既非合同又非侵权的无因管理和不当得利制度，《民法典合同编（草案）》（一次审议稿）将其分置两章，置于分则末尾，广受争议。此次《民法典合同编（草案）》（二次审议稿）中重采《民法典合同编（草案）》（室内稿）的做法，新设“准合同”一编来规定不当得利和无因管理制度，置于合同编分则之后，侵权责任编之前，较为和谐地进行了体系安排，凸显了债从约定到法定的递进，实现了合同编与侵权责任编衔接上的逻辑自洽。

二、合同编总则草案的争鸣

（一）预约合同概念及存废之争议

依民法理论，合同有预约与本约之分。预约，又称为预备合同，是指当事人约定为在将来一定期限内订立合同（本约）而达成的允诺或协议。本约意在直接确定当事人间的权利义务，预约则意在签订本约，两者的性质和效力存在差异。据考究，预约制度的出现源于买卖合同，早期的买卖合同为实践合同，需标的物的交付才成立合同，因此发展出预约合同约定将来的交付以达促进交易的目的。现虽合同形式自由观点已普及，买卖合同已成诺成合同，但预约制度仍因能够在合同订立时机未成就时帮助交易双方锁定交易机会等优势，保留有其特定的适用空间。

从比较法上来看，各国广泛存在对预约制度的规定，具体可见于《法国民法典》第 1589 条、《瑞士债法典》第 22 条、《俄罗斯联邦民法典》第 429 条等。我国现行《合同法》并未规定预约合同制度，只在《最高人民法院关于审理买卖合同纠纷案件适用法律问题的解释》第 2 条中对预约合同的定义和违约责任进行了规定："当事人签订认购书、订购书、预订书、意向书、备忘录等预约合同，约定在将来一定期限内订立买卖合同，一方不履行订立买卖合同的义务，对方请求其承担预约合同违约责任或者要求解除预约合同并主张损害赔偿的，人民法院应予支持。"但是，由于这一司法解释规定的简略性，实践中对如何区分预约与本约、预约合同的判断标准以及预约合同的违约责任等均争议不断。例如有观点认为此规定易让人形成"所有包含订约意向的认购书、订购书、意向书、备忘录等都应当认定为预约合同"的错觉，从而不当地扩大预约合同的范围，曲解预约制度的本意。同时，关于预约合同的救济，虽该司法解释的规定明确不履行义务方需承担违约责任，但却回避了守约方能否要求对方继续履行预约合同的问题，导致理论和实务界对此问题争论不休。肯定方主张，继续履行合同为承担合同违约责任的一般方式，基于预约合同本身的目的即在于订立本约，除非存在《合同法》第 110 条规定的不宜继续履行的情形，应允许守约方请求违约方继续履行预约合同，订立本约。否定方则基于合同自由包括解约自由的观点，认为法律应尊重意思自治，不能强人所难。此外，预约合同本身并未确定完善的权利义务，要求其继续履行势必涉及法院对合同漏洞的填补，此举将模糊预约和本约的界限，导致预约制度的架空。为弥补这些不足，《民法典合同编（草案）》（二次审议稿）第287条对这一制度进行了完善，但与会学者对该条文的用词及范围等提出了较多意见。

刘凯湘教授对预约合同这一概念本身提出质疑，认为“约”本身即“合同”，预约合同一词语义重复。曹守晔副所长也质疑预约合同这一概念的科学准确性、逻辑融洽性以及体系和谐性，提出应重新审视其规定必要性和具体行文方式。崔建远教授认为该条列举的认购书、订购书、预订书、意向书等，应就个案鉴别其效力，不应统一认为属于预约合同，同时主张应明确预约合同的违约责任。北京市第三中级人民法院民一庭齐晓丹庭长从实务的角度主张应对名为预约、实为本约的情形加以规范，并明确预约的违约责任是否包括可得利益的赔偿。

（二）格式条款的定义、效力与适用情形之检讨

合同自由和合同正义作为合同法的两大价值目标，存在一定程度上的冲突，典型体现在关于格式条款的规制之上。依据《合同法》第39条的规定，格式条款是指当事人为了重复使用而预先拟定，并在订立合同时未与对方协商的条款。因格式条款的相对人在订立合同过程中屈于附从地位，对提供方提出的格式条款，并无磋商修改机会，只能选择概括接受或拒绝，不能对格式条款内容作增删修改，合同双方在订立合同时实质上存在不平等，故法律就格式条款进行了特殊规定。

现行关涉格式条款的立法散见于《合同法》《消费者权益保护法》《保险法》之中，但纵观现行关于格式条款的有关规定，存在条文内在冲突、适用困难、解释模糊等问题，突出表现在《合同法》第39条与第40条的关系之上。有观点认为第39条规定履行了提示和说明义务的免除或限制责任格式条款有效，但第40条却又明确免责条款绝对无效，故第39条和第40条存在体系上的矛盾。另有观点认为，两条规定所指的“免责”内涵存在差异，第39条所称的免责是对将来可能发生的责任的免除，而第40条所提及的免责是对现在应当承担的责任的免除，故两条文不存在矛盾。基于此种争议情形，有观点主张摒弃《合同法》第39条和第40条设

定的格式条款效力认定规则，重构免责条款效力的认定标准。《最高人民法院关于适用〈中华人民共和国合同法〉若干问题的解释（二）》回应了这一问题，试图调和两条规定的抵牾之处，却又新增了困惑。其第 9 条规定未履行提示及说明义务的免责或限制责任条款可撤销，根据可撤销的一般规则，在对方当事人行使撤销权之前，该条款仍为有效，此与《合同法》第 40 条规定的免责格式条款直接无效之间又产生新的冲突，甚至引发“未履行提示及说明义务的免责格式条款效力待定，而履行了提示及说明义务的免责格式条款无效”的逻辑悖论。《民法典合同编（草案）》（二次审议稿）在吸收比较法经验的基础上完善了格式条款的有关规定，具体见于第 288 ~290 条。然则立法上仍存改善空间，与会学者意见如下：

朱岩教授对格式条款的定义提出了建议，认为应参考比较法，加入“多次使用”这一要件，因为“多次使用”本身也是格式条款最重要的目的。另外，现行规定实质是将公平原则作为判断格式条款效力的一般原则，未强调格式条款订入合同需要合意，即相对方的同意。此外，基于格式条款适用的范围较广，横跨了民商事和消费者权益保护等领域，单纯将存在法定情形的格式条款效力简单认定为无效的做法存在缺陷，建议参照比较法，区分相对无效和绝对无效，并交由法官进行个案分析，以求实现公平与效益的协调。针对商事交易的特殊性，可辅以参考商事交易习惯的规定，从而形成多层次、全方位的格式条款规范体系。

刘凯湘教授对当前草案的规定基本表示认可，认为第 289 条修正了《合同法》第 39 条、第 40 条及相关司法解释的内在冲突，明确了不合理限制的三种具体情形，值得肯定。但就该条文第 2 款与第 3 款在实务中的区分适用，即排除他方主要权利和限制他方主要权利的区分提出疑问。同时就绝对免责条款的无效问题，建议增加但书条款，以迎合部分单行法的规定。

中国政法大学民商经济法学院李建伟教授从商法的角度提出应正确看待格式条款的效力，不应将格式条款妖魔化，以致无效的情形扩大化。同时也应斟酌第 298 条第 2 款的用词，对“加重对方权利”的概念内涵加以限制，以明晰适用。叶林教授也提出应明确格式条款的适用范围，以协调民商事之间的关系。于飞教授认为第 298 条存在逻辑漏洞，具体而言，该条未明确格式条款提供者增加自己权利的效力等情形，建议在立法中加入

"等"字形成兜底条款，或者将无效的情形设计成一个概括条款，以免纰漏。

邹治法官则强调合同自由的重要性，主张对格式条款的限制也应适度，明确在合同双方力量严重不对等的情况下才得以适用，同时应赋予格式条款提供方抗辩救济的权利。中南大学法学院许中缘教授也认为应将对格式条款的限制情形限定在消费者合同和劳动者合同下，以保护相对弱势方的利益。

（三）第三人代为清偿适用范围之厘清

作为民法上最基本的两大权利，债权与物权的最大区别莫过于债权具有相对性而物权具有绝对性。甚至有观点将债的相对性称之为"古典契约法体系构建的第一块基石和整个私法体系的基础"，盖因其充分体现了私法所推崇的意思自治精神，将依据当事人自由意志产生的债的效力严格地限定于当事人之间。溯其根源，债的相对性理论源自古代罗马法，其与债的法律概念相伴而生，主要是指债能且只能在债权人和债务人之间产生拘束力。罗马法上同时确立了"为第三人利益而订立的契约无效"等规则，严格禁止第三人介入他人之间的债的关系。在近代，受自由主义思想的熏陶，《法国民法典》第1119条规定"任何人在原则上，仅得为自己接受约束并以自己名义订立契约"，第1165条规定"契约仅于缔约当事人间发生效力；双方的契约不得使第三人遭受损害"，从制度上确立了合同相对性原则，债的相对性原理得到空前加强。

时过境迁，随着科技的飞速发展和社会交往的不断密切，在生产高度社会化背景之下，传统合同法上追求极端个人主义的思维已不合时宜，现代合同法的立法价值取向由个人本位向社会本位转变，同契约自由等原则一样，债的相对性理论也迎来了一系列的突破。通说认为，债的相对性包括主体的相对性、内容的相对性和责任的相对性。具体到债的相对性的突破，也对应此三方面。举例而言，主体相对性的突破体现在利他合同之上；内容相对性的突破体现在"买卖不破租赁"中买受人的继续承租义务，责任相对性的突破体现在附保护第三人作用的合同之中。

合同之生命在于履行，但是对于合同的债权人，尤其是金钱债权的债权人而言，其往往只在意获得债务的清偿，而对履行清偿义务的主体则不甚关心。因此，理论上将债务人以外的第三人履行债务，从而使债权人的债权得以实现的情形，称之为第三人代为清偿，其属于对合同主体相对性的突破，因其有利于债权人债权的实现，德国法、法国法、日本法等都对此制度进行了规定。

我国《合同法》第65条规定了第三人代为清偿制度，但仅限于“当事人约定”的情形。然而，从比较法上而言，第三人代为清偿制度的内涵却远大于此，司法实践中，也多存在第三人基于赠与或好意施惠等原因单方面向债权人进行清偿的情形，这些都亟待法律的进一步规定。《民法典合同编（草案）》（二次审议稿）注意到了这一问题，在第314条之一增加了有关第三人单方面代为清偿的规定，但考虑到学理正当性和利益输送等因素，仍以“第三人须对履行该债务具有合法利益”加以限制。对此，邹治法官结合实务进一步认为，基于第三人代为清偿本质上突破了合同的相对性，应考虑限制第三人单方清偿，将其限定在提起诉讼的前提下，从而证明重大利益的存在，同时赋予对方以抗辩权。对第三人代为清偿的后果也应明确转移的债权属不当得利之债或是原合同之债。

（四）情势变更适用要件之争论

古罗马法谚有云：“债为法锁”，这一比喻生动形象地解释了债的效力。合同严守、契约神圣原则正是在“法锁”的效力基础之上发展而来，并在大陆法系民法中长期被奉为圭臬。不过随着社会的发展，社会变迁速度的加快，双方订立合同时的客观条件容易发生较大变化，此时若坚持合同严守原则将造成显失公平，因此，一定限度上突破合同严守原则的情势变更制度便应运而生。德国于2002年债法修订之际正式将该制度编入法典，法国也于2016年的债法改革中正式确定情势变更制度。

虽然我国情势变更第一案的裁判早在1992年就已作出，但《合同法》基于多种考虑，未对情势变更作出规定。直至2008年全球性金融危机爆发时，为呼应实务需求，《最高人民法院关于适用〈中华人民共和国合同法〉若干问题的解释（二）》第26条才明文规定这一制度：合同成立以后客观情况发生了当事人在订立合同时无法预见的、非不可抗力造成的不属于商业风险的重大变化，继续履行合同对于一方当事人明显不公平或者不能实现合同目的，当事人请求人民法院变更或者解除合同的，人民法院应当根据公平原则，并结合案件的实际情况确定是否变更或者解除。本次《民法典合同编（草案）》（二次审议稿）第323条继承了这一制度，并对其进行了完善，突出表现为去除了“非不可抗力”的限制，使得情势变更的适用情形得以扩大，解决了司法实践中长期存在的难题。同时该条也增加了再协商义务，并明确了仲裁机构适用情势变更制度的权力，然而当前草案仍有相当的改进空间。

韩世远教授提出，是否可以考虑增加裁判者在双方均未提出适用情势变更制度的请求时裁判者主动适用情势变更制度的权力，以解决实务的需求。同时，基于该种情形下合同解除的特殊性，应对适用情势变更解除合同的法律后果进行明确，包括合同解除的时间点、合同解除的条件等。

梁展欣法官则对仲裁机构适用该制度提出看法，认为仲裁以约定管辖为前提，与情势变更适用的前提“订立合同时无法预见”存在一定冲突，故建议参考关于撤销权的规定，将适用该制度的职权限定在法院。

实务界更是对可变更制度在合同编的恢复提出期待。齐晓丹法官提出，《民法总则》删除了关于可变更合同的规定，情势变更条款下却仍保留了可变更的规定，从鼓励交易的角度看规定可变更的情形仍具有必要性。吴兆祥法官也提出可以考虑在合同编中恢复可变更的相关制度，以满足实践需求。

（五）代位权行使的法律后果之反思

如前文所述，合同相对性在社会的发展进程中迎来了一定程度的缓和，除第三人代为清偿制度之外，还包括撤销权、代位权等债的保全制度。《法国民法典》虽然通过第1119条和第1165条明确了合同的相对性，但于第1166条又规定“债权人得行使其债务人的一切权利和诉权”，此即代位权制度的雏形，其意义在于弥补强制执行法上不动产执行请求权以及债权人对第三人之诉的缺失。值得注意的是，在同属大陆法系的德国和瑞士，因其完善的执行法律体系，民法中并未规定债权人代位权制度。

我国虽在1992年颁布的《最高人民法院关于适用〈中华人民共和国民事诉讼法〉若干问题的意见》中即规定了代位执行制度，明确“被执行人不能清偿债务，但对第三人享有到期债权的，人民法院可依申请执行人的申请，通知该第三人向申请执行人履行债务”，但基于强制执行必须以存在有效的执行根据为前提、第三人滥用异议权等原因，该制度的实施效果并不理想。为解决我国企业发展中突出的“三角债”问题，1999 年颁布的《合同法》第 73 条又规定了代位权制度，依据其规定，代位权是指当债务人怠于行使其到期债权，对债权人造成损害时，债权人可以向人民法院请求以自己的名义代位行使债务人的债权的权利。

至于代位权的行使后果，传统理论上通常采“入库规则”，亦即债权人行使代位权取得的财产应先归入债务人的一般责任财产，然后再由债权人依据债的清偿规则从债务人处接受清偿。《合同法》并未对行使代位权取得的财产归属作出说明，同年颁布的《最高人民法院关于适用〈中华人民共和国合同法〉若干问题的解释（一）》第 20 条规定：“债权人向次债务人提起的代位权诉讼经人民法院审理后认定代位权成立的，由次债务人向债权人履行清偿义务，债权人与债务人、债务人与次债务人之间相应的债权债务关系即予消灭。”该条规定意味着行使代位权的债权人能够直接获得次债务人的履行，在立法例上未采取“入库规则”。该司法解释自颁布以来，一直在学界颇具争议，此次《民法典合同编（草案）》（二次审议稿）第 326 条继承了上述司法解释的规定。与会学者对此种做法观点不一。

石佳友教授旗帜鲜明地提出，代位权行使后债权人的直接受偿是一个例外，违背了债权的平等性原则，现行规定的实质是民商分立后民法的全面商法化，导致的结果是民法的公平价值全面撤退，商法效率价值全面居上。合同编的制定应回归传统民法的价值观和债权平等性原则。

刘凯湘教授则赞同草案的现行规定，其认为虽可在程序上设立其他债权人在起诉后的加入制度，但在未破产的情形下直接受偿并不违背债权的平等原则。李建伟教授也持这种观点，认为债权平等原则与“先下手为强”原则并不冲突，同时参考破产法的相关规定，利用信息不对称率先行权并不违背平等原则。

崔建远教授则倾向于对代位权的行使效果进行类型化，区分采直接受偿和“入库规则”的不同情形，以达公平。针对“先下手为强”原则，崔建远教授澄清到：其乃实体法基本原则的一个表现，并非普遍适用，德国的相关立法有相应的制度配合限制起诉。石佳友教授同时回应道：法国法同样没有承认“先下手为强”原则，反采代位权的入库规则。行使代位权之诉本身属形成之诉而非给付之诉，其功能基础并不包括直接给付，采纳直接给付是对代位诉讼本质的混淆。

曹守晔副所长就《合同法》及其司法解释一出台时关于代位权规定的考虑因素进行了说明，主张不应盲目跟随比较法的规定，应从请求权基础的角度来看待代位权和撤销权之诉的差异，同时提出民法同样需要追求效率，各方需理性看待代位权这一问题，提出不同意见供立法部门参考。

（六）违约方合同解除权之探讨

合同严守、契约神圣原则一直是大陆法系坚守的信条，这一点也体现在我国《合同法》第8条的规定之中。然而，实践中合同有效成立后，常因主客观情况的变化，导致合同履行成为不必要或者不可能，此时若坚守合同的效力，则对各方均无裨益。因此，近代民法对此种情形进行了较为完整的考虑，在合同尚未实际违约阶段，创立情势变更制度加以保护，在合同已实际违约阶段，赋予非违约方以合同解除权，以助非违约方实现其合同义务的解放，同时响应“任何人不得因其不法行为而获利”的罗马古谚，对违约方的合同利益进行剥夺。

随着实践的进一步发展，新的制度再次浮现。最高人民法院在公报案例“新宇公司诉冯玉梅商铺买卖合同纠纷案”中，以“有违约行为的一方当事人请求解除合同，没有违约行为的另一方当事人要求继续履行合同，当违约方继续履约所需的财力、物力超过合同双方基于合同履行所能获得的利益，合同已不具备继续履行的条件时，为衡平双方当事人利益，可以允许违约方解除合同……”作为裁判要旨，创造性地支持了违约方解除合同的诉讼请求。

然而，虽有最高人民法院公报案例在先，理论和实务界对违约方是否享有合同解除权仍观点不一。支持方的主要理由在于《合同法》第94条规定的合同解除权主体为“当事人”，并未明确否定违约方的解除权。同时，《合同法》第110条规定了合同不宜继续履行的情形，在此种情形下，要求违约方继续履行将导致合同目的不能实现，有违公平和诚实信用原则，基于双方利益平衡的考虑，应赋予违约方以合同解除权。而反对方的主要论据在于，虽然《合同法》第94条规定的合同解除权的主体为“当事人”，但合同解除可具体细分为不可抗力和违约两种情形，前者情形下双方均可行使解除权，后者情形下若赋予违约方解除权，将与《合同法》

第 107 条规定的守约方享有的违约责任选择权相矛盾，从而架空第 107 条的规定，也与大陆法系所坚持的以继续履行作为承担违约责任主要方式的原则相悖。因此，根据体系解释的方法，在违约情形下违约方应不享有合同解除权。

《民法典合同编（草案）》（二次审议稿）第 353 条第 3 款认可了违约方的合同解除权，规定合同不能履行致使不能实现合同目的，有解除权的当事人不行使解除权的情形下，违约当事人有权请求法院或仲裁机构解除合同。对这一合同的违约方请求司法解除的制度，与会学者之间也存在不同看法。

赞同者主要着重这一制度的实践需求，同时以比较法对之加以支撑。如崔建远教授支持合同僵局情形下的违约方解除权，并分析了其背后的三点逻辑：其一，过错虽然作为责任的构成要件、赔偿的考虑因素，但并非在任何场合都具有作用，部分法院在实践中将过错的功能地位不适当地进行了扩张，导致对具有过错的违约方解除权的设置的理解出现了障碍。因此，崔建远教授主张重新审视过错的功能，排除过错对新制度发展的禁锢。其二，“不能实现合同目的”实则为“不能履行”，在此情形下债权人的利益已无合法根据，合同已无存在必要。其三，各方应纠正对合同解除的认识，不应将其视为一种惩罚。

部分学者虽也肯定违约方解除权的设计，但认为此条款适用限制条件过多，将对司法实践造成较大负担，建议对其适用条件进行调整。梁展欣法官认为此条款的设计同时要求构成滥用权利和显失公平，限制条件过多，对法院审理的负担较重，同时对诉的性质提出疑问。石佳友教授也赞同关于解除权限制条件过多的看法，提出基于“显失公平”这一词汇在民法总则含义上的特定性，建议违约方解除权的行使删去显失公平的条件。

此外，也有观点认为借由情势变更的完善可以代行这一制度，无需对此单列规定。如邹治法官谈到，本款规定属于对合同自由的限制，基于其适用情形的极端性，可以考虑适用情势变更或其他条款的方式来间接达成解除效果，而非单列此条以防使用泛滥。韩世远教授虽肯定崔建远教授关于过错和对合同解除非惩罚定性的看法，但提出美国普通法上虽承认违约方的解除权，但其出发点与我国不同，美国的合同自由包括违约自由和毁约自由，亦即美国与我国对合同自由的理解不同，本制度的适用可能将构成对我国合同自由的一种限制，同时程序法上也存在一些问题，建议将此条款与情势变更的条文进行统一设计。于飞教授也认为对情势变更规则的完善可以包含本制度的适用，主张立法不应事无巨细地随意创设新制度。同时赞同基于两个限制要件的不确定性，本条款会对法官裁判造成负担。

（七）其他争鸣

针对合同编的体系以及非合同债务的适用问题，于飞教授建议再行斟酌，韩世远教授主张增加鼓励交易，保护信赖的原则性规定；同时建议正本清源地将“商业秘密”修正为“秘密信息”。就合同编规制的范围，吴兆祥法官认为应明确行政协议的适用。

针对合同的成立，就合同的成立时间和依法经批准合同的生效等措辞，刘凯湘教授、李建伟教授建议需再加斟酌。就要约的撤销问题，刘凯湘教授主张应赋予要约人在承诺作出前的任意撤销权，其同时就缔约过失问题主张增加客观判断标准，以防主观理解滥加感情色彩。就合同法上的格式之战问题，石佳友教授建议恢复征求意见稿的规定，明确相互击倒理论。

针对合同的履行，北京航空航天大学法学院周友军教授提议章节下增加代物清偿和间接给付之规定，以解决实务中的以物抵债纠纷。韩世远教授、梁展欣法官就违约责任中减少价款的具体操作、惩罚性赔偿的衔接等具体制度提出建议。

针对合同的解除，吴兆祥法官结合实务经验，建议明确较短的解除异议期限，同时取消以诉讼或仲裁提起异议的规定。石佳友教授则提出法定解除权消灭期限一年过长，同时主张解除通知中增加对对方违约的证明，并明确合同解除的具体后果。李建伟教授、梁展欣法官也就违约金的具体适用主张明确约定损害赔偿和约定违约金的区别。

三、合同编总则的未来展望

“世易时移，变法宜矣”。作为上层建筑的法律，其产生和发展的根本动力在于经济基础。社会生产方式的变革、社会结构的演进、社会治理模式的重构将引发法律秩序的整体性变革。以蒸汽机的大规模运用为标志的第一次工业革命有力地推动了生产技术的进步，汽船、蒸汽机车等发明也加强了各地之间的联系，资产阶级开始登上历史舞台，确立对世界的统治地位。政治经济上的变化产生了新的法律需求，各界对民法进行近代化改革的呼吁此起彼伏，在此种背景下，法典化时代开启，《法国民法典》应际而生，各国开始了经久不息的“制典运动”。以《法国民法典》和《德国民法典》为代表的近代民法植根于启蒙运动，带有明显的资产阶级属性，以自由竞争和私法自治为前提，坚持理性主义和自由主义，秉承所有权神圣不可侵犯、契约自由和过失责任三大原则，在前后百年的时间里与资本主义发展相辅相成，使得欧洲大陆一跃成为世界的中心。

以电力和内燃机的广泛应用为标志的第二次工业革命开启了经济发展的新进程，资本主义经济开始发生重大变化，生产社会化的趋势加强，企业竞争加剧，生产和资本不断集中，垄断组织开始出现，个人主义在此情形下表现出明显的局限性。人们开始对近代民法进行反思和修正，近代民法开始向现代民法转变，具体表现在对私人所有权和契约自由加以限制和无过失责任的出现等。与此同时，随着参与经济活动主体的多元化，通过单立商法来保护职业商人特殊地位的做法已与时代不符，商法独立存在的基础发生动摇，民法开始逐渐商法化，一些国家如瑞士、意大利等开始制定民商合一的民法典。

以计算机和信息技术的出现和普及为标志的第三次工业革命，再一次促成了社会经济结构和社会生活结构的重大变化，第三产业在经济发展中的比重得到上升。伴随着消费者运动的勃兴，消费者保护法逐渐发轫，基于缔约双方地位力量的不平等，法律开始突破合同自由的原则，对格式条款等进行规制。消费者保护的新需求、电子合同等新形式的出现引发了自1980年《联合国国际商品买卖公约》开始的全球债法现代化改革，主要成果有《德国2002年新债法》《法国2016年新债法》《日本2017年新债法》《欧洲民法典共同参考框架》（DCFR）、《欧洲合同法原则》（PECL）、《欧洲共同买卖法》（CESL）等。

20世纪90年代以来，随着社会主义市场经济体制的建立与健全，我国在产业结构、消费结构、城乡格局、社会信息化等方面均发生了沧海巨变。有鉴于此，《经济合同法》《技术合同法》《涉外经济合同法》等逐渐退出历史舞台，适应实践需求的《合同法》《物权法》《侵权责任法》等民事基本立法相继颁布。当前，我国民法典以及合同编的编纂正处于时代变革之际，以物联网、人工智能、生物技术为代表的第四次工业革命正在到来，未来随着高端芯片、人工智能、区块链、5G等技术的进一步发展，以数据、网络虚拟财产为代表的新型客体将会对民法抛出新的难题。同时，伴随着以网购和电子支付为代表的第三方网络平台、共享经济、互联网金融等新经济形态的快速发展，针对其带来的新型法律关系，运用传统民法规范去应对时常会捉襟见肘，民法典及合同编的立法应对此类新兴事物加以充分关注，以造就一部符合时代需求、兼具中国特色的现代民法典。

未来是光明的，道路是曲折的，合同编的编纂尽管还存在一些争鸣之处，但总体已经趋于完善。针对合同编之未来，从内部体系来看，需要注重协调合同自由和法官干预之间的关系。合同自由作为近代民法三大支柱之一，重要性自不必言。合同编必须充分尊重当事人意思自治，在不违背法律和公序良俗的前提下，保障当事人享有充分的合同自由，不受行政机关及其他组织的干预。当然，在现代社会，基于社会正义、契约平衡、诚信原则等考虑的法官干预也在一定程度上必不可少，合同编应继续完善有关格式条款、情势变更、违约方合同解除权等制度的规定。同时，伴随着社会主义市场经济的进一步发展和政府体制改革、放管服改革的进一步推进，合同编需要从实定法的层面更进一步地体现鼓励交易等原则，在拟定法律规则时，注重提高效率，促进生产力发展。此外，在民商合一的立法框架下，民法和商法仍存在本质的不同，合同编规则的设计必须要区分考虑，防止商法对民法的全面吞噬。

从外部环境来看，自上世纪90年代后期以来，从示范法的开始到法国债法的现代化，全球债法现代化的运动方兴未艾。我国民法典合同编的编纂正处于全球范围上的合同法现代化进程之中，并属其中的一个重要环节。当今世界国与国之间的竞争在更大程度上表现为规则的竞争，表现为法律体系的竞争，也就是所谓法律模式的竞争。正如习近平总书记所论述，当今中国逐渐从世界舞台的边缘走向中心。我国民法典的编纂已引起世界极大关注，合同编的编纂站在以合同编总则代行债法总则之功能的视角上统筹规划，将可能引领一种国际上的新趋势。因此，合同编条文的制定必须要做到清晰易懂，并保证具有国际吸引力，同时也不忘确保法律安全。

功不唐捐，玉汝于成，相信经过不断丰富与完善的民法典合同编必将达到我国民事立法的新高度，开启我国民事立法的新篇章。判

（本文仅代表作者个人观点）

——编辑后语——

民法典的编纂是目前最具热度的话题。消除民事立法间存在的瑕疵和冲突、处理好民法总则和各个分编的关系，实现民法典内在的逻辑自洽和价值融贯，从而真正促成民法典的体系化和科学化是当下学界与实务界共同的课题。杨立新教授的《法人对其法定代表人致人损害赔偿的追偿权——〈民法总则〉第62条与侵权责任编草案第967条第1款的关系协调》一文，就《民法总则》与《侵权责任编草案（二次审议稿）》中关于法人对其法定代表人致人损害赔偿的追偿权规定之不同，通过对两条规范之形成历史进行考察，指出其逻辑抵牾之处，进而提出自己的修改建议，较为合理地协调和完善了本项追偿权制度。

改革开放初期粗放型的经济发展方式对生态环境造成了相当的影响。雾霾、沙漠化等现象的加剧敲响了生态保护的警钟。有鉴于此，《民法总则》第9条创造性地确立了"绿色原则"，以民事基本原则的形式确认了生态保护的重要性。落实到具体制度，不同于旨在以民事侵权赔偿间接实现生态治理的环境污染责任，以直接实现生态治理为目标的生态损害赔偿制度仍有待学界进一步研究。在本期典型案例评析栏目，我们选取了两篇有关生态损害赔偿制度构建的佳作与读者们分享：周友军教授和张渊博士的《我国民法典中生态损害赔偿制度的构建——兼评江苏省连云港市赣榆区环境保护协会诉王升杰环境污染损害赔偿公益诉讼案》一文，从案例出发点出侵权责任编规定生态损害赔偿制度的实践需求，并对当前我国生态损害救济采私法路径的意义和其理论构造进行了剖析，同时就归责原则和构成要件、责任承担规则等提出了建议，为侵权责任编相应规定的完善提供了借鉴。葛勇平教授和苏铭煜硕士的《海洋生态环境损害赔偿认定问题思考——以最高人民法院第二批涉"一带一路"建设典型案例8为样本》一文从"阿提哥"轮溢油事故一案出发，结合现行条约和立法规定，对海洋生态环境损害责任的管辖权、索赔主体、赔偿范围等问题进行了梳理，为海洋生态损害责任的法律适用提供了参考。

债权人权利的保障与实现一直是司法的核心任务之一。本期法官论坛和法学专论栏目选取了以物抵债、网络司法拍卖、个人破产、关联交易审查四个角度的文章，尝试对该问题的最新进展作出解答：景光强法官的《论以物抵债的性质与法律关系构造——以变更契约说为中心展开》一文，对现今有关以物抵债性质的学说进行了厘清，敏锐地指出学说之间虽表面上圆凿方枘，但结论并无根本矛盾之处，创新性地在变更契约说下对代物清偿与新债清偿进行了融合再造，将其统摄于以物抵债之下。周圣法官的《网络司法拍卖制度的实践检视和路径优化》一文，基于上海法院网络司法拍卖的实践对该制度的施行现状进行检视，透析制约网络司法拍卖实效背后的法律、制度、外部阻力和协调机制等因素，并提出优化路径。陈希老师的《个人破产制度在我国建立的必要性与可行性分析》一文，从必要性和可行性两个维度对个人破产制度在我国的建立与施行进行了审视，为“个人破产”制度的落地提供了理论支撑。朱岩教授和冯琴博士的《论关联交易程序审查与实体审查的效力及关联——以〈公司法司法解释五〉第1条第1款为中心》一文，参考美国法上对关联交易的程序审查规则，立足于我国司法解释与审判实践的本土化语境，倡导程序审查与实质审查相结合的方式，为我国关联交易的司法审查提供了改进路线。

家庭暴力，不仅是伦理问题，亦是法律问题。然而，家事审判尚未得到应有的重视，也没有足够的审判资源予以支撑，司法实践中还普遍存在淡化家暴的现象。《域外警察干预家庭暴力限度的侵权法探讨——以史密斯诉维多利亚州案为切入点》一文，从澳大利亚维多利亚州最高法院受理的一起案件的案例出发，展开警察对干预家庭暴力的注意义务的讨论。文章援引域外案例从正反两面探讨注意义务存在之机制，并从应然性和实然性的双重层面对警察的注意义务进行证成。他山之石，可以攻玉，这为在我国现有司法体制下进一步落实家庭内弱势群体权利的保护探索了新路径。

——征稿启事——

《判解研究》系教育部人文社会科学重点研究基地——中国人民大学民商事法律科学研究中心主办、《判解研究》编辑部编辑、人民法院出版社出版的，面向海内外公开发行的全国性法律专业连续性出版物。本刊秉持“加强判解研究，推进司法改革”的宗旨，以裁判实践以及相关法律、司法解释的研究为基本关注，设有法学专论、司法解释之窗、法官论坛、判例评析、公报案例评析、焦点笔谈、调查与研究、海外判例选介等多个栏目，力图多视角、全方位地追踪和展示中国的判例、司法解释及相关研究之全貌，总结司法经验，探求法治精神，积极推动国家法制建设与法学研究的发展。

本丛书恪守求实、严谨、公正的办刊理念，弘扬兼容并蓄的学术传统，诚邀法学理论及实务工作者惠赐佳作。来稿要求：

1. 来稿应属未以任何形式公开发表过的作品。本丛书不接受一稿多投，因此类行为给本丛书造成不良影响和损失的，将予以严肃追究。

2. 本丛书对来稿的篇幅原则上不作限定，但对于全文低于八千字或超过二万字（含注释部分文字）的稿件，适用更为谨慎的编审程序。

3. 来稿应遵守本丛书注释体例，注释以必要和合理为原则，不使用伪注；标点符号、数字的使用应遵守国家有关规定。

4. 案件评析的稿件应包含案情概要、裁判要旨以及学理评析三部分，且前两部分所占篇幅应限制在全文的五分之一以内；所评须为真实案例，并附注裁判文书字号。

5. 本丛书用稿实行匿名评审制度，请作者将姓名、出生年月、性别、工作单位、职称、学位、职务、通讯地址、联系电话、电子邮箱等个人信息，单独放在首页，稿件正文不要体现上述信息。

6. 本丛书不退来稿，稿件采用后，编辑部会及时与作者联系；稿件寄出后两个月未收到用稿通知，作者可另作处理。

7. 凡本丛书所发表的文章，自发表之日起一年内，由本刊享有专有版权和使用权，任何转载、摘登、翻译或集结出版等事宜，均须事先得到本刊编辑部的书面许可。

8. 来稿请寄：北京市海淀区中关村大街59号中国人民大学明德法学楼1015室《判解研究》编辑部（100872）；或发送邮箱：panjieyanjiu@163.com。

《判解研究》编辑部

附：《判解研究》注释体例

1. 文中注释一律采用脚注，每页独立注码，样式为：①②③等；

2. 非直接引用原文时，注释前加“参见”；引用非原始资料时，请注明“转引自”。

3. 请规范数字用法，其中非直接引用法条的序号用阿拉伯数字(包括正文)。

4. 注释及参考文献范例：

（1）著作类：

①《马克思恩格斯选集》(第4卷上册)，人民出版社1972年版，第24页。

②佟柔：《中国民法》，法律出版社1990年版，第67页。

（2）论文类：

①苏永钦：《私法自治中的国家强制》，载《中外法学》2001年第1期。

（3）文集类：

①龚祥瑞：《比较宪法学的研究方法》，载《比较宪法研究论文集》(第一集)，南京大学出版社1993年版。

（4）译作类：

①［古希腊］亚里士多德：《政治学》，吴寿彭译，商务印书馆1983年版，第54页。

（5）报纸类：

①张志铭：《现代化与中国律师制度的发展》，载《光明日报》2003年9月23日。

（6）古籍类：

①［清］沈家本：《沈寄簃先生遗书》甲编，第43卷。

（7）辞书类：

①《新英汉法律词典》，法律出版社1998年版，第24页。

（8）网络资料类：

①郑成思：《“入世”、知识产权保护与民商法的现代化》，载中国法学网 http：//www.iolaw.org.cn/showNews.asp? id =243，访问时间：2007年4月29日。

（9）英文类：

①L. Fuller, The Morality of Law, revised edition, New Haven: Yale University Press, 1969, p. 143.

②See Roscoe Pound, The Spirit of the Common Law, New Brunswick: Transaction Publishers, 1999, pp. 179 ~ 180.

③Joseph Raz, “Legal Principles and The Limits of Law”, 81 Yale Law Journal (1972), p. 839.

④H. L. A. Hart, “Jhering's Heaven of Concepts and Modern Analytical Jurisprudence”, in Essays in Jurisprudence and Philosophy, London: Oxford University Press, 1983, pp. 269 ~ 270.